光明社科文库
GUANGMING DAILY PRESS:
A SOCIAL SCIENCE SERIES

·法律与社会书系·

侵权法一般条款研究

刘静波 ｜ 著

光明日报出版社

图书在版编目（CIP）数据

侵权法一般条款研究 / 刘静波著 . ﹣﹣北京：光明
日报出版社，2021.6
ISBN 978 - 7 - 5194 - 6102 - 7

Ⅰ.①侵… Ⅱ.①刘… Ⅲ.①侵权法—研究—中国
Ⅳ.①D923.74

中国版本图书馆 CIP 数据核字（2021）第 086217 号

侵权法一般条款研究
QINQUANFA YIBAN TIAOKUAN YANJIU

著　　者：刘静波

责任编辑：李壬杰　　　　　　　责任校对：张　幽
封面设计：中联华文　　　　　　责任印制：曹　净

出版发行：光明日报出版社
地　　址：北京市西城区永安路 106 号，100050
电　　话：010 - 63169890（咨询），63131930（邮购）
传　　真：010 - 63131930
网　　址：http://book.gmw.cn
E - mail：lirenjie@gmw.cn
法律顾问：北京德恒律师事务所龚柳方律师

印　　刷：三河市华东印刷有限公司
装　　订：三河市华东印刷有限公司
本书如有破损、缺页、装订错误，请与本社联系调换，电话：010 - 63131930

开　　本：170mm×240mm
字　　数：200 千字　　　　　　印　　张：17
版　　次：2021 年 6 月第 1 版　　印　　次：2021 年 6 月第 1 次印刷
书　　号：ISBN 978 - 7 - 5194 - 6102 - 7
定　　价：95.00 元

序

学术研究需要慢工细活

2012 年，静波的博士论文《侵权法一般条款研究》答辩通过，我叮嘱他修改后出版。原以为也就是一两年的事，谁知他一改 8 年，才将书稿送我写序。读完本书，我挺欣慰，他没有虚度光阴，在新疆大学那风静水清的校园中，将一份普通的博士论文精雕细作成了一部学术含量充足的专著。

侵权责任成为民法典一编，是中国智慧、中国方案。民法典的编，是立法的选择，只要立法有勇气，什么都可以成编，但要令人信服还是离不开扎实的学理。民法典的编，都有独立的理念、目标、结构，侵权责任编也需要一条支撑的脊梁，这就是侵权法的一般条款。

侵权法一般条款的论述不少，也有争议，但多为蜻蜓点水。本书比较法国、德国、英美法的侵权法规范模式，厘清侵权法一般条款在不同范式的制度功能和价值，提出侵权法一般条款在中国民法典中应具有立法功能、司法功能、社会功能，将侵权责任一般条款这一论题深化到侵权责任编基础理论的层面。这不仅有益于侵权责任编的各种解读，也有益于侵权责任编的自我完善。

本书视野比较开阔。一般认为，侵权法一般条款是一个法技术问题，主要是建构侵权责任规范的一种方法或模式。但是，作者看到了法技术背后的价值判断。他总结出了侵权法规范模式选择的制约因素：权益保障与行为自由的权衡、正义价值与安全价值的博弈、权力配置与法治传统和司法现状，进而肯定了中国民法典的侵权法一般条款。这是既不同于法国民法典也不同于德国民法典的侵权法一般条款。

本书逻辑十分清晰。法学领域，没有什么能比民法学更讲究逻辑的，因为民法戴上典的桂冠首先就在于逻辑的力量。相比那些准物权之类的逻辑混乱、一物二所有权之类的逻辑矛盾、物权债权化之类的逻辑偷换，本书逻辑井然有序。从界定侵权法一般条款、侵权法普通概括条款，侵权法具体条款中，似乎可以看出作者对逻辑的追求达到了痴迷的程度。

本书文字相当干净。民法论著，最讨人嫌的不是抄袭、不是胡说，而是不说人话：从句套从句的翻译体、半文半白的民国体、主谓宾颠倒的无脑体，以语无伦次显示学问高深。本书一字一句简单明了，没有出现将"我批评你"写成"批评你的是我"的句型和前言不搭后语的段落，作者显然记得我讲授法学方法论时的告诫：只有写不清楚的作者，没有看不明白的读者。

静波和我的许多博士一样，不会成为著名的教授，因为他们的老师就是一个学术票友。但是，静波有这么一部专著，也足以安心教一辈子书了。

是为序。

孟勤国

2020 年 7 月 17 日于珞珈山下

前　言

侵权法一般条款在侵权法立法和司法中均具有重要地位。本研究兼顾立法论与解释论，综合价值考量与技术分析，在充分考虑我国国情和法律环境的基础上，提出我国侵权法一般条款修改建议稿，并对现行侵权法一般条款进行符合我国司法实践需要的解读。

导论对侵权法一般条款的概念、特征和功能进行必要论述。侵权法一般条款是具有高度概括性和普遍适用性的法律条款。其能够较好地化解法典化和具体规则与复杂多变的现实社会生活之间的紧张关系。一般条款的规范属性介于民法基本原则和侵权法具体规则之间，在立法上构成具体条款规定的基础，在司法上具有兜底和补充适用功能，为法官进行实质性利益衡量提供了合法机会。

第一章论述侵权法的规范模式。通过分析侵权法三种范式规范模式（具体列举模式、抽象概括模式和折中主义模式）的形成和确立原因，总结出进行侵权法规范模式选择的主要制约因素，即权益保障与行为自由的权衡，正义价值与安全价值的博弈，立法权与司法权的配置与法治传统、司法现状。这些决定了我国不可能借鉴英美侵权法"具体列举＋判例创新"模式，而只能采大陆法的一般条款规范模式。

第二章论述侵权法一般条款的规定方式。一般条款应限于概括

"对自己的过错行为的侵权责任"。德国大类型化模式与法国抽象概括模式各有所长。立足于立法论，在内容方面，我国侵权法一般条款应当明确规定违法性要件；在规定方式方面，德国侵权法"立法上的区别保护模式"不如依据统一的侵权责任构成要件"损害、行为违法、过失、因果关系"进行判断来得便利。据此提出我国侵权法一般条款建议稿为：行为人违法侵害他人民事权益造成损害，有过错的，应当承担侵权责任。

　　第三章论述侵权法一般条款的具体化。《侵权责任法》仅第6条第1款比较适合解读为一般条款。对一般条款进行具体化是立法者、司法者和学术界共同的使命。立法者可对一般条款进行补充性、解释性规定和具体列举性规定；法学者可对一般侵权责任的构成要件、抗辩事由和责任承担问题进行理论解说；司法者在运用立法规定并参照理论通说裁判案件时可能还需要运用实践经验和司法智慧进行填补。符合一般逻辑的过错侵权责任要件判断顺序应当为：损害—责任成立因果关系—行为违法—过错—责任范围因果关系。

　　第四章论述侵权法一般条款模式下纯粹经济损失的赔偿问题。纯粹经济损失即并非作为权利或受保护利益的侵害结果而存在的损失。从概念分析出发，由于该损失的归属主体的人身和财产权益并未受到加害人过失行为的侵害，故相关案件事实不能满足"侵害权益"这一侵权责任要件，从而形成纯粹经济损失不赔规则。该规则实质上将"可赔偿的损害"严格限制在"直接受害人"这个"财产单元"范围内，以维护行为自由和行为预期。就价值判断和经验分析而论，纯粹经济损失一律不赔显然过于僵化，有悖法律判断和生活常理。鉴于"纯粹经济损失"在理论上不赔的理由和"纯粹经济利益"在民法上获得保护的理由均能以可预见性理论予以概括，故通过对"过失"要件的妥善认定即可做到兼顾利益保护与行为自由。司法过程中应当通过对过错侵权责任四要件"损害、违法、过失、因果关系"的具体分析来决定特定的纯粹经济损失应否赔偿。

第五章论述侵权法一般条款对民法体系的影响。解决违约责任与侵权责任竞合的法律适用难题的三类学说均有其局限性，且在诉讼程序上产生了诉讼标的识别、既判力客观范围的确定等诸多复杂问题。责任竞合虽然是传统概念法学难以解释和容忍的，但它仅仅意味着立法者运用纯粹理性剪裁实践理性的失败，是法律人本应坦然接受的；由于责任竞合现象的发生必然会弱化法律的调整功能，故责任竞合不值得追求。因此我们应当一分为二对待责任竞合现象：一方面，尽量减少责任竞合；另一方面，通过完善责任竞合规则，妥善处理竞合矛盾。缔约过失责任在立法上应当规定于合同法中，在解释和适用时应当归属于过错侵权责任，运用统一的过错侵权责任进行判断。人格权法应采具体列举模式，不必规定一般人格权制度，由侵权法一般条款保护纯粹人格利益。

目 录
CONTENTS

导　论

一、研究目的和意义

在《侵权责任法》92 个条文中，最显眼的莫过于近年来热烈讨论的一般条款。从张新宝教授在《法学研究》2001 年第 4 期发表《侵权行为法的一般条款》开始，十年来先后有 10 余篇专门探讨侵权法一般条款的文章在法学核心期刊发表，一般条款问题成为侵权法制定过程中学界高度关注的一个亮点。但我国民法学界在讨论侵权法一般条款的规定方式时忽视了其所据以服务的价值判断和政策选择因素，在没有厘清我国侵权法一般条款规定方式选择的前提性制约因素的情况下，主要通过简单的比较研究和总结所谓国际潮流就仓促提出了我国侵权法一般条款立法建议。在以王利明教授为代表的多数学者的建议下，我国《侵权责任法》最终通过第 6 条第 1 款规定的过错侵权一般条款与《法国民法典》第 1382 条较为接近。但是，根据法条文义并借鉴《法国民法典》第 1382 条解释该一般条款却存在诸多争议：其一，该条款是否在当事人利益衡量方面明显不利于保护被告的行为自由，从而对民事主体的自由有所抑制？其二，该条款为法官追求个案正义提供了足够空间，但是否会导致判决欠缺必要的确定性和法的安全价值的过度缺失，从而难以准确实现裁判功能，发挥良好的社会作用？其三，该条款在事实上赋予司法者过大的自由裁量权，这与我国的权力分配体制和法治传统、司法现状是否相符？对此，我国民法学界多数学者一方面倾向于对权利和利益进行区别保护，另一方面又赞同现行的一般条款，反对通过立法修改法国模式的一般条款，想以法国模式的一般条款自然得出德国模式下"权利和利益区别保护"的结论，而且未进行可行性论证。在中国法学会民法学研究会 2009 年年会暨学术研讨会上，与会学者对《侵权责任法》第二次审议稿"一致认为"，"侵权法中，债权和利益与绝对权相比，在保护的程度和构成的要件都是不同的。……对民事利益的保护受到严格的限制，通常只有在行为人具有主观恶意等情况下，才有必要对受害人遭受的利益提供侵权法上的救济"，但是对相当于《侵权责任法》第 6 条第 1 款中的过错侵权责任构成要件却未提出意见。①

　　基于我国侵权法制度的现状和现有研究成果，围绕我国侵权法一般条款的制定与解释，以下具体问题亟待澄清：其一，侵权法规范模式的立法选择受制于哪些因素？这些因素在我国的具体情况如何？受这些因素影响，我国的侵权法一般条款该如何设计？在一般条款规范模式中，法国模式与德国模式应当如何取舍？在我国《侵权责任法》第 6 条第 1款明显采法国模式的情况下，我国是否有必要和可能通过修改法律而适当借鉴德国模式？根据我国的现实国情，应当如何借鉴德国模式制定我国的侵权法一般条款？其二，鉴于一般条款的局限性，如何对抽象概括的一般条款进行具体化？在立法中如何把握补充性规定和具体列举条款的限度？若立法者拒不修改现行一般条款，司法实践中如何合理借鉴国

---

① 中国法学会民法学研究会秘书处. 关于《侵权责任法草案·二次审议稿》的若干建议 [EB/OL]. 法律教育网，2009 - 08 - 24.

外过错侵权责任理论来细化我国抽象概括的一般条款？违法性应否作为独立的责任要件？如何判断违法性？

对于我国侵权法一般条款的制定和解释中存在的上述问题，学界已有的研究难以明确回答。侵权法一般条款本身是个立法技术问题，但这一技术的运用并非随意，而是受制于各种因素，需要结合价值判断、政策选择和法治环境等因素进行综合考量。本研究将在充分考虑立法技术选择的各种制约因素的基础上，对我国侵权法一般条款进行合理设计，并对立法确定的一般条款在司法实践中所面临的各种适用难题进行解决。

本研究可能面临以下批评。其一，主要观点不新颖。学术界和实务界均有人提及我国侵权法一般条款在立法和司法中应采德国模式或法国模式。而本文的研究结论实质上是德国模式与法国模式的折中，并且与日本新民法典第 709 条极为相似，这是笔者在研究之初所始料未及的。然而适逢民法典制定的大好时机，侵权法一般条款在侵权责任编处于核心地位，在侵权责任编具有重要的立法和司法适用意义，并对整个民法的体系和结构具有直接影响。本研究若能对民法典制定产生些许影响，则荣幸之至。本研究主张首先应当以立法论解决问题，以解释论解决问题只是退而求其次的选择。在提出学术观点时尊重与考虑学界尚不明确的看法和司法实践中的做法，这并不意味着观点缺乏创新，因为创新不是标新立异，更不能为追求标新而立异。其二，一般条款问题的纯技术性。价值问题才是法律和法学的核心问题。其实价值问题与技术问题的区分是相对的，立法和司法技术的运用要受制于价值判断和政策抉择，同时立法和司法技术的恰当运用是有效落实和贯彻既定价值判断的重要手段，良好的价值追求必须依靠法律规范制定和适用技术才能得以实现；价值判断问题是法律和法学的核心问题，但是纯价值判断问题往往无法直接进行法学研究，其需要通过社会调查和科学民主的立法程序进行固定和选择；一旦针对特定问题的价值取向确定之后，学者的使命就是辅助立法者妥善运用立法技术将价值判断固化为法律条文，这个过程既要忠实传达业已形成的价值判断共识，又要考虑司法实践的操作，保障其在实践中不至于走样。一般条款是我国侵权法领域一个十分重要的法律现象，其不仅事关价值判断的固定和贯彻，更关涉司法和法律解释；不仅是一个重要的条文，更关涉整个侵权法的结构和民法典的结构。

本研究将对我国侵权法一般条款进行符合国情和时代需要的设计与解读。通过探求一般条款立法技术运用的价值和政策考量因素，为我国民事立法技术选择提供学术储备；通过探求一般条款立法具体化的方法和在司法中的解释方法，丰富我国私法解释理论和私法方法论。因此，本研究既具有理论价值，也具有重要的实践意义。

二、研究现状和趋势

我国学界对侵权法一般条款进行研究是近十年的事情。现将有代表性的作者的观点归纳如下。

张新宝教授认为，侵权法一般条款是指在成文侵权法中处于核心地位、作为一切侵权案件请求基础的法律规范。一般条款具有两方面功能：（1）作为民法调整的侵权行为的唯一请求权基础；（2）决定侵权行为法的框架和基本内容。英美侵权法采用列举式规定，不存在一般条款，但在无名侵权的过失诉因却以一般注意义务为共同要件。法国民法典第1382条至第1384条第1款作为一个整体，构成一般条款，是一切侵权请求的基础。德国民法典对侵权行为法的规定方式采取概括列举和递进补充的方法，因此不存在一般条款。在一般条款与列举式做法之间，较晚的民法典几乎都选择了法国的一般条款模式。我国清末和民国时期民法典或草案的相关规定均没有对受保护的权利加以列举，与德国民法典有别；《民法通则》第 106 条第 2 款和第 3 款是关于侵权的一般性规定，更接近法国民法典的规定，具有很大的包容性。因此，虽然我国民法文化中含有更多的德国法营养，但在侵权法基本模式选择方面却越来越接近并最终完全采用法国的一般条款模式，这是一般条款模式的优越性使然①。在侵权法立法模式方面，张教授主张"全面的一般条款 + 全面列举"，即规定适用于一切侵权案件请求权基础的"大一般条款"，同时不仅对特殊侵权或准侵权责任加以列举，还要对一般侵权或自己加害行为责任进行列举性规定②。

杨立新教授对埃塞俄比亚民法典中的侵权行为法立法模式进行了具体研究，认为其是大陆法系一般化立法模式与英美法系类型化立法模式相结合的产物，融合了两大法系侵权法的优势，实现了"强强联合"，代表了侵权行为法的发展潮流。我国的侵权责任法草案应当以埃塞俄比亚侵权行为法所代表的立法潮流为样板进行完善③④。《侵权责任法》通过后，他仍然坚持"大的一般条款"和"全面类型化"的观点，认为我国《侵权责任法》既规定了大的一般条款（第 2 条），又规定了小的一般条款（第 6 条），是有中国特色的大小搭配的双重侵权责任一般

---

① 张新宝. 侵权行为法的一般条款［J］. 法学研究，2001（4）：42 - 54.
② 张新宝. 侵权法立法模式：全面的一般条款 + 全面列举［J］. 法学家，2003（4）：29.
③ 杨立新. 论埃塞俄比亚侵权行为法对中国侵权行为法的借鉴意义［J］. 扬州大学学报，2005（5）.
④ 杨立新. 论侵权行为一般化和类型化及其我国侵权行为法立法模式选择［J］. 河南省政法管理干部学院学报，2003（1）：11 - 14.

条款体制①。

王利明教授认为，我国侵权责任法应当采用"一般条款＋类型化"模式，应坚持《民法通则》的经验，只设立过错责任的一般条款，严格责任和公平责任只适用于法律明确规定的情形，不宜设置一般条款。侵权行为类型化的目的是为了归责，因此仅在一般条款不能涵盖的情况下才有必要类型化②③④。与张、杨不同，王利明教授主张的立法模式是"小的一般条款＋部分类型化"，他主张《侵权责任法》第6条第1款为侵权责任的一般条款，第69条为危险责任一般条款⑤。

上述研究成果已初步搭建了侵权法一般条款研究的平台，但还很薄弱，多数研究停留在对国外典型立法例的简单比较层面上，缺乏系统化的理论分析，更缺乏对我国现实情况的应有关注和对未来改革的具体路径设计。学界既有的研究成果主要存在以下不足。其一，已有的研究在技术分析与价值考量之间明显脱节。这具体表现为高度重视一般条款立法技术在侵权法体系构建方面的意义，并据此争论其在立法中的规定模式，即规定大的一般条款还是小的一般条款，却相对忽视一般条款技术所据以服务的价值判断和政策选择，对法律规范的价值与技术之间的相互制约关系缺乏必要的关注。其二，重视比较研究和总结所谓国际潮流，而相对忽视当代中国国情和法律环境。比较法的分析能够增长我们的知识，开阔我们的眼界，为我们提供解决问题的多种方法；然而比较

① 杨立新．中国侵权责任法大小搭配的侵权责任一般条款［J］．法学杂志，2010（3）：8－12．
② 王利明．我国侵权责任法的体系构建：以救济法为中心的思考［J］．中国法学，2008（4）．
③ 王利明．论侵权责任法中一般条款和类型化的关系［J］．法学杂志，2009（3）．
④ 王利明．侵权法一般条款的保护范围［J］．法学家，2009（3）．
⑤ 王利明．侵权责任法研究：上卷［M］．北京：中国人民大学出版社，2011：113－114．

法的考察并不能直接帮助我们解决中国的立法和司法问题，"脱离具体环境而简单地套用从国外学来的制度，很可能不合时宜"①，因为中国的法律要在中国特有的历史和文化背景下解决中国自己的问题。故法律只能借鉴，不能移植。"所谓借鉴，不是将国外的法律规则拼凑在一起，而是经过比较后选择某些能为中国百姓所理解和接受的规则，再按照中国社会的要求改造和整合。"② 已有的研究基本限于纯理论演绎，缺乏对中国社会现实情况的考虑，很少结合我国当前的社会情况来分析问题，从而不能为我国的司法实践提供有力的理论支撑。其三，现有研究局限于侵权法内部，没有借鉴法律规范理论、民法基本原则理论和法学方法论等方面的相关研究成果，自说自话，欠缺研究的深度；没有适当考虑侵权责任与违约责任、绝对权请求权等制度之间的关联，就事论事而欠缺体系意识。研究侵权法问题，要向民法基本理论寻找营养，要保持侵权法理论的开放性，能够与其他私法理论进行对话。其四，部分学者的研究指出了实践改革的大方向但缺少具体可行的路径设计。法律是实践的理性，法学研究不同于哲学和历史学研究，若没有具体可行的制度设计，再好的法学思想也无法实现其实践价值。其五，以立法论为主，但解释论基础不足，不太重视对国外和我国台湾地区相对丰富的解释论成果的借鉴。

以下研究虽然不是直接针对侵权法一般条款的，但却使笔者深受启发，提示笔者继续研究的方向，现简要归纳如下。

张新宝教授认为，受害人的权益保护与加害人行为自由之间的冲突是侵权法所要解决的基本矛盾，侵权法的主要任务即对此冲突进行利益

---

① ［法］雅克·盖斯旦，吉勒·古博. 法国民法总论［M］. 张鹏，等译. 北京：法律出版社，2004：75.

② 孟勤国. 专家不能代替人民立法［J］. 法学评论，2008（5）：159.

平衡。侵权法立法的利益衡量应当区分一般利益衡量与特殊利益衡量，前者要求对权益保护与行为自由予以平衡保护①。其实一般利益衡量在大陆法系立法中的表现即一般条款。

孟勤国教授指出，历史与国情是法制的基础。司法自由裁量权大小一般与法官素质或其权力授予者对其信任程度成正比。制度借鉴不同于技术引进，强行借鉴所谓最先进制度，其效果未必好。成文法固然有局限性，提高成文法地位与限制司法自由裁量权并非最理想方案，却是当下的中国所能选择的最可行方案②。

石佳友博士认为，民法典一般条款立法技术的运用同时就意味着司法自由裁量权的扩大。为保持民法典体系的开放性以延缓其衰老，一般条款立法技术的应用是必要的。因此，法官的法律解释活动和自由裁量权不可避免③。

国内外立法和司法实践表明，法律的一般条款与司法自由裁量权之间紧密关联，一般条款技术的运用应当考虑特定时空条件下国家和社会所能接受的司法自由裁量权的限度。法官自由裁量权是必要的、不可避免的，绝对的严格规则主义事实上早已破产；如今的问题已不再是法官自由裁量权的合法性问题，而是如何接受和正确对待之④。受以上观点的启发，本研究认为对侵权法一般条款的研究应当放弃纯技术化的规范模式分析而引入价值评判和政策考量因素，并考虑我国的社会和法治现实，考虑立法与司法的关系，这应当是侵权法一般条款研究走向深入的路径。

---

① 张新宝. 侵权责任法立法的利益衡量 [J]. 中国法学，2009 (4)：179 - 180.
② 孟勤国，蒙晓阳，刘慧玲. 削弱司法自由裁量权与提高成文法地位 [J]. 法学，2000 (10).
③ 石佳友. 民法典与法官裁量权 [J]. 法学家，2007 (6).
④ 徐国栋. 民法基本原则解释 [M]. 北京：中国政法大学出版社，2004：217 - 218.

三、研究思路和内容、方法

立足于我国的现实国情和法治环境，我国侵权法一般条款问题的解决有三条路径：以民法典制定为契机，在学术界和司法界的参与下，由立法机关通过修法解决一般条款所存在的问题，制定出科学合理的侵权法一般条款，这是我们应当追求的"上策"；若立法机关不作为，在学术界和司法界的共同努力下，由最高法院通过司法解释解决一般条款所存在的问题，这是我们退而求其次的"中策"；立法机关、学术界和最高法院对我国侵权法的一般条款问题都不闻不问，而任由法官自由裁量，这是我国应当尽可能避免的"下策"。

在研究角度方面，本研究兼顾立法论与解释论。特定的法学研究都是以特定时空条件下的法律现象为对象，或者着眼于解决立法问题、提出立法建议，或者着眼于解决司法难题、提出法律解释建议。民法的解释论与立法论既相互区分又相互关联，法律固然是先制定再解释，但立法是为司法服务的，若离开了对解释论与司法实践的必要考量，所立的法很容易产生问题，因此法学研究应当兼顾二者。

本研究的结构思路如下：

导论对侵权法一般条款的概念、特征和功能进行必要论述。具体包括侵权法一般条款的概念分析；与侵权法具体条款、归责原则、基本原则相比较，一般条款所具有的特征；侵权法一般条款的立法功能、司法功能和社会功能。

第一章论述侵权法的规范模式。通过分析侵权法的三种范式规范模式的形成和确立原因，总结出进行侵权法规范模式选择的主要制约因素，即权益保障与行为自由的权衡，法律的正义价值与安全价值的博弈，立法权与司法权的配置与法治传统、司法现状。这些前提性制约因素决定了我国不可能借鉴英美侵权法"具体列举＋判例创新"模式，只能采大陆法的一般条款模式。

第二章论述侵权法一般条款的规定方式。侵权法一般条款不能用一句话概括整个侵权法体系，而只能概括过错侵权责任；在内容方面，侵权法一般条款应当明确规定违法性要件；在表达方式方面，不采纳德国法区别权利和利益并分别规定责任构成要件的类型化模式，而规定统一的侵权责任构成要件，留待法官在个案判断过程中对权利和利益进行区别对待，进而实现权利和利益的区别保护。

第三章论述侵权法一般条款的具体化。《侵权责任法》第6条第1款比较适合解读为一般条款。立法者可通过立法对侵权法一般条款进行补充性、解释性规定（主要是对损害、因果关系、过错和违法、抗辩事由、责任形式、共同侵权等进行规定），也可进行具体列举性规定；法学者可通过学理对一般侵权责任的构成要件、抗辩事由和责任承担问题进行理论解说；在具体分析过错侵权责任各构成要件的基础上，提出符合一般逻辑的判断顺序及各要件判断标准。

第四章论述侵权法一般条款与纯粹经济损失赔偿问题。纯粹经济损失即并非作为权利或受保护利益的侵害结果而存在的损失。纯粹经济损失不赔规则是19世纪晚期概念法学盛行时代的偶然结果，其实质是将"可赔偿的损害"严格限制在"直接受害人"这个"财产单元"范围内，以维护行为自由和行为预期。纯粹经济损失一律不赔显然有悖法律的价值判断和生活常理。应当通过对过错侵权责任一般条款规定的四要件进行具体判断来决定特定的纯粹经济损失是否应予赔偿。

第五章论述侵权法一般条款模式对我国民法体系的影响。从侵权法的外部关系着眼，从法典化和体系化思维的视角，研究侵权法一般条款对民法内部结构的影响，包括侵权法一般条款模式下合同法与侵权法的冲突及其协调，缔约过失责任的定位，以及侵权法对人格权立法的影响，以此反思我国侵权法的一般条款立法模式，并进一步指导侵权法一般条款的制定和解释。

本书主要研究方法如下。

（1）法解释学方法。研究对象和研究角度决定研究方法。由于本书的研究对象是法律规范现象，研究角度兼顾立法论和解释论，法解释学方法是本书的主要研究方法。立法论应当以解释论为基础，并且以解释论反思立法论。法解释论能够弥补成文法的不足，对法条做出有创见的解释。本书的解释论将结合文义解释、体系解释和目的解释等法律解释方法，既兼顾原告的利益保护与被告的行为自由，又兼顾法律的灵活性与安全性、确定性、统一性。依赖法条，这既是解释论的特点，也是其局限性所在，因此本书会结合其他研究方法，比如在必要时进行价值考量和社会实证考察，因为法律问题的核心是价值判断问题，法的实施是一种社会现象。

（2）比较法学方法。比较法能够增长知识，开阔眼界，为我们解决自己的问题提供可选择和取舍的多种方法。然而比较法的考察并不能直接决定我们的选择。笔者在写作本书时对自己的要求是，头脑中具备比较法的背景知识和比较的意识，但文章不采比较法的结构；避免通过对外国典型做法进行简单的对比就得出谁优谁劣的结论，进而认为我国应当如何做；避免只关心西方理论和制度的现实，而不了解其背后的转换逻辑；尽可能对各国制度和问题及其异同做出合理的解释，揭示其背后的制约因素，避免脱离其形成和发展的历史背景，不把握其内在规律。任何理论和制度都是针对本土问题而产生的，不能忽略西方理论和制度的特有功能而想当然地把西方理论和制度作为我们制度建构的标准，"言必称罗马，行必效德法"，动辄追本溯源，以法、德为准据。

（3）逻辑实证方法结合价值分析方法。因为研究对象涉及对国家制定的法律制度体系本身进行分析，故概念分析、理论范畴分析和规范分析在所难免。本研究对价值分析方法的应用将避免价值论证空泛化，把价值判断建立在实证分析的基础上；论证某一现象到底在哪一方面违反了什么原则和价值，违反的消极后果何在。

四、侵权法一般条款的概念

（一）侵权法一般条款的概念分析

纯粹的概念之争在法学研究中的意义有限，但为了准确使用概念以避免不必要的分歧，必要的概念分析在所难免。本节根据"一般条款"的语义、语境和学界的经验、传统，尝试对其进行初步界定，为下文的讨论提供必要的前提。

法律条款即法律条文，简称法条，其中的"条"和"款"均为成文法的存在单位，一条可以有一款或数款①。魏德士教授认为，法由法律规范构成，法律规范则由法律语句即法律条文来表达②。因此，法律条款一般是对法律规范的表达，法律条款有别于法律规范：首先，两者的存在方式不同，前者是法在语言表达形式上的存在方式，后者是法在社会规范功能上的存在方式；其次，两者的基本分类标准不同，根据语言表述的抽象程度，法律条款分为具体条款和一般条款（概括条款），而根据能否直接进行个案裁判，法律规范分为法律规则和法律原则（本源性规则）。若依据文义解释，侵权法一般条款属于法律条文（条

---

① 我国《立法法》54 条规定，"法律根据内容需要，可以分编、章、节、条、款、项、目"。
② ［德］魏德士. 法理学［M］. 丁晓春，吴越，译. 北京：法律出版社，2005：46.

款）而不属于法律规则、原则。但是法的语言表达形式是为法的内容和功能服务的，形式和内容之间具有不可分割性。因此法学研究者通常用具体条款指代法律规则，用一般条款指代法律原则，而且域外学者习惯使用"一般条款"①②③，我国学者倾向于使用"基本原则"，并喜好在民法乃至其各分支学科中构建非常耀眼的"基本原则理论"，不仅民法、合同法、物权法教材要阐述"基本原则"，就连公司法、商法、保险法等教材也"不能免俗"④⑤⑥⑦⑧。

从概念适用的语境来看，我国民法学界在不同领域使用一般条款概念时所强调的重点有所不同。在普通民法领域，学者强调一般条款是"未规定具体的适用条件和固定的法律效果而交由法官根据具体情势予以确定的规范，它通常显得宽泛、抽象和具有一般性"⑨；是"缺乏具体内涵的一般抽象法律规定，其仅仅提出了法的一般原则或价值取向或者仅仅规定了需要价值填补的抽象事实构成，如何将其抽象的内容适用到具体的法律事实将由法官裁决，而就此法官必须从事一般条款具体化的工作、如价值填补和援引法典规定之外的处在社会变迁中的法的伦理和价值"⑩；民法学界公认的一般条款有诚实信用、公序良俗、过错责

---

① ［德］魏德士. 法理学［M］. 丁晓春，吴越，译. 北京：法律出版社，2005：83，353.
② ［德］K. 茨威克特，H. 克茨. 比较法总论［M］. 潘汉典，等译. 北京：法律出版社，2003：227.
③ ［德］迪特尔·施瓦布. 民法导论［M］. 郑冲，译. 北京：法律出版社，2006：75.
④ 孙宪忠. 中国物权法总论［M］. 北京：法律出版社，2003：147－194.
⑤ 王利明，房绍坤，王轶. 合同法［M］. 北京：中国人民大学出版社，2009：21－33.
⑥ 冯果. 公司法要论［M］. 武汉：武汉大学出版社，2003：23－28.
⑦ 赵中孚. 商法总论［M］. 北京：中国人民大学出版社，2009：24－34.
⑧ 温世扬. 保险法［M］. 北京：法律出版社，2003：33－45.
⑨ 石佳友. 民法典与法官裁量权［J］. 法学家，2007（6）.
⑩ 朱岩. 民法典一般条款研究［J］. 月旦民商法杂志，2005（3）.

任等①。这种观点强调一般条款的核心功能是司法裁判功能，主要问题是法官自由裁量权的妥当行使问题，与域外学者的看法基本一致，不过我国学者更习惯使用"基本原则"，强调其内容和功能，而域外学者大多使用"一般条款"，强调其表达形式。

但在民法的特定领域——侵权法领域，学者对一般条款的理解则有所不同：作为国内学界提出侵权法一般条款"第一人"的张新宝教授认为，侵权法一般条款是指在成文侵权法中居于核心地位的、作为一切侵权请求之基础的法律规范。其具有两方面功能：（1）在司法裁判方面作为民法调整的侵权行为的唯一请求权基础；（2）在立法体系方面决定侵权法的框架和基本内容②。王利明教授和杨立新教授对侵权法一般条款的概念虽然存在不同看法，但至少都认为其能够作为侵权案件的请求权基础，并对侵权法立法体例具有重大影响③④⑤⑥⑦。这种观点将侵权法一般条款定位为侵权法的基本规范，其通常表现为概括性的一句话——杨立新教授在反对张新宝教授《法国民法典》第1382、1383条和第1384条第1款构成法国侵权法的一般条款这一观点时，潜意识里即主张一般条款只能是一个条文而不能是多个条文⑧。与杨立新教授持

---

① 谢怀栻. 外国民商法精要 [M]. 北京：法律出版社，2006：98－100.
② 张新宝. 侵权行为法的一般条款 [J]. 法学研究，2001 (4)：42.
③ 王利明. 论侵权责任法中一般条款和类型化的关系 [J]. 法学杂志，2009 (3)：1.
④ 王利明. 侵权法一般条款的保护范围 [J]. 法学家，2009 (3)：19.
⑤ 王利明. 侵权责任法研究：上卷 [M]. 北京：中国人民大学出版社，2011：110－151.
⑥ 杨立新. 论埃塞俄比亚侵权行为法对中国侵权行为法的借鉴意义 [J]. 扬州大学学报，2005 (5).
⑦ 杨立新. 中国侵权责任法大小搭配的侵权责任一般条款 [J]. 法学杂志，2010 (3)：8－12.
⑧ 杨立新. 论侵权行为一般化和类型化及其我国侵权行为法立法模式选择 [J]. 河南省政法管理干部学院学报，2003 (1).

同一观点的还有郭明瑞教授①——其核心功能是立法过程中的体系建构功能，其主要问题是一般条款在立法中的概括范围和具体化问题。

以上两种观点实质一致，只不过研究的视域不同。民法领域的一般条款是对民法一般原则或价值取向的概括，未规定具体的适用条件和固定的法律效果，因此其主要问题是法官自由裁量权问题；而侵权法领域一般条款的抽象性相对较低，规定了侵权责任构成要件和法律后果，从而能够直接裁判案件。

法学概念作为法律共同体用来表达思想、构建理论、进行学术交流和对话的工具，其本身并不存在绝对的是非、对错问题，充其量存在适当性与合理性的问题。本研究只想在尽可能尊重学界业已形成的传统和达成的共识的基础上比较恰当、合理地使用概念，从而便于学术交流。基于此，本研究认为侵权法一般条款是蕴含侵权法的基本价值理念，具有高度概括性和普遍适用性的侵权法条款。

关于一般条款的性质定位，田土城教授最先提出区分侵权法一般条款、侵权行为一般条款和侵权责任一般条款，并对侵权行为的一般条款进行了深入研究②。本研究认为，第一，侵权法作为典型的裁判规范③，

---

① 郭明瑞. 侵权立法若干问题思考［J］. 中国法学，2008（4）：26.

② 田土城. 侵权行为的一般条款研究［J］. 河南省政法管理干部学院学报，2006（2）：63 - 70.

③ 作为民事法律，侵权法是典型的裁判规范，即立法者制定《侵权责任法》的直接目的是为法官裁判侵权案件提供裁判准据，而不是为了规范公民的民事活动；法律既是行为规范又是裁判规范，但法的行为规范功能是通过个案裁决才实现的，所谓"法律是行为规范"是指法律在宏观上作为一种社会规范，其只针对人的行为而不着眼于控制人的思想，即"对于法律来说，除了我的行为之外，我是根本不存在的"（马克思，恩格斯. 马克思恩格斯全集：第 1 卷［M］. 北京：人民出版社，1960：16 - 17.）；实质上，民法规范作为民事主体的行为参考因素之一，只是其作为裁判依据的反射效果，它只是通过个案裁决才间接影响民事主体的行为，而不可能直接决定民事主体后续的行为选择。

其主要就是规定侵权责任的①，因此，"侵权法一般条款"与"侵权责任一般条款"实质相同，并在立法和司法实践中均具有实际操作意义。而"侵权行为"作为一个概念似乎没有必要从立法上"一般条款化"，当然，从理论上对侵权行为这一重要概念进行研究，对于丰富和发展侵权法学研究也是具有重要意义的。第二，关于侵权法的名称问题，学界主要有两派观点，分别主张使用"侵权责任法"和"侵权行为法"②，笔者坚持"回避纯粹的概念之争"的立场，同时觉得"侵权法一般条款"比"侵权责任法一般条款"表述更加简洁，因此本研究多使用"侵权法"一语。

（二）侵权法一般条款的产生和确立原因

一般条款作为法律规范的表达方式，首先是一种立法技术现象。它是法典化的产物，是法典采用总—分结构的结果。由于法律规范相对于具体生活事实而言本身就是一般化的，故立法本身就具有一般化的倾向，一般条款只不过是一般化立法技术运用的极端表现而已。立法过程是个从经验到概念、从具体到抽象的过程，即从社会生活中发现具体的法律问题，然后通过类型化的方法将其抽象成法律规范，再通过提取公因式的方法将类型化的具体条款一般化，就形成了一般条款。

从立法史来看，侵权法一般条款的产生经历了一个渐进的过程。古代成文法律中关于侵权的规定都是相对具体的规定。4000多年前的《乌尔纳姆法典》和《苏美尔法典》关于侵权的规定都是具体的，例如《苏美尔法典》规定，"殴打自由民之女，致堕其身内之物者，应赔偿

---

① 我国《侵权责任法》有关"适当补偿"的规定属于侵权责任的例外。
② 郭明瑞. 侵权立法若干问题思考［J］. 中国法学，2008（4）：16.

银十舍克勒"①。中国古代有关侵权的立法散见于各个篇章,对不同的侵权行为做出不同的规定,《唐律·杂律》中出现了"诸弃毁亡失及误毁官私器物者,各备偿(赔偿)",这是对侵害财产权的侵权责任的一般规定,是我国古代侵权法概括性条文的代表②。即使在代表古代法制较高水平的古罗马法中,也不存在高度抽象的一般条款。直到公元6世纪,查士丁尼编纂《国法大全》时才将侵权概括为私犯与准私犯,但针对作为典型侵权行为的私犯也没有概括规定,而是分为盗窃、抢劫、财产上损害和人身伤害四种类型,每一类型中又包括具体明确的亚类型③。

后期罗马法将侵权概括为私犯与准私犯,大大推动了侵权法一般化的进程④。"侵权法的一般条款兴起于18至19世纪之交的法典编纂运动,这一时期的立法者放弃了针对各种具体侵权类型分别立法的做法,而是根据各种侵权类型之间内在的逻辑联系制定了适用于所有(过错)侵权责任的概括规定,即所谓的一般条款。从此,侵权法不再是分别适用于盗窃、抢劫、欺诈、胁迫等具体侵权类型的法律规则的聚合,而是以一般条款为核心的统一的逻辑体系。这一时期,在侵权法领域采用一般条款的立法,主要有1804年的《法国民法典》和1811年的《奥地利普通民法典》。"⑤《法国民法典》第1382条规定:人的任何行为给他人造成损害时,因其过错致该行为发生之人应当赔偿损害⑥,堪称这一时期侵权法一般条款的典范,对后世立法产生了深远影响。

---

① 王利明.侵权责任法研究:上卷[M].北京:中国人民大学出版社,2011:155.
② 杨立新.侵权法论[M].3版.北京:人民法院出版社,2005:19.
③ [罗马]查士丁尼.法学总论[M].北京:商务出版社,1989:190-203.
④ 杨立新.侵权法论[M].3版.北京:人民法院出版社,2005:20.
⑤ 李承亮.侵权责任的违法性要件及其类型化[J].清华法学,2010(5):75.
⑥ 法国民法典[M].罗结珍,译.北京:法律出版社,2005:1073.

　　基于《法国民法典》的典型性，以此为例分析侵权法一般条款产生的条件和动力是有意义的。从指导思想来看，《法国民法典》是16—18世纪自然法思想和理性主义的反映。十七八世纪的西欧，自然法思想处于优势地位，它"把法的系统化提到颇高的程度"，"着意把全部社会秩序建立在对人的考虑上；它鼓吹从每个人的人格本身派生出来的个人'自然权利'"①。追求法的系统化必然意味着法律条文的抽象化、一般化；理性主义使立法者认为，只要经过理性的努力，就能制定出没有法律漏洞的法典，理性主义影响侵权法的结果就是过错责任和自己责任原则的确立；而强调对人的保护、鼓吹自然权利则是侵权法对利益的保护不依赖法定权利的直接动因。此外，自然法强调法律与道德不分，多关注价值层面的问题而较少关注事物的形式、程序和具体的制度设计，较少对概念进行精确界定和分析②，这也是不经意之间产生一般条款的因素。从民法典所肩负的历史任务来看，它既要巩固大革命成果，又要统一全国的法制③，同时还要确保民众的接受和实践可操作性。从立法过程来看，当时立法时间紧迫④、立法审议机关分歧严重⑤，若过分地追求细节，将很难在短期内形成共识。如此，高度概括的一般条款

---

① ［法］勒内·达维德. 当代主要法律体系［M］. 漆竹生，译. 上海：上海译文出版社，1984：44.

② 黄文艺. 为形式法治理论辩护［J］. 政法论坛，2008（1）：178.

③ 在民法典颁布之前，法国的旧法具有法律渊源的多样性和法律内容的杂乱性特点。［法］雅克·盖斯旦，吉勒·古博. 法国民法总论［M］. 张鹏，等译. 北京：法律出版社，2004：85 – 92.

④ 《法国民法典》草案的起草仅用了四个月的时间。［法］雅克·盖斯旦，吉勒·古博. 法国民法总论［M］. 张鹏，等译. 北京：法律出版社，2004：99.

⑤ 《法国民法典》草案的审议曾遭到法案评议委员会和立法团的否决，若非拿破仑采取非常措施，法典的通过至少要延期，这反映了立法审议机关的严重分歧。［法］雅克·盖斯旦，吉勒·古博. 法国民法总论［M］. 张鹏，等译. 北京：法律出版社，2004：97.

的产生就顺理成章了。形成对比的是德国民法典：19 世纪，随着法律实证主义的兴起，形式法治理论开始产生，在区分实然与应然、形式与价值的基础上，法学家日益关注和强调法律的实然和形式问题，重视具体的制度设计，于是，德国民法典放弃了法国式的一般条款，转而回归类型化立法①。

除了自然法思想和理性主义的影响之外，以下因素也是一般条款产生的重要前提因素：其一，立法者抽象思维能力的发展和立法技术的进步；其二，法官地位的提高和立法者的节制精神。经过社会实践的检验，近代资产阶级革命时期的三权分立思潮开始回归理性——立法者理性地认识到，自己的理性是有限的，绝对的三权分立、让法官做奴仆是不可能的，立法与司法的分权是相对的，法官的自由裁量权是不可能完全剥夺的。而一般条款恰恰是协调立法者与司法者关系的最佳手段：一方面，通过制定一般条款，立法者既在形式上完成了立法任务，又在实质上逃避了其难以承受的使具体化立法具有可操作性的任务；另一方面，通过适用一般条款裁判案件，司法者的行为既在形式上符合宪法关于分权的基本规定，又在实质上取得了在个案中将法律具体化和必不可少的自由裁量权，可谓皆大欢喜。

一般条款确立的社会原因在于法典化和具体规则与复杂多变的现实社会生活之间的矛盾。美国的法律现实主义者弗兰克认为，现代社会的各种革新因素使得制定出用于解决一切法律问题的固定规则成为不可能，"当人类关系每天都在改变时，也就绝不可能有持久不变的法律关系。只有流动的、弹性的，或有限程度的确定性的法律制度，才能适应

---

① 笔者认为，与《法国民法典》第 1382 条的高度概括化的一般条款相比，《德国民法典》第 823 条和 826 条的规定只能算作概括的类型化条款了。详细的分析见本书第二章。

这种人类关系，否则社会就会受束缚"①。现实社会生活是复杂多变的，而法官一方面要坚守依法审判这一法治的基本要求，另一方面，法律本身不能朝令夕改，而且立法者回应社会现实的需求需要时间，这导致成文法中具体明确的法律规则经常显得不足和落后。而抽象概括的一般条款却能做到"既维护法典化体系而又应付现实生活的挑战"②。借助一般条款，法官既可以将法律适用于新的社会事实，又能够使法律及时回应社会价值观的变迁，从而有效克服法典化和具体列举规则的局限性，较好地化解了成文法与社会生活之间的紧张关系。这是侵权法一般条款确立于《法国民法典》之后便受到各国立法者青睐的根本原因。

五、侵权法一般条款的特征

事物的特征是相对而言的，是通过与具有可比性的事物进行比较得出的。通过将侵权法一般条款与侵权法具体条款、归责原则和基本原则诸现象进行比较，能够揭示侵权法一般条款在结构和功能方面的特征，深化对侵权法一般条款的认识。本研究暂时依据侵权法学界多数学者的观点，以《侵权责任法》第 6 条第 1 款即"行为人因过错侵害他人民事权益，应当承担侵权责任"作为我国侵权法一般条款③。

（一）侵权法一般条款与侵权法具体条款比较

与侵权法一般条款最具有可比性的莫过于侵权法具体条款。所谓"侵权法具体条款"，既包括我国《侵权责任法》分则④中的具体条款，

---

① 沈宗灵. 现代西方法理学［M］. 北京：北京大学出版社，1992：330.
② 朱岩. 民法典一般条款研究［J］. 月旦民商法杂志，2005（3）.
③ 王利明. 侵权责任法研究：上卷［M］. 北京：中国人民大学出版社，2011：113.
④ 分则系相对于总则而言。笔者认为，就解释论而言，我国《侵权责任法》应以第一、二、三章为总则，第四至十一章为分则。

也包括其他法律、法规中规定了侵权责任的具体条款，比如我国《物权法》第 37 条、242 条、244 条、245 条的规定，《公司法》第 20 条、113 条、150 条、153 条、190 条的规定。

《侵权责任法》第 57 条规定，"医务人员在诊疗活动中未尽到与当时的医疗水平相应的诊疗义务，造成患者损害的，医疗机构应当承担赔偿责任"；第 75 条规定，"非法占有高度危险物造成他人损害的，由非法占有人承担侵权责任。所有人、管理人不能证明对防止他人非法占有尽到高度注意义务的，与非法占有人承担连带责任"。与这些具体条款相比，侵权法一般条款（行为人因过错侵害他人民事权益，应当承担侵权责任）在立法语言表述方面具有高度概括性，其仅仅规定了"过错、侵害权益、因果关系"这三项高度抽象的构成要件和法律后果"侵权责任"，而没有涉及特定的适用对象、场合、抗辩事由和具体的责任形式。

侵权法一般条款在表述方式上的概括性特征是相对的，因为相对于具体的个案事实，一切法律规范均具有概括性和抽象性，只不过法律原则和法律规则具有的抽象性程度不同而已。相比之下，侵权法一般条款在方法论层面所具有的独特功能才是其根本，构成其与具体条款的根本区别——一般条款集中体现侵权法基本价值，在立法上是具体条款规定的前提和基础，在司法上具有兜底和补充功能。一般条款规定了完整的构成要件和法律后果，而具体条款只需在一般条款的基础上规定特殊的适用范围、构成要件、举证责任、抗辩事由和责任形式。故前者属于完全法条，而后者通常表现为不完全法条。一般条款的适用范围具有开放性，从而避免了成文法相对于社会生活的僵化和封闭。就侵权法一般条款与具体条款的适用关系而言，若一特定的侵权案件事实①不能被侵权法中任何一个具体条款所涵摄②，只符合侵权法一般条款所规定的构成要件，则该案应适用侵权法一般条款，这体现出一般条款的兜底功能；若一特定的侵权案件事实能够被侵权法中某一过错责任的具体条款所涵摄，则为实现法律调整的精确性，该案应当适用该过错责任的具体条款，这体现出一般条款的补充功能，即其适用顺序具有"谦抑性"。

《侵权责任法》第 41 条规定，因产品存在缺陷造成他人损害的，生产者应承担侵权责任；第 54 条规定，患者在诊疗活动中受到损害，医疗机构及医务人员有过错的，由医疗机构承担赔偿责任；第 65 条规定，因污染环境造成损害的，污染者应承担侵权责任；第 78 条规定，饲养的动物造成他人损害的，动物饲养人或管理人应承担侵权责任，但能够证明损害是因被侵权人故意或重大过失造成的，可以不承担或减轻责任。上述条文均具有一定概括性，且分别位于《侵权责任法》分则第五、七、八、十章之首。这些条文存在的合理性在于：其一，作为法典继受国家，我国民众的法律意识和自学能力普通偏低，而这些条文主要具有宣示功能，明确某一大类侵权的归责原则，以便于公众领悟和理解立法者的态度和立场；其二，对一些过去的法律、法规和学理存在没有形成一致意见从而影响法制统一的问题进行具体和明确的规定，有利于维护我国侵权法的统一。比如《侵权责任法》第 54 条对医疗损害赔偿原则上实行过错责任的规定，就从法律的高度取消了过去《民法通则》与《医疗事故处理条例》在医疗损害赔偿诸多重要问题上的"双

---

① 此处所谓"案件事实"是指当事人所主张并能够为证据所证实的案件事实。

② 此处所谓"涵摄"是指能够把某个具体的案件事实归属于特定法律规范所规定的事实构成之下。［德］卡尔·恩吉施. 法律思维导论［M］. 郑永流，译. 北京：法律出版社，2004：60.

轨制"，从而对我国医疗损害侵权法制的统一具有极为重要的意义。这些条文主要用于宣示某一大类侵权的归责原则。本研究赋予其统一的理论称谓——侵权法普通概括条款，以彰显其既不同于具体条款，亦不同于一般条款。与侵权法一般条款相比，普通概括条款的抽象概括程度较低，仅仅适用于特定的社会生活领域，不具有开放性的适用范围；有的普通概括条款仅仅提示或者明确某一类侵权责任的归责原则，而没有规定完整的责任要件和具体的责任形式；在立法上仅具有统帅某一章的功能，在司法上不具有兜底和补充适用的功能。因此，侵权法的普通概括条款在性质上仍属于具体条款。在适用上，普通概括条款与一般条款的适用关系原则上同具体条款与一般条款的适用关系，因此不赘。

（二）侵权法一般条款与侵权法归责原则比较

1. 对我国侵权法学中归责原则理论的评析

我国民法学界构建各学科"基本原则理论"的强烈倾向在侵权法学中体现为构建侵权法归责原则理论的热情。王利明教授认为，"侵权法的归责原则，实际上是归责的规则，它是确定行为人的侵权民事责任的根据和标准，也是贯穿于整个侵权行为法之中，并对各个侵权法规范起着统帅作用的立法指导方针"①；"归责原则是构建侵权责任法的内容和体系的支柱，它在侵权责任法中居于重要地位。……侵权责任法的全部规范都奠基于归责原则之上。我国《侵权责任法》在内容体系上最大的特色就是根据归责原则确定体系"，"归责原则是司法人员处理侵权纠纷所应遵循的基本准则"②。马俊驹教授、余延满教授、杨立新教

---

① 王利明. 侵权行为法归责原则研究 [M]. 北京：中国政法大学出版社，2003：16.
② 王利明. 侵权责任法研究：上卷 [M]. 北京：中国人民大学出版社，2011：186.

授等均赞同王利明教授的看法①，由此可见学者对归责原则在侵权法学中地位评价之高。正因如此，学者们对此问题投入了极大的热忱，并就此形成了纷繁复杂的归责原则理论学说。据刘心稳教授等归纳，我国学界对我国侵权法的归责原则体系问题主要存在九种不同的观点②，胡雪梅博士将其进一步概括为"三说并立、四派俱存"的复杂局面③。我国学界构建的侵权法归责原则理论体系之繁杂的极端表现是，"几乎对任何一项所谓法律做了特别规定的'特殊侵权行为'，在其归责原则问题上我国理论界都会有截然不同、五花八门的观点、看法，因而使各'特殊侵权行为'的归责原则问题呈现出异常复杂、令人无所适从的样态，其结果必然是使过错责任原则的适用范围无法明确"④。如此纷繁复杂的侵权法归责原则理论若用于指导我国侵权案件的审判实践，其后果将难以想象。然而极具讽刺意味的是，对归责原则的具体内容看法各异、谁也无法说服谁的"各家各派所依据的立法前提却是一样的，同时均认为归责原则问题意义重大，尤其是对司法人员处理具体案件意义至关重大"⑤。

　　侵权法归责原则作为理论上的描述性概念，理论研究者不宜赋予其过于沉重的实践任务，否则很可能导致自打嘴巴。同时，归责原则是否

---

① 马俊驹，余延满. 民法原论［M］. 2 版. 北京：法律出版社，2006：1001. 杨立新. 侵权法论［M］. 3 版. 北京：人民法院出版社，2005：17.

② 刘心稳. 中国民法学研究述评［M］. 北京：中国政法大学出版社，1996：628 – 629.

③ 胡雪梅. 过错的死亡：中英侵权法宏观比较研究及思考［M］. 北京：中国政法大学出版社，2009：44 – 45.

④ 胡雪梅. 过错的死亡：中英侵权法宏观比较研究及思考［M］. 北京：中国政法大学出版社，2009：69 – 71.

⑤ 胡雪梅. 过错的死亡：中英侵权法宏观比较研究及思考［M］. 北京：中国政法大学出版社，2009：196.

适合在侵权法中予以条文化，也值得怀疑。归责原则成文法化对侵权法实践没有意义，立法者在制定侵权法之际只需要在大脑中有明确的"归责原则意识"，并在规定具体条文时尽可能明确各条的归责原则即已足够。对司法者而言，其只需明白侵权法各具体条文的归责原则即可正确适用，抽象概括的第6条第2款和第7条的规定对司法者毫无实质意义，删除之也不会影响侵权案件的裁判。因此，侵权法归责原则作为一个理论概念和知识体系，适合停留于侵权法学领域，而不宜进入法条领域①。

2. 侵权法一般条款与归责原则的关系

欲厘清一般条款与归责原则的关系，应当给侵权法归责原则以恰当的定位。

第一，侵权法归责原则与一般条款的抽象程度相似。这从《侵权责任法》第6条第1款、第6条第2款和第7条的条文表述中自可得出结论，不必赘言。

第二，侵权法归责原则有别于侵权法一般条款。归责原则作为归责的根本理念依据，其实质要素仅涉及归责的主观方面，而不包括完整的责任构成要件，故其与一般条款的实践功能不同：《侵权责任法》第6条第2款和第7条等归责原则法条本身无法作为独立的裁判准据来裁判案件，而只有特定法条的具体规定才能用于裁判案件；严格而论，第6

---

① 相对区分法律问题与法学问题确有必要。最近十多年，我国重要的民事立法在制定过程中多有专家参与，主要通过向立法机关提交专家建议稿和参与立法机关组织的立法研讨会的方式，详见孟勤国. 专家不能代替人民立法［J］. 法学评论，2008（5）：158. 法学专家参与立法固然有其积极意义，但专家若缺乏必要的节制精神，一心向往在立法中注入自己的独特理论从而在未来的学术探讨中"以势压人"，往往会导致法条的不适当理论化，从而既制约了理论的继续争鸣，还可能为司法实践添乱。

条第 2 款和第 7 条仅具援引具体法条的功能，而不具独立的裁判功能，更不具有弥补侵权法具体条款适用范围局限的兜底和补充适用功能。

第三，归责原则只是我国侵权法学界所热衷于研究的侵权法归责原则理论的法条化。就问题属性而言，侵权法一般条款属于法律概念和法律问题，而归责原则属于典型的学理概念和理论问题，探讨被告承担侵权责任的理念依据；由于社会生活的复杂性，不同的法律理念依据通常相互渗透和交错，从而导致一两个理念不可能完全涵盖一个部门法的所有法条和制度细节，例外和混乱在所难免，故抽象的归责原则理论对司法实践并不具有直接的和决定性作用。

（三）侵权法一般条款与基本原则比较

1. 侵权法一般条款的规范属性分析：侵权法的原则还是规则？

法律的基本原则，即"用简明的词句将复杂规则中的共通原理一般化，以辅助理解和补充疏漏。从分类上看，有写入法律的与学理上的两种基本原则。前者与一般条款同义，如民法上的诚实信用原则，除了辅助理解外，还承担着将新价值判断引入法律论理的功能"①。严格而论，一般条款是学理上对一些法律条文的描述，法律原则是学理上对一些法律规范的描述，两者均为法学理论上的描述性概念，我国学界通常将一般条款等同于法律原则②。在法典移植国家，法律原则常以一般条款形式存在，但在原生态的法典化国家则存在"非实定的"法律原则。

王利明教授认为，过错责任的一般条款表达了侵权法最核心的价值判断结论，确立了责任归属的最重要依据，因而可视为侵权法的基本原

---

① 许德风. 破产法基本原则再认识 [J]. 法学，2009（8）：49.
② 谢怀栻. 外国民商法精要 [M]. 北京：法律出版社，2006：107.

则①。而过错推定责任、无过错责任、公平责任等均以过错责任为基础，并未脱离过错责任的基本理念，抽掉过错责任则很难合理解释过错推定、无过错责任和公平责任，故其不能与过错责任同日而语。若套用一下学界的时髦用语，过错责任原则实为侵权法唯一的基本原则②。但就规范属性而言，侵权法一般条款介于民法基本原则和侵权法具体规则之间，其具有重要的裁判功能，能直接作为裁判准据，因此属于法律规则而非原则。

2. 侵权法一般条款与民法基本原则比较

根据徐国栋教授的研究，民法基本原则在立法技术上具有强式不确定性，其效力贯穿民法始终，是克服成文法局限性的工具③。侵权法一般条款与民法基本原则的区别主要如下。（1）抽象程度不同。民法基本原则比侵权法一般条款更为抽象和概括；这导致两者的适用范围不同，侵权法一般条款仅适用于侵权法领域，民法基本原则适用于整个私法领域。（2）构成要素不同。民法基本原则条款通常不规定具体的构成要件和法律后果，而侵权法一般条款规定有构成要件和法律后果，因而兼有规则的属性。（3）价值层次不同。民法基本原则集中体现了私法的基本价值和理念，在民法内在价值体系中处于最高层次；侵权法一般条款是民法基本原则所体现的价值和理念在侵权法领域的具体化，其价值位阶低于民法基本原则。（4）裁判功能不同。侵权法一般条款能够直接作为侵权案件的裁判规范，虽然其构成要件中包含了不确定概

---

① 王利明. 侵权责任法研究：上卷［M］. 北京：中国人民大学出版社，2011：113.

② 此处所谓侵权法基本原则是指侵权法领域所特有的原则，不包括私法领域共有的基本原则，如诚实信用。

③ 徐国栋. 民法基本原则解释［M］. 北京：中国政法大学出版社，2004：8，13 - 25.

念，但其适用仍遵循"全有或全无"规则，属于"确定性命令"；而民法基本原则一般不能作为裁判规范，只能在既没有具体条款也无法类推适用类似条款时才能通过具体化进行漏洞补充，作为特殊民事案件的裁判准据，其涵摄过程需要"权衡"，故属于"最佳化命令"①。

六、侵权法一般条款的功能

功能是系统的具有目的性的行为②。一般而言，对法的功能、作用、目的和价值的讨论是宏观角度的，而法规范的功能则是微观的、具体的。法的目的和价值是针对人而言的，是根据特定时空条件下的特定人群的需要而人为设定的；而法的功能和作用是人们确定下来的法律制度进行正常运作的当然结果，具有客观性。法的功能和作用之间也存在差异：功能是法系统本身固有的属性，而作用是法系统对社会的影响。就具体的法规范而论，立法目的决定其规范功能，而规范功能的实现则产生相应的社会作用。侵权法一般条款属于具体的法规范，自然遵循此基本规律。

（一）立法功能

立法功能，是侵权法一般条款对侵权法系统本身所具有的功能。具体包括：

其一，作为具体列举规定的前提，避免重复规定。侵权法一般条款是对现实生活中最典型侵权现象的共性进行的概括，在此基础上，立法才以具体列举的方式规定各种非典型侵权。一般条款已经规定了的各种

---

① ［德］罗伯特·阿列克西. 法：作为理性的制度化［M］. 雷磊，编译. 北京：中国法制出版社，2012：132.
② 王卫国. 过错责任原则：第三次勃兴［M］. 北京：中国法制出版社，2000：158.

要素，在具体列举条款中就不必规定了，从而尽可能避免了法条规定的重复①。

其二，促进侵权法的体系化和独立性，实现侵权普通法与侵权特别法的衔接。在民法法典化的历史中，体系化思想厥功至伟。然而正是《德国民法典》总则编的形成，才"使整个民法成为一个有机的整体，不像《拿破仑法典》那样是一个机械的结合"②。与民法典总则编类似，一般条款是侵权法体系化完成的标志，其增强了侵权法的相对独立性，而且作为侵权法的总纲，一般条款实现了侵权法与其他法律、法规中的侵权规范的紧密衔接。如我国《物权法》第21条、245条，《公司法》第20条、190条等，均属特别侵权法规范，有赖于侵权法一般条款与之形成衔接关系，从而便于特别侵权法规范的解释和适用。

其三，实现侵权普通法的相对稳定。法的稳定性是影响法治秩序的一个重要因素。但社会现实是复杂多变的。"作为使松散的社会结构紧紧凝聚在一起的黏合物，法律必须巧妙地将过去与现在勾连起来，同时又不忽视未来的迫切要求。"③ 法律经常在兼顾稳定性和回应社会现实需求之间处境尴尬。而一般条款立法技术的使用，使法律既在形式上保持了稳定性，又能够及时回应社会价值观的变迁，从而至少在法条层面能够较好地化解成文法与社会生活之间的紧张关系。

其四，确保法律的简洁。侵权法一般条款的概括性和直接适用性确保了法律条文的简洁，从而大大减少了侵权法条文的数量。这从各国侵

---

① 一般条款作为一种立法技术现象，是法典化立法技术成熟之后，通过提取公因式的方法形成总—分结构的法典的结果。而通过提取公因式、法典采用演绎式结构的一大好处就是条理清晰，最大限度避免了重复。

② 谢怀栻. 外国民商法精要［M］. 北京：法律出版社，2006：86－87.

③ ［美］博登海默. 法理学、法律哲学与法律方法［M］. 邓正来，译. 北京：中国政法大学出版社，2004：340.

权法是否采一般条款立法技术及其条文数量对比中即可明晰：1794 年的《普鲁士普通邦法》共一万七千条，采用具体列举技术的"不法行为"位于第一部第六章部分①，其条文估计有几百条②，而十年后的《法国民法典》由于采用一般条款，仅以 5 个条文就完成了对近代侵权关系的规范；现代社会采用具体列举方式规定的美国《侵权法重述》（第 3 次）有一千多条③，而采一般条款的新《荷兰民法典》侵权法部分只有 36 条④。

（二）司法功能

与立法功能的作用对象不同，侵权法一般条款的司法功能是侵权法一般条款被用于司法裁判的过程中所发挥的功能。具体包括：

其一，作为普通侵权案件的裁判规范。由于一般条款明确规定了普通侵权的构成要件和法律后果，因而可直接作为裁判案件的依据。高度概括的一般条款，经由学界所构建的"侵权责任一般构成要件理论"和"侵权责任承担方式理论"的具体化，成为法官处理现实生活中纷繁复杂的侵权案件的最重要的裁判准据。

其二，作为具体列举条款适用的前提和基础。比如我国《侵权责任法》第 32 条第 1 款⑤，该条款适用的基础即无民事行为能力人、限制民事行为能力人的行为必须符合一般条款即第 6 条第 1 款所规定的责任构成要件，否则就谈不上其监护人的侵权责任。例如，小学生甲和乙

---

① 谢怀栻. 外国民商法精要［M］. 北京：法律出版社，2006：77.
② 笔者没查到《普鲁士普通邦法》"不法行为"章的精确条文数。
③ 王利明. 论侵权责任法中一般条款和类型化的关系［J］. 法学杂志，2009（3）：2.
④ 荷兰民法典：第 3、5、6 编［M］. 王卫国，主译. 北京：中国政法大学出版社，2006：203 - 219.
⑤ 即"无民事行为能力人、限制民事行为能力人造成他人损害的，由监护人承担侵权责任。监护人尽到监护责任的，可以减轻其侵权责任"。

在住宅小区内玩耍时发生互殴，甲在"占了便宜"之后往家里跑，而乙在追赶甲的过程中跌倒并摔伤。则乙能否向甲的父母主张赔偿医疗费？笔者认为甲的父母不必承担侵权责任，因为甲的行为即使由一个普通成年人实施也不构成侵权（判断标准即第6条第1款），所以甲的行为不能成立侵权责任，故甲的父母不必承担侵权责任。再如《侵权责任法》第34条第1款规定，"用人单位的工作人员因执行工作任务造成他人损害的，由用人单位承担侵权责任"，受害人依据该条款追究用人单位侵权责任的前提是用人单位的工作人员执行工作任务的行为符合第6条第1款所规定的责任构成要件①。其他法律、法规中特别侵权法规范如《物权法》第37条②、242条③、244条④、245条⑤，《公司法》第20条⑥的司法适用，则更需要以侵权法一般条款的规定为前提，首先考虑个案事实是否符合侵权法一般条款的规定。

其三，作为新型侵权案件的裁判准据，发挥兜底功能。一般条款适

① 关于替代责任的法律构成，至少在理念层面要区分两个阶段，即责任成立和责任承担。在责任成立阶段，原则上需要考查行为主体的行为是否符合侵权法一般条款即过错责任的一般构成要件，仅在机动车交通事故侵权和饲养动物致害中个人才承担无过错责任；而在责任承担阶段，原则上不考虑责任主体是否有过错。因此，简单地认为替代责任属于无过错责任或严格责任是不合适的。

② 即"侵害物权，造成权利人损害的，权利人可以请求损害赔偿，也可以请求承担其他民事责任"。

③ 即"占有人因使用占有的不动产或者动产，致使该不动产或者动产受到损害的，恶意占有人应当承担赔偿责任"。

④ 即"占有的不动产或者动产毁损、灭失，该不动产或者动产的权利人请求赔偿的，占有人应当将因毁损、灭失取得的保险金、赔偿金或者补偿金等返还给权利人；权利人的损害未得到足够弥补的，恶意占有人还应当赔偿损失"。

⑤ 即"占有的不动产或者动产被侵占的，占有人有权请求返还原物；对妨害占有的行为，占有人有权请求排除妨害或者消除危险；因侵占或者妨害造成损害的，占有人有权请求损害赔偿"。

⑥ 即"公司股东滥用股东权利给公司或者其他股东造成损失的，应当依法承担赔偿责任"。

用于"民事权益"的保护，其构成要件和法律后果的规定都具高度概括性，避免了具体列举条款的僵化，具有较强的包容性，可作为司法实践中发生的新型侵权案件（比如特定的纯粹经济损失赔偿案件）的裁判准据，从而避免成文法相对于社会生活的僵化和封闭。一般条款的这种兜底功能也许是备而不用的，而且在适用程序、方式方面也可以考虑进行适当限制（比如限于具体列举条款没有明确规定、不支持原告诉求又显失公平的案件；用一般条款裁判新型案件应当报经一定级别的法院批准），但是这种兜底功能有备无患。立法就过错侵权规定一般条款并不意味着实践中过错侵权案件数量占大多数①，而是表明立法的基本态度——原则上被告有过错才承担责任。即使司法实践中无过错侵权案件数量超过了50%，也不能撼动过错侵权的一般条款地位，也不意味着无过错侵权能够一般条款化。立法应当遵循自己的规律，应当妥善运用立法技术来贯彻和落实既定的价值判断，而不必完全根据现实案件数量的多少来确定法条数量、安排法条的位次。

其四，确保了侵权法必要的灵活性，为法官进行利益衡量提供了合法的机会。"法律必须稳定，但又不能静止不变"，"有关稳定必要性与变化必要性之间的协调问题，从某个方面来看，变成了一个在规则与自由裁量权之间进行调适的问题"②。杨立新教授认为，侵权法一般条款"赋予法官概括的裁判准则，使法官在这一条文面前，享有高度的自由

---

① 在《侵权责任法》生效的前夕，张新宝教授曾在西南政法大学的讲座中断言，我国《侵权责任法》第6条第1款作为一般条款"在将来的审判实践中，该条被引用的可能性可能也是最高的，可能会超过80%"［张新宝.侵权责任一般条款理解与适用［J］.法学研究，2012（10）.］。然而官方的统计数据表明，"机动车交通事故案件占我国法院受理的侵权案件三分之一，有的地方法院占一半以上"（王胜明.中华人民共和国侵权责任法释义［M］.北京：法律出版社，2010：7.）。

② ［美］罗斯科·庞德.法律史解释［M］.邓正来，译.北京：商务印书馆，2013：4.

裁量权，发挥法官的创造性"①。与具体列举条款相比，一般条款的存在意味着在法治中人的因素的增加和规则作用的削弱。一般条款更多地体现了法律的实质理性，允许法官结合个案具体情况进行利益衡量，从而确保了侵权法必要的灵活性，为实现个案正义提供了广阔的空间②。

（三）社会功能

法律的社会功能即法律作为一个规范系统对社会生产和生活所具有的影响力，一般是就积极方面的影响力而言。侵权法一般条款的社会功能主要有：

其一，通过赔偿损害，充分保护受害人。概括性的侵权法一般条款在司法实践中有利于保护原告利益而不利于维护被告的行为自由。与之相反，类似刑法的法定主义的个别列举条款更有利于维护被告的行为自由。当然，这是就法律文本本身而言，司法实践中法官适用法律的过程必然夹杂着实质考量，这可能抵消法条表述本身的影响。问题在于，法条的功能是受制于立法目的的，则侵权法的立法目的到底应当如何进行定位？是权益保障优先，还是行为自由优先？还是应当尽可能维持二者的平衡？对此详见本文第一、二章的分析。

其二，通过追究过错责任，教育侵权人和社会公众，醇化社会道德风尚，预防损害的发生。"侵权法的过错责任原则体现了强烈的道德价值"，"过错要以道德为评价标准，对过错的确定必然包含了道德上的

---

① 杨立新. 侵权法论［M］. 3 版. 北京：人民法院出版社，2005：23.
② 值得注意的是，一般条款的灵活性只是为个案裁判的正义提供了必要条件而非充分条件，个案正义的实现还需要"人的因素"发挥积极作用，即法官具有可靠的业务能力和良好的职业操守，妥当行使自由裁量权。

非难"①②。侵权法一般条款是以过错、损害和因果关系为核心要素的，过错责任"要求人们尽可能地控制自己的行为，选择更合理的行为，以避免不利的后果"③④。通过对过错责任的追究，发挥法律的教育功能，既有利于醇化社会道德风尚，又能够预防损害的发生。

其三，通过利益平衡，协调利益冲突，维护社会公正。过错责任一方面合理地给加害人强加了某种不利益；另一方面，加害人只是对其过错造成的损害进行赔偿，从而将这种不利益限制在合理的范围内，较好地协调了加害人与受害人之间的利益冲突⑤⑥。一般条款的概括性和抽象性为法官进行实质的利益衡量提供了合法的机会，这是一般条款能够发挥其利益平衡功能优势的原因。然而，高度的自由裁量权是一把双刃剑，其固然有机会维护社会公正，同时也可能破坏公正。因此，一般条款在此能否发挥积极作用，取决于人的因素的发挥，有赖于法官妥当行使自由裁量权。

小　结

三种功能之间的关系：就侵权法一般条款的立法功能、司法功能和社会功能三者关系而言，立法功能是前提，司法功能是中心，是沟通法

---

① 王利明. 侵权责任法研究：上卷 ［M］. 北京：中国人民大学出版社，2011：202.
② 王利明. 侵权行为法归责原则研究 ［M］. 北京：中国政法大学出版社，2003：36－37.
③ 王利明. 侵权责任法研究：上卷 ［M］. 北京：中国人民大学出版社，2011：204.
④ 王利明. 侵权行为法归责原则研究 ［M］. 北京：中国政法大学出版社，2003：39.
⑤ 王利明. 侵权责任法研究：上卷 ［M］. 北京：中国人民大学出版社，2011：203.
⑥ 王利明. 侵权行为法归责原则研究 ［M］. 北京：中国政法大学出版社，2003：40.

律文本与社会生活的媒介，而社会功能是目标。侵权法一般条款在立法上的运用在某种程度上仅意味着立法者把静态法律与动态社会之间的矛盾和立法的困难推给了司法者，矛盾和困难并未因该立法技术的运用就迎刃而解，只是由立法者转交给了司法者而已。因此，侵权法一般条款问题实质上涉及两大方面，一是立法设计问题，即在充分考虑立法技术选择的各种制约因素的基础上，对侵权法一般条款进行合理设计；二是司法裁判问题，即对立法确定的一般条款在司法实践中可能面临的各种适用难题进行分析以寻求破解途径。

第一章

侵权法的规范模式选择

从规范模式的角度将侵权法一般条款界定为"蕴含侵权法的基本价值理念，具有高度概括性和普遍适用性的条款"，本章即探讨侵权法的规范模式问题。一般条款与具体列举作为两种范式规范模式，形成强烈对比，立法者制定侵权法时使用不同的规范模式意味着一国侵权法是否存在一般条款。

在此先对规范模式与立法模式、立法体系、立法体例等概念使用做必要说明。规范模式与立法模式、立法体系、立法体例均属于法律文件的构建结构、表现形式问题，与侵权法一般条款的问题属性相同[①]；但侵权法的规范模式主要强调组成侵权法的微观要素——法律规范的主要结构和表达方式是具体列举条款还是抽象概括条款，而立法模式、立法体系、立法体例主要指侵权法在宏观上、整体上的结构和编排逻辑。虽然我国侵权法学者大多将侵权法的一般条款问题概括为立法模式问题或

[①] 谢怀栻教授认为，立法体系属于立法技术问题，其主要涉及法律的整体结构和排列逻辑问题。参见谢怀栻. 外国民商法精要［M］. 北京：法律出版社，2006：103.

立法体系、立法体例问题①②③④⑤⑥⑦⑧，但本研究认为侵权法一般条款问题首先是侵权法的规范模式问题，使用"规范模式"概念更为恰当和准确⑨，虽然其也涉及立法体系问题。侵权法的规范模式意味着立法是否采用一般条款技术，而是否采用一般条款及其运用技术的不同，必将对侵权法的立法体系产生重大影响。立法模式、立法体系和立法体例三者的具体适用语境没有本质区别，学者使用不同的概念具有偶然性，因此本文将三者视为同义。

探讨法律结构、规范形式和立法技术问题的重要性在于，其一，法典化与体系化思想一脉相承，成文法中众多的法条必然要以一定的结构和逻辑进行编排，以方便法官找法；其二，价值与技术相互影响，立法技术的运用要受制于价值判断和政策抉择，而且立法技术的恰当运用是有效落实既定价值判断的重要手段。

---

① 王利明. 我国侵权责任法的体系构建：以救济法为中心的思考［J］. 中国法学，2008（4）.
② 王利明. 论侵权责任法中一般条款和类型化的关系［J］. 法学杂志，2009（3）.
③ 王利明. 侵权法一般条款的保护范围［J］. 法学家，2009（3）.
④ 杨立新. 论侵权行为一般化和类型化及其我国侵权行为法立法模式选择［J］. 河南省政法管理干部学院学报，2003（1）.
⑤ 杨立新. 论埃塞俄比亚侵权行为法对中国侵权行为法的借鉴意义［J］. 扬州大学学报，2005（5）.
⑥ 杨立新. 中国侵权责任法大小搭配的侵权责任一般条款［J］. 法学杂志，2010（3）.
⑦ 张新宝. 侵权行为法的一般条款［J］. 法学研究，2001（4）.
⑧ 张新宝. 侵权法立法模式：全面的一般条款＋全面列举［J］. 法学家，2003（4）.
⑨ 本文将侵权法的一般条款问题概括为规范模式问题，是受王泽鉴教授的启发。王泽鉴. 侵权行为［M］. 北京：北京大学出版社，2009：67.

第一节　侵权法的三种规范模式

一、具体列举模式

"一个大陆法国家的律师第一次见到以其自己的方式表现的英格兰侵权行为法，可能会想起本国的刑法"，"不仅各种刑事犯罪有自己的罪名，而且各种侵权行为也有所谓的'有名的侵权'。这在英格兰确实是真实的。当拉登（Rudden）对这些有名的侵权行为进行列举时他举出了 72 种，而且他还不能确信他的列举是完全的"①。英国侵权法是以令状为基础发展起来的，法院依据特定的令状，经由特定的诉讼方式而"创造某种得为主张的救济方法"②。600 多年来，英国法院创设了各种不同的个别侵权行为（torts）。萨蒙德（Salmond）认为在英国并无统一的侵权法（a law of tort），而是一群互不相关的不法侵权行为，各有其名称，并未形成一个作为侵权责任基础的概括的统一原则③。虽然温菲尔德（Winfield）认为英国侵权法可归结为"侵害他人者，除有正当抗辩外，应构成侵权行为"这一统一的原则④，但这一原则缺乏实质内容，等于什么也没说，故多数学者对此不以为然。侵权法权威弗莱明教授对此的评价是，"我们必须认识到，面对如此复杂多样的侵权行为的

---

① ［德］克雷斯蒂安·冯·巴尔. 欧洲比较侵权行为法：上卷［M］. 张新宝，等译. 北京：法律出版社，2004：337 – 338.

② 王泽鉴. 侵权行为［M］. 北京：北京大学出版社，2009：49.

③ 王泽鉴. 侵权行为［M］. 北京：北京大学出版社，2009：52.

④ Winfield. Province of the Law of Tort（1913）［M］//王泽鉴. 侵权行为. 北京：北京大学出版社，2009：52.

世界，任何寻求普遍原则的努力既是不切实际的，也是毫无益处的"①。英国法学家对诸如"侵权责任归责原则""侵权责任构成要件"的抽象理论没有兴趣，他们一心致力于各种具体侵权责任的构成要件和法律后果的研究。英国侵权法目前的主要侵权行为类型有：（1）对人身和财产的故意侵害，包括暴力威胁、暴力侵犯、错误拘禁、侵犯土地、侵占动产、侵犯动产，等等；（2）对人身和财产的非故意侵害，即过失侵权；（3）严格责任，包括占有者责任、违反制定法责任、缺陷产品责任、动物致害责任，等等；（4）其他类型：包括雇主责任、损害名誉、私人妨害、公共妨害、欺诈、恶意诋毁、假冒、泄露秘密、妨害合同、胁迫、合谋、妨害经营、恶意控告等②③。英国侵权法这种具体列举的规范模式类似于刑法中的罪刑法定。虽然从布莱克斯通开始，英国学者和法官试图围绕大陆法的基本原则重组英国法，但只获得了部分成功，他们只能将新的理论看作是对英国判例法的合理化而无法更进一步④。现代社会英国侵权法中出现的"过失侵权"这一"剩余类型"并未从根本上改变英国侵权法的具体列举模式。

美国侵权法是继受英国法而来。虽然 20 世纪以来美国法律的成文化、法典化趋向明显，《美国侵权行为法重述》得以编纂，但由于受判例法传统和司法体制的影响，其法典编纂"所采用的方法也是类型化的方法，其中绝对没有对侵权行为一般化的规定，完完全全的是类型化

---

① John G. Fleming. The Law of Torts, LBC Information Services（1998）［M］//胡雪梅. 过错的死亡：中英侵权法宏观比较研究及思考. 北京：中国政法大学出版社，2009：47.

② 王利明. 侵权责任法研究：上卷［M］. 北京：中国人民大学出版社，2011：160.

③ 胡雪梅. 过错的死亡：中英侵权法宏观比较研究及思考［M］. 北京：中国政法大学出版社，2009：133 – 134.

④ ［美］詹姆斯·戈德雷. 私法的基础：财产、侵权、合同和不当得利［M］. 张家勇，译. 北京：法律出版社，2008：290.

的立法模式"①。《美国侵权行为法重述（第三次）》规定了 13 种基本的侵权类型，每一基本类型中可能又包括若干亚类型②。

英美侵权法的具体列举模式是经验主义思维方式和令状制度共同影响的结果。判例本身就是具体的、经验的，以判例为基础的英国侵权法是以具体的行为对象（各种有体物、人身）和特定的行为方式（如暴力威胁、暴力侵犯、拘禁等）为依据进行具体列举而形成的，"不是某种有关值得法律加以保护的利益清单"③，因而判例法对侵权关系的规范原则上限于对具体侵权事实的列举而很难上升到抽象的"侵害权益"的水平。受经验主义思维方式的影响，在不同种类的侵权行为之间寻求普遍适用的原则的做法一直是英国法律界所反对的，英国人认为，"定义越具有一般性，就越有可能忽略本质的因素或者掺入非本质的因素"④。英国法受令状制度影响深刻。"英国普通法是一种与诉讼程序的考虑相联系的制定法的体系"⑤。由于原告起诉受到令状种类的限制，每种令状都有固定的侵权构成要件，原告所诉请的案件事实必须与特定的令状诉因相符，否则将不予受理或导致败诉。虽然英国在 1873 年以《司法法》废除了令状制度，但正如梅特兰（Maitland）所言："诉之格

---

① 杨立新. 论侵权行为一般化和类型化及其我国侵权行为法立法模式选择 [J]. 河南省政法管理干部学院学报，2003（1）：5.
② 杨立新. 论侵权行为一般化和类型化及其我国侵权行为法立法模式选择 [J]. 河南省政法管理干部学院学报，2003（1）：6.
③ [美] 詹姆斯·戈德雷. 私法的基础：财产、侵权、合同和不当得利 [M]. 张家勇，译. 北京：法律出版社，2008：290.
④ 胡雪梅. 过错的死亡：中英侵权法宏观比较研究及思考 [M]. 北京：中国政法大学出版社，2009：47.
⑤ [法] 勒内·达维德. 当代主要法律体系 [M]. 漆竹生，译. 上海：上海译文出版社，1984：43.

式虽被埋葬，但仍从坟墓支配着我们"①，故其侵权法仍保持具体列举模式，一个诉因对应一个侵权类型，从总体上看，英国侵权法仍然只有各种"torts"侵权行为而没有统一的"tort"。

瓦格纳（Gerhard Wagner）教授针对具体列举规范模式曾做如下评价："具体规则型侵权法律制度通过众多'诉因'（causes of action）得以运行，每个诉因对应一个侵权行为的一般事实情况和责任的法律构成要件。构成要件规定得如此精确，以至于这种对应关系可以通过简单的涵摄来建立，而无需作任何进一步的评价。"具体列举规范模式的优点是便于法官适用法律②，然而其缺陷也很明显：法律具体列举的侵权类型总是有限的，难免落后于社会实践的需要。英美侵权法的具体列举模式能够延续至今，得益于多项制度的保障。其一，衡平法的修正。作为英国侵权法体系中的动态因素，衡平法对矫正普通法发挥了重要作用。其二，对先例的突破。判例法传统允许法官通过对先例的突破，逐渐增加新的侵权行为类型。其三，经由制定法的修正，也促进了侵权法的发展③。

二、抽象概括模式

虽然法国侵权法与英国侵权法具有共同的罗马法基础，即具体列举

---

① F. W. Maitland, The Forms of Action at Common Law (1936) [M] //王泽鉴. 侵权行为 [M]. 北京：北京大学出版社，2009：50.

② ［德］格哈特·瓦格纳. 当代侵权法比较研究 [J]. 高圣平，熊丙万，译. 法学家，2010（2）：105.

③ 王泽鉴教授指出，"英国侵权行为法经由制定法与普通法的配合，借着法院判例与学说的协力，而继续不断发展"。参见王泽鉴. 侵权行为 [M]. 北京：北京大学出版社，2009：52.

模式①，但《法国民法典》中侵权法的规范模式与英国侵权法截然不同，其以"五条简括的一般规定概括了全部法国侵权行为法规范"②。民法典第 1382 条规定，人的任何行为使他人受损害时，因自己的过错而致行为发生之人，应对该他人负赔偿责任；第 1383 条规定，任何人不仅对因其故意行为造成的损害负赔偿责任，而且还对因其过失或懈怠造成的损害负赔偿责任；第 1384 条第 1 款规定，任何人不仅对因自己的行为造成的损害负赔偿责任，而且对应由其负责之人的行为或由其照管之物造成的损害负赔偿责任③。以上条文被我国侵权法学界认为是法国侵权法的最主要条文，分别对故意侵权行为、过失侵权行为和准侵权行为做出了概括性规定④。

法国侵权法抽象概括规范模式的形成主要基于以下原因：

其一，后期注释法学、自然法学和理性主义的影响。从 14 世纪开始，后期注释法学派就兴起了一种将罗马法系统化的工作，这是一种与此前"重新发现并解释罗马法律的原始意义"完全不同的工作，其结果是，"罗马法被正式删改，失去了原来的面貌"，"变成以理性为基础、普遍适用的系统的法"⑤。而到了十七八世纪，在思想界取得优势地位的自然法学派更是"把法的系统化提到颇高的程度"，"它鼓吹从每个人的人格本身派生出来的个人'自然权利'"，力求制定一部"普

---

① ［德］格哈特·瓦格纳. 当代侵权法比较研究［J］. 高圣平，熊丙万，译. 法学家，2010（2）：105－106.
② ［德］K. 茨威克特，H. 克茨. 比较法总论［M］. 潘汉典，等译. 北京：法律出版社，2003：140.
③ 法国民法典［M］. 罗结珍，译. 北京：法律出版社，2005：1073.
④ 张新宝. 侵权行为法的一般条款［J］. 法学研究，2001（4）：44.
⑤ ［法］勒内·达维德. 当代主要法律体系［M］. 漆竹生，译. 上海：上海译文出版社，1984：42－44.

遍适用的法的正义规定"①。从胡果·格劳秀斯（Hugo Grotius）到让·多马（Jean Domat）、波蒂埃（Pothier），自然法思想一脉相承。在此思想指导下，"不得损害他人""致他人损害者应承担过错责任"的一般化条款呼之欲出。自然法和理性主义对法律系统化、一般化的推动是导致法国侵权法脱离罗马法具体列举模式的核心因素。对此，瓦格纳教授如此评述："罗马法对具体侵权行为进行了列举性规定，其包含了从盗窃到故意欺诈的各类不法行为，以及从《阿奎利亚法》到'倒泼和投掷责任之诉'的法律制度。然而，甚至在罗马帝国时期，阿奎利亚人的诉讼就出现了扩张趋势，其不断涵盖新的侵权行为类型。该趋势在12世纪的《国法大全》复兴之后继续发展，并在自然法学者的宏大计划中到顶峰，当时，这些自然法学者积极致力于将传统学术思想融合为一个一般原则……《法国民法典》第1382条这一一般条款和随其后的条款绝不是在1804年被创造的，其仅能被视为对早先存在的法国习惯法的继受。"②

其二，法典化的历史使命。石佳友博士认为，法典化不仅意味着某种将某一法律部门的原则、制度规范进行整合的立法技术，而且应当使该法律部门的规范富有体系性、明确性和内在一致性③。法典化的追求之一就是尽可能不留立法空白，把所有规则统一于一部法典之中，而要实现这一目标，具体列举模式显然难以胜任，采用抽象概括的一般条款当然是最明智的选择。"侵权法的一般条款兴起于18至19世纪之交的

---

①　[法]勒内·达维德.当代主要法律体系 [M].漆竹生，译.上海：上海译文出版社，1984：44.

②　[德]格哈特·瓦格纳.当代侵权法比较研究 [J].高圣平，熊丙万，译.法学家，2010（2）：106.

③　石佳友.民法法典化的方法论问题研究 [M].北京：法律出版社，2007：8.

法典编纂运动"①，而法典化的主要使命乃是通过制定普世性的一般规则，建立统一的资产阶级法制，这就要求至少应当在形式上"统一法律适用"②。

其三，法国独特的法典编纂思路的影响。在法国民法典制定过程中，由四名经验丰富的法律实务家充任的法典编著者清醒地意识到，"大陆法特点的制定法和普通法特点的判例法之间的对立，绝不像一种颇为教条的法律渊源理论一再要蒙惑我们的那般深刻：立法机关的任务是要从大处着眼确立法律的一般准则。它必须是确立高度概括的原则，而不是陷于对每一可能发生的问题的琐细规定。……我们应留有一些空隙让经验去陆续填补"③。法典"不应寻求解决实践中出现的所有具体问题：它的任务是作出以下充分概括、形成体系、易找易学的规定"④。受益于这种宝贵的节制精神，立法者只规定了"不得损害他人"这样的一般原则，而没有规定具体问题的解决方案；另外，既不区分权利和利益也不区分过错和违法的简单语句恰好符合拿破仑对法典语言简单明了、通俗易懂的要求。这使得法典本身更加符合实践理性，与现实生活中立法与司法的关系比较贴近。以第1382条为例，其所规定的"损害—因果关系—过错"三要件清晰、明确，且便于实践操作。

《法国民法典》第1382条和1383条的规定固然简洁明了，但我们不能据此得出"在法国，每个因过错行为导致的损失都将引起责任"

---

① 李承亮. 侵权责任的违法性要件及其类型化［J］. 清华法学，2010（5）：75.

② 石佳友. 法国民法典过错责任一般条款的历史演变［J］. 比较法研究，2014（6）：19.

③ ［德］K. 茨威克特，H. 克茨. 比较法总论［M］. 潘汉典，等译. 北京：法律出版社，2003：139.

④ ［法］勒内·达维德. 当代主要法律体系［M］. 漆竹生，译. 上海：上海译文出版社，1984：88.

的结论，"在法律发展史上，司法判例和法学研究为法国侵权行为法注
入了大量与众不同的内容，这些内容是难以通过法典的表面形式展现出
来的"①。由5个条文构成的法国侵权法能够历经200余年而保持原貌，
有赖于司法判例对法条的补充及限制解释，以及法学理论家卓有成效的
研究工作。法国最高法院很早就通过解释的方法赋予民法典1384条第
1款以"立法者的意图之外的意义"，而如此解释的"直接的目的就是
为了限制第1382条过错原则的适用"②。令人倍感诧异的是，民法典第
4条"禁止拒绝司法"和第5条"禁止法外造法"竟然成了法官造法的
掩护③。在法官通过判例发展法律的过程中，法学也不是旁观者，而是
"法典之外具有持续影响力、超出立法行为本身的力量"④。正是法官与
法学者的合力，促成了法国的侵权法实践积极而又稳妥地发展着《法
国民法典》那5条抽象的规范。

通过200多年的立法和司法实践，法国立法者和学者都认识到，罗
列责任构成要件是对纷杂现实生活的事实进行抽象；越是细致，越容易
造成制度的真空，不如极尽抽象之能事，以大类区分之⑤。

三、折中主义模式

在民法的大多数领域，法国法的形式风格都居于实用主义的英国法
和体系严谨的德国法之间，而在侵权法领域，德国法的规范模式却居于

---

① ［德］格哈特·瓦格纳. 当代侵权法比较研究［J］. 高圣平，熊丙万，译. 法学家，
  2010（2）：105.
② 石佳友. 民法法典化的方法论问题研究［M］. 北京：法律出版社，2007：178.
③ 石佳友. 民法法典化的方法论问题研究［M］. 北京：法律出版社，2007：179.
④ ［德］霍尔斯特·海因里希·雅科布斯. 十九世纪德国民法科学与立法［M］. 王
  娜，译. 北京：法律出版社，2003：168.
⑤ 李世刚. 法国侵权责任法改革：基调与方向［M］. 北京：人民日报出版社，2017：
  84-85.

英国法和法国法之间。在民法典之前，德国侵权法通过继受罗马法而形成的普通法采用了具体列举模式，没有一般侵权的规定；为适应社会实践的需要，"虽一再扩张其适用范围，但未完全克服个别列举方式的缺点"①。另外，19世纪出现的欧陆民法典（法国1804年、奥地利1812年）在侵权法领域采用抽象概括规范模式，这对德国立法者产生了影响。

《德国民法典》中的侵权法仅规定了过错侵权，无过错侵权一直采用单行立法模式。民法典中侵权法的核心条款有三个，即民法典第823条第1款"故意或者有过失地以违法的方式侵害他人的生命、身体、健康、自由、所有权或者其他权利的人，负有向他人赔偿由此发生的损害的义务"；第2款"违反以保护他人为目的的法律的人，负有同样的义务"；以及第826条"以违背善良风俗方式故意对他人施加损害的人，对他人负有损害赔偿义务"②。此种规范模式将过错侵权分为"侵害绝对权""违反保护性法律"和"故意违反善良风俗"三大类，开创了大的类型化模式，从而既不同于英美的具体列举模式，也不同于法国的抽象概括模式，而是居于二者之间。由于我国侵权法学者习惯于将具体列举方式称为类型化方式③④⑤，为避免将德国的大类型化模式混同于英美的具体列举模式，本文特将德国模式称为折中主义模式。

《德国民法典》第823条、826条是否属于一般条款？杨立新教授认为《德国民法典》第823条、826条属于一般条款，但张新宝教授明

---

① 王泽鉴. 侵权行为 [M]. 北京：北京大学出版社，2009：45.
② 德国民法典 [M]. 陈卫佐，译注. 北京：法律出版社，2004：265.
③ 王利明. 论侵权责任法中一般条款和类型化的关系 [J]. 法学杂志，2009（3）.
④ 杨立新. 论侵权行为一般化和类型化及其我国侵权行为法立法模式选择 [J]. 河南省政法管理干部学院学报，2003（1）.
⑤ 张新宝. 侵权法立法模式：全面的一般条款＋全面列举 [J]. 法学家，2003（4）.

确反对①②，这取决于对一般条款的界定。本文在将德国模式与英国模式、法国模式进行对比时，将德国模式称为折中主义模式；为了表述的便利，在将大陆法的概括规定与英美法的具体列举进行对比时，将德国模式与法国模式统称一般条款模式，而在大陆法内部进行对比时，将德国模式称为大类型化模式或小的一般条款模式，以区别于抽象概括的法国模式。

德国侵权法采用折中主义模式主要基于以下原因：

其一，法律实证主义的影响。在《德国民法典》制定的 19 世纪下半叶，法律实证主义已逐步取代自然法思想而成为主流法律思想，在区分实然与应然、形式与价值的基础上，法学家日益关注和强调法律的实然和形式问题，重视具体的制度设计，这导致"损害他人即违法"的朴素观念无法立足，取而代之的是罪刑法定主义③，认为侵权行为必须违反法律的明文规定才能构成，在此环境下法国式一般条款自然无法立足。于是，《德国民法典》放弃了法国式一般条款，转而回归类型化立法④。

其二，行为自由优先的思想。19 世纪的德国面临发展经济的任务，

---

① 杨立新. 论侵权行为一般化和类型化及其我国侵权行为法立法模式选择［J］. 河南省政法管理干部学院学报，2003（1）.

② 张新宝. 侵权法立法模式：全面的一般条款 + 全面列举［J］. 法学家，2003（4）：28.

③ 法制史上，侵权法采用具体列举模式的古代英国法和古罗马法均"刑民不分"，这不是巧合，而恰恰反映了侵权法的具体列举模式深受刑法"罪刑法定主义"的影响。

④ 笔者认为，与《法国民法典》第 1382 条的高度概括化的一般条款相比，《德国民法典》第 823 条和 826 条的规定只能算作概括的类型化条款了。详细的分析见本书第二章。

受经济自由主义思想主导①②，立法者主张行为自由优先于权益保护——为确保行为人不致动辄得咎，原则上只有直接侵害绝对权导致的损害才能主张赔偿，能通过客观侵害事实而推定不法的，只限于对第823条第1款列明的"经典"法益的直接侵害。

其三，权力分立观念的影响。德国人对立法与司法关系的认知是，应当由立法解决的问题就不能概括授权于法院，以避免"制造法国法院实务上所见的矛盾与凌乱"③，因此立法者有意追求概念的严谨精密和规范的准确完整，没有规定过于弹性的一般条款。

《法国民法典》第1382条的开放式规定导致法官面临对损害进行限制解释的问题，而《德国民法典》第823条的封闭式规定却要求法官对权利进行扩张解释。100年来，为使民法典适应社会发展，德国司法界和学术界在侵权法的解释和理论构建方面多有建树，"其最具突破性的是将德国民法典第823条第1项前段所称'其他权利'扩张及于一般人格权及营业权"④。

总之，基于历史传统和现实国情的不同，英、法、德等国的侵权法采用了截然不同的规范模式，导致各国侵权法在内容和形式方面呈现出不同的风格。

---

① ［德］马克西米利安·福克斯．侵权行为法［M］．齐晓琨，译．北京：法律出版社，2006：2.
② 值得注意的是，康德的自由观念也是服务于当时的社会任务的——法律的标准有别于道德标准，道德命令是内在的、自觉的，法是外在的、强制的。要保障行为自由，就不能仅以违反道德标准来认定违法，行为必须违反法律标准即成文法规范，才构成违法。
③ 王泽鉴．侵权行为［M］．北京：北京大学出版社，2009：45.
④ 王泽鉴．侵权行为［M］．北京：北京大学出版社，2009：46.

第二节　侵权法规范模式选择的制约因素

根据侵权法规范表达方式的不同，侵权法的规范模式有三种，即以英国侵权法为代表的具体列举模式（包括美国法和古罗马法），以法国侵权法为代表的抽象概括模式（包括意大利法和西班牙法），以德国侵权法为代表的折中主义模式（包括奥地利、瑞士、荷兰）。每一种规范模式的形成均有其思想和制度层面的原因。我们需要考虑的是，进行侵权法规范模式选择时应当考虑哪些因素，换言之，特定国家侵权法的规范模式是由哪些前提性因素决定的？搞清此问题，我们才能在选择时实现"拿来主义"，而不至于在匆忙之间盲目选择。

受以上侵权法三种规范模式形成和确立原因的启发，本书总结出以下制约侵权法规范模式选择的主要前提性因素，这些因素应当成为我国进行侵权法规范模式选择时的主要考虑因素。

一、权益保障与行为自由的权衡

价值判断问题是民事实体法的核心问题。为克服逻辑至上的形式主义，实现一般条款的司法裁判功能和社会功能，在侵权法一般条款规范模式选择方面首先应当考虑当事人之间的利益平衡问题，以确保侵权法的实质正当性。

根据法律的价值判断与规范技术之间的一般关系，价值决定技术，技术是为落实特定的价值而服务的。就侵权法而言，立法目的与规范模式的关系即价值与技术的关系，因此深入探讨侵权法的立法目的对于确定合理的规范模式具有重要意义。侵权法规范作为典型的裁判规范，其首要的立法目的即调整侵权诉讼中原告与被告之间的利益冲突，进而做出最终的利益平衡抉择。侵权法进行利益平衡和取舍的重点是在原告的利益保障①与被告的行为自由②之间进行权衡。在此，原告未必是受害人，被告也未必是加害人。在立法阶段，抽象和随机的原告不能被视为受害人而一律受到法律的关照，只有法定的身份——消费者和劳动者才能有此待遇，否则即有违宪法关于人人平等的基本原则；在司法实践中，法官也不能先入为主地把原告等同于受害人、被告等同于加害人，否则容易犯类似于"有罪推定"的错误。"有罪推定"在刑法上早已臭名昭著，但在侵权法领域，"原告即受害人、被告即加害人"的错误观念还在我国泛滥成灾，学术界对此尚缺乏必要的警惕。比如，王利明教授在侵权关系当事人的利益取舍方面就不自觉地"一边倒"，主张为了加强对受害人的保护、减轻其举证负担，应当"将违法性从责任构成要件中排除出去"③④。以这种错误观念为指导，在立法上会导致侵权法立法价值取向在总体上背离公平正义，在司法实践中会导致"先下手为强，后下手遭殃"，从而对被告显失公平。与美国纽约在 20 世纪 20 年代出现的"擅长在镶有透明玻璃的人行道上、下水道盖子上、地下室门旁跌倒的专家"类似，目前"在中国的街道上也已经出现了故

---

① 关于侵权法的保护对象，我国《侵权责任法》概括为"民事权益"，包括权利和利益。实质上权利的本质仍然是利益，权利是利益的外壳，是保障利益的手段。因此侵权法的实质保护对象应当为利益，权利不过是侵权法用来筛选应受保护的利益的重要工具，从权利出发有助于提升侵权法的立法技术。

② 此处作为原告的利益保障对立面的被告的"行为自由"，是指"不特定人的行为自由"。参见张新宝. 侵权责任法立法的利益衡量 [J]. 中国法学, 2009 (4)：177 – 179.

③ 王利明. 我国侵权责任法的体系构建：以救济法为中心的思考 [J]. 中国法学, 2008 (4)：7.

④ 王利明. 侵权责任法研究：上卷 [M]. 北京：中国人民大学出版社, 2011：348.

意制造人身伤害事故的'碰瓷专家',在餐厅里,也出现了蓄意制造软饮料中毒事故的'索赔案件'"①。因此,对"原告即受害人、被告即加害人"的错误观念的担忧绝非杞人忧天。

基于特定时空条件下的立法政策考量,立法阶段需要对侵权法的立法目的有一个明确的定位,而不能轻易用庸俗的辩证法或者"兼顾自由与安全""两手抓"来取代这种定位②。王利明教授指出,"不同的法律定位会影响到整体制度的功能和法律规范构建"③。换言之,究竟是侧重于保护原告的利益,还是倾向于维护被告的行为自由,会直接影响侵权法的规范模式选择。比较而言,在侵权法的三种规范模式中,英国的具体列举模式着眼于保障被告乃至所有民事主体的行为自由,即原告只能对符合侵权法明确列举的侵权类型的被告追究侵权责任,被告只依据法律明确列举的具体侵权类型承担侵权责任,除此之外被告都是自由的。与英国相反,以"不得伤害他人"的自然法观念为基础的法国侵权法抽象概括模式着眼于保障原告权利和利益的安全,对于原告的损失④,只要被告有过错,原则上被告即应依据一般条款承担赔偿责任。而德国的折中主义模式居于两者之间,力求在原告的利益保障与被告的行为自由之间尽可能寻求平衡和折中;但总体

① 周大伟.“侵权责任法”启示录 [J].中国法律,2010 (6):27–28.
② 星野英一教授坦言,侵权诉讼当事人之间的利益是一对矛盾,但立法需要事先确定整体的价值取向.[日] 星野英一.民法典中的侵权行为法体系展望 [J].渠涛,译.法学家,2009 (2):43.
③ 王利明.我国侵权责任法的体系构建:以救济法为中心的思考 [J].中国法学,2008 (4):3.
④ 损害、损失概念本身极不确定,原告认为特定的不利益构成一项损害,被告可能认为是自然后果。所以,严格而论,损害本身不具有利益平衡功能。故《法国民法典》生效之后,法国司法界的一个重要任务就是确定"可补救的损害"的范围。

而言，德国模式似乎更接近英国模式。因此可以说，在侵权法的三种规范模式中，英国的具体列举条款下被告的责任范围最为稀薄，被告的责任最轻，英国模式最有利于保障被告的行为自由；法国的抽象概括条款下被告的责任范围最为宽泛，被告的责任最重，法国模式最有利于保护原告的利益安全，却不利于保障被告的行为自由；德国的折中主义模式则介于英国模式与法国模式之间，力图兼顾自由与安全，但稍微倾向于保护被告的行为自由。当然，这是就法律文本本身而言，司法实践中法官适用法律的过程必然夹杂着实质考量，这可能抵消法条表述本身的影响。

二、正义价值与安全价值的博弈

无论法学家将法律置于如何崇高的位置，毋庸置疑的是，相对于人的需要而言，法律只是满足人的各种需要的工具而已。法的价值即法律能满足人的需要的属性。英国学者彼得·斯坦和约翰·香德认为，法律制度的三个基本价值是秩序、公平（正义）和个人自由，三者之间存在微妙的平衡关系，应当将三者作为一个整体加以考虑①。美国学者博登海默认为，秩序与正义是法律的基本价值，法律旨在创设一种正义的社会秩序。在健全的法制中，秩序与正义是紧密相连、融洽一致的②。徐国栋教授指出，人对法律有五种价值需求，即正义、安全、效率、灵活和简短。各种价值之间有时一致，更多时相互矛盾。法律诸价值的矛盾主要是正义与安全两大价值之间的冲突，其根本问题是司法过程在多

---

① ［英］彼得·斯坦，约翰·香德. 西方社会的法律价值［M］. 王献平，译. 北京：中国法制出版社，2004：2.
② ［美］博登海默. 法理学、法律哲学与法律方法［M］. 邓正来，译. 北京：中国政法大学出版社，2004：330.

大程度上引入能动的人的因素的问题①。

根据上述观点，我们可以将法律的基本价值概括为秩序与正义：个人自由可以归属于正义价值，不能保障个人自由的法律自然是违背正义价值的；安全可以归属于秩序价值，在良好的法律秩序之下，人自然有安全感，反之则无；至于效率、灵活和简短，只是实现秩序与正义价值的形式手段而已。据此可以说，人们对法律的基本希冀即希望法律制度有助于促成公正的社会秩序。

虽说法律实践中应当将法的基本价值"作为一个整体加以考虑"，"在健全的法制中，秩序与正义是紧密相连、融洽一致的"，但在具体法律制度的建构和运行过程中，各种价值之间仍免不了"更多时相互矛盾"。若在法治的特定场合秩序价值和公正价值的实现存在直接冲突，则秩序与公正价值何者更重要？换言之，该如何进行价值衡量和取舍？秩序是人类社会存在的基本底线，而公正是人们对法治社会的美好理想。法治首先是要建立一种秩序，其次，这种秩序最好是公正的秩序。因此，秩序价值比公正价值更重要。在司法实践中，秩序价值是通过具有确定性的个案判决积累而成，秩序价值的实现过程也是追求同案同判即司法确定性的过程。因此，个案裁判的确定性是实现法治的关键，是法律秩序的基石和保障。法律正是通过规范法官的裁判行为，从而最终规范所有人的行为；法律要树立自己的权威和公信力，必须具有相对的确定性。关于个案公正与法律确定性的关系，一般情况下，应当优先考虑法律的确定性；只有在坚守法律的确定性会对公正造成难以容忍的侵害的特殊情况下，才能适当牺牲法律的确定性。

侵权法规范模式的选择当然要考虑不同的规范模式对人的各种需

---

① 徐国栋. 民法基本原则解释［M］. 北京：中国政法大学出版社，2004：350 – 358.

要的满足程度。具体列举模式和抽象概括模式即分别体现对法的安全价值和正义价值的追求。具体列举模式类似于"罪刑法定"，其立法的利益衡量最为精准，因此在常规案件中法官适用法律的自由裁量权很小，能够确保规则的透明和判决结果的确定，从而当然有利于实现法的安全价值即秩序价值；然而由于具体列举条文的有限性和司法实践中具体个案的复杂性，完全依赖有限列举的侵权责任类型裁判案件会导致个案裁决的不公正——若现行侵权法没有明确列举，原告就无从获得保护。具有充分灵活性的抽象概括模式由于立法的利益衡量不精确，导致常规案件中法官适用法律的自由裁量余地也很大，其固然为法官在个案中追求实质正义提供了广阔天地，但也因此导致法的安全价值的缺失——抽象概括的法律规范在实践中的裁决尺度很难统一，导致司法裁判结果的过度不确定和个案判决的差异性——从而总体上的正义价值也无从实现。折中主义模式则力求在法的安全价值和正义价值之间寻求平衡。一方面，折中主义规范在立法阶段的利益衡量比抽象概括规范精准，能够确保规则的相对透明和判决结果的相对确定，基本能够实现法的秩序价值；另一方面，折中主义规范的相对概括性和适用范围的相对开放性基本能够适应社会发展和司法实践需求，不会导致个案裁决的过度不公正。单就纯粹的抽象概括规范、具体列举规范和大类型化规范在兼顾法的正义价值和安全价值方面的能力而言，大类型化规范模式似乎更胜一筹。

不同的法域对法的价值的选择可能不同。由于刑法直接决定是否剥夺被告人的生命和自由，为人的生命和自由考虑，近代以来的刑法典均采用具体列举立法模式，严格贯彻罪刑法定，以维护法的安全价值；以概括性的"对具有严重社会危害性的行为，应当追究刑事责任"来裁判刑事案件是难以想象的。民法调整的范围广泛的社会关系通常被认为是正常社会关系，能否采用抽象概括立法模式，需要进行具体分析。在物权法领域，可以将贯彻物权法定原则的物权法解读为具体列举模式，其目的是维护财产关系的安全和秩序；而在由合同自由原则和有限列举的有名合同规范（原则上为任意性规范）组成的合同法领域，可以认为采用了抽象概括模式，从而为当事人意思自治和法官追求个案正义提供了更多机会。可见，对民事关系的调整可以在立法上采用具体列举模式从而倾向于维护法律的安全价值，也可以采用抽象概括模式从而倾向于维护法律的正义价值。由于侵权法的调整范围涉及社会生活的方方面面，侵权关系具有一定程度的非正常性，故其规范模式何去何从，颇值探讨。

三、权力配置与法治传统、司法现状

任何一种具体的法治的实现都是规则和人共同作用的结果。而在人的因素中，法治的实现至少有赖于立法者和司法者的共同努力。妥当处理与协调立法者和司法者的关系是实现一国法治的重要前提。立法者和司法者关系的本质是一国立法权与司法权的权力配置关系，立法权与司法权的配置是由一国的宪法及其关系法所规定的，属于一国基本政治制度的内容之一。因此，立法权与司法权的配置必然作为各个部门法的具体制度建立和运行的前提，从而必然影响法律的规范模式设计。换言之，是权力配置影响具体制度的规范模式，而不是具体制度的规范模式影响权力配置。孟勤国教授指出，民法基本原则不可能授予法官自由裁量权①，这是就权力产生的直接依据而言的，即法官自由裁量权作为公权力，其不可能基于一个概括性的民法条文而取得，而只能来源于宪法

---

① 孟勤国. 质疑"帝王条款"[J]. 法学评论, 2000（2）.

及其关系法的授予。然而民法中过于原则和抽象的规定却在事实上给法官留下了巨大的自由裁量空间，宪法及其关系法没有明确授权恰恰表明此一权力完全在制度外运作，这种制度外运作必然缺少相应的控权措施，从而对法治的危害是巨大的。谢怀栻先生指出，一般条款的出现是立法权与司法权模糊的起点①，也是此意。因此，一国立法权与司法权的配置情况是私法制度进行立法模式选择必须考虑的重要前提性因素。就英国而言，具体列举模式所规定的侵权法的规则内容是刚性的，但英国法的规则体系是弹性的——在判例法传统下，遵循先例原则固然对法官有很大约束力，但法官最终还是有权发展法律。弹性的规则体系与刚性的规则内容相结合，使得英国侵权法的具体列举模式得以适应英国的司法体制。在法国，成文法传统决定了法国法的规则体系是刚性的②，而抽象概括模式所规定的侵权法的规则内容是弹性的，刚性的规则体系与弹性的规则内容相结合，使得侵权法的抽象概括模式能够适应法国的司法体制。"在法国私法的大部分领域，规则是地道的法官创造物，而这些规则常常与民法典只有微弱的关联，但是，要法国法官承认他在其司法活动中起到了完全创造性的作用，却是难上加难。"③ 立法与司法明确分权的体制决定了法国法官不可能公开行使立法权，只能悄悄地造法。若法国侵权法采用具体列举模式，则法国的法官不可能在刚性的规则体系里肆无忌惮地进行法外裁判，民法典中的侵权法就难以适应社会的发展。在德国，由于立法与司法明确分权的体制比法国更加严格，而

① 谢怀栻. 外国民商法精要 [M]. 北京：法律出版社，2006：100.
② 《法国民法典》第5条规定，"审判员对于其审理的案件，不得用确立一般规则的方式进行判决"，即明确宣告了法国民法的规则体系是刚性的，不容法官公然突破。
③ ［德］K. 茨威克特，H. 克茨. 比较法总论 [M]. 潘汉典，等译. 北京：法律出版社，2003：193.

且法官在法律界的地位不高①，立法者不能容忍一般条款规范模式下法官过大的自由裁量权，他们"倾向于为法官司法提供尽可能明确、具体的依据"，"拒绝将本应由立法完成的任务转嫁给法院"，故最终以三个类型化条款取代了法国式一般条款②。

立法在每个国家都具有相对的连续性，突变仅发生在特殊时期。因此，一国过去的立法传统显然会对其现在的立法模式产生影响。而英国在法律发展的连续性方面尤甚，"没有别的国家像英国那样数个世纪以来一直固守自己的法律风格……英国实际上也没有受到编纂法典思想的影响"③。在判例法传统的直接影响下，英国侵权法采用具体列举模式也就不足为奇。虽然法国大革命影响了此后的立法，但法国民法典中侵权法的抽象概括模式不是短期突变的产物，其产生是后期注释法学、自然法和理性主义、法典编纂思想几个世纪以来持续影响的结果。德国法制史上从未出现过概括条款模式，罗马法的类型化做法在德国一直延续到 19 世纪的学说汇纂法学④。《德国民法典》第一草案的第 704 条虽然规定了一个一般条款，即"故意或过失实施违法行为致他人损害的，应赔偿损害"⑤，但后来还是被删除。

司法是一国法治实现的最后环节。书面的法律规则正是通过一个个鲜活的司法判决才成为每个人必须遵守的具体明确的行为规范。立法当时一国的司法现状会影响民众尤其立法者对司法者的信任，进而

---

① [德] K. 茨威克特，H. 克茨. 比较法总论 [M]. 潘汉典，等译. 北京：法律出版社，2003：198，376.
② 李承亮. 侵权责任的违法性要件及其类型化 [J]. 清华法学，2010 (5)：84 – 85.
③ [德] K. 茨威克特，H. 克茨. 比较法总论 [M]. 潘汉典，等译. 北京：法律出版社，2003：272 – 273.
④ 李承亮. 侵权责任的违法性要件及其类型化 [J]. 清华法学，2010 (5)：75.
⑤ 李承亮. 侵权责任的违法性要件及其类型化 [J]. 清华法学，2010 (5)：78.

影响对司法者的授权。在司法过程中，适用抽象概括条款必然意味着法官在事实上拥有较大的自由裁量权。为防止以概括条款在事实上不适当授权于法官，立法者在选择具体制度的规范模式时应当考虑国家的司法现状，根据法官的业务素质和职业操守确定授予其合适的自由裁量权。

第三节　我国侵权法的规范模式选择

一、我国侵权法规范模式选择的前提性制约因素分析

（一）权益保障与行为自由的权衡

原告的权益保障与被告的行为自由之间的冲突是侵权法立法者必须首先正视的最主要的价值冲突问题。我国《侵权责任法》对此持何态度？《侵权责任法》第1条明确规定了侵权法的立法目的，"为保护民事主体的合法权益，明确侵权责任，预防并制裁侵权行为，促进社会和谐稳定，制定本法"。但若细究行为自由与利益保护之间的取舍问题，该条似乎并没有一个明确的态度。我国学术界对侵权法立法目的问题尚无充分讨论和深入研究，尤其是涉及侵权法的规范模式选择问题时。王利明教授认为，我国《侵权责任法》第1条把保护合法权益作为首要功能，实际上就是明确侵权法的首要功能是救济功能，这符合侵权法的本旨，有利于强化对受害人的保护①。这种观点倾向于认为权益保障应

---

① 王利明.侵权责任法研究：上卷［M］.北京：中国人民大学出版社，2011：99 - 103.

当优先于行为自由。事实上，侵权法的首要功能是救济功能，这是相对于法律的预防和制裁功能而言的，而不是相对于维护行为自由。张新宝教授指出，原告的利益保障与被告的行为自由应当予以平衡保护，因为这两者对民事主体都很重要，而且普通原告与被告之间的关系具有平等性、角色具有互换性①。

就商事交易法律制度而言，由于原告与被告之间关系的平等性（都是强而智的商人）和角色的互换性（守约方与违约方的角色，或买方与卖方的角色，或原告与被告的角色），法律规则在利益衡量方面稍微偏向某一方也许并不会导致严重后果，因为确定的商事规则和判决结果只会让败诉方在以后的商事交易中"长点记性"，从而矛盾的焦点由规则的公正性而移至规则的确定性——若由于规则的过度概括而导致实践中裁判标准不一致，就会导致个案的不公正和秩序的丧失。但是，角色的互换性在民事法律制度尤其侵权法的运作中表现得并不明显，多数人终其一生可能只打一次侵权官司，由于侵权法律规则的不公正而导致的判决不公足以伤害当事人的法律感情并导致其对法律失望。因此，法律对普通民事主体之间在一般领域产生的侵权纠纷的调整，应当尽可能兼顾原告的利益保护与被告的行为自由，"均衡的，才是正义的"②，在此前提下才能适当考虑特定的政治和经济形势需要。

就我国现阶段国家和社会面临的政治经济形势和总任务来看，我国目前总体的战略是发展优先，兼顾稳定。虽然近几年比以前更多地强调社会稳定与和谐，但这是对过去过分忽视稳定从而造成了过多社会问题的必要矫正，并不能解读为在价值目标上"稳定"已经取代"发展"。

---

① 张新宝. 侵权责任法立法的利益衡量 [J]. 中国法学, 2009 (4)：180.
② 张新宝. 侵权责任法立法的利益衡量 [J]. 中国法学, 2009 (4)：185.

因此，我国目前的社会和法治环境与一个多世纪之前、民法典制定时代的德国最为接近①；相比之下，法国模式似乎对行为自由有所抑制，在我国传统文化的情况下，借鉴法国模式不利于充分调动国民积极参与社会生活、投身社会生产活动的热情。

（二）正义价值与安全价值的博弈

由于侵权民事责任的承担方式显然不同于刑事责任，我国侵权法自无必要完全采用具体列举模式，而且具体列举模式在缺少判例法补充的情况下不利于在个案中保护民事主体的合法权益。抽象概括模式为追求个案正义提供了广阔天地，但由此也导致法的安全价值的过度缺失——抽象概括的法律规范在司法裁判中很难统一尺度，从而导致裁判结果过度的不确定。为兼顾法的正义价值和安全价值，德国模式似乎更为可取。

从法院系统近些年来掀起的所谓"能动司法"和"大调解"运动，到《民事诉讼法》修改放宽了再审程序的启动条件，再到各级党委（政法委）、人大和信访部门频频对法院审判活动进行个案监督来看，我国目前的宏观法治环境强调追求个案正义，但由此引发的负面效应是不容忽视的：司法和其他解纷途径对实质正义的过分追求，不仅导致"判而不决"，甚至导致个案判决的差异化，"同案不同判"，从而使得法律规则本身丧失了确定性，最终使得法的安全价值即基本法治秩序的丧失。司法是法治的最后一环，司法的底线要求是基本的确定性，否则不仅有违法律面前人人平等原则，更使法治秩序无以建立。西方国家的法治从近代到现代经历了从追求形式正义和法的确定性到追求实质正义

---

① 《德国民法典》制定于德国统一伊始，当时的德意志面临加快发展以巩固国家统一、维护民族尊严的战略任务，这与中华民族在当代的境遇何其相似。

和个案妥当性的演变，但那是对近代形式主义法治的必要矫正而非全盘否定，而我国从未经历过形式正义和法的确定性的洗礼，在此情况下过分强调实质正义和个案妥当性将使得法治秩序的建立变得遥遥无期。因此，我国侵权法的规范模式选择若在正义与安全价值之间倾向于追求个案正义，或者为个案正义预留足够的自由裁判空间，则这一选择固然与目前的大环境相吻合，但对处于崩溃边缘的法治秩序而言，无异于雪上加霜。

可喜的是，最高法院终于认识到问题的严重性，其于2017年7月31日发布的《最高人民法院司法责任制实施意见》（试行）第39条规定，"承办法官在审理案件时，均应依托办案平台、档案系统、中国裁判文书网、法信、智审等，对本院已审结或正在审理的类案和关联案件进行全面检索，制作类案与关联案件检索报告"。第40条规定，"经检索类案与关联案件，有下列情形的，承办法官应当按以下规定办理：（1）拟作出的裁判结果与本院同类生效案件裁判尺度一致的，在合议庭评议中作出说明后即可制作、签署裁判文书；（2）在办理新类型案件中，拟作出的裁判结果将形成新的裁判尺度的，应当提交专业法官会议讨论，出院庭长决定或建议提交审判委员会讨论；（3）拟作出的裁判结果将改交本院同类生效案件裁判尺度的，应当报请庭长召集专业法官会议研究，就相关法律适用问题进行梳理后，呈报院长提交审判委员会讨论；（4）发现本院同类生效案件裁判尺度存在重大差异的，报请庭长研究后通报审判管理办公室，由审判管理办公室配合相关审判业务庭室对法律适用问题进行梳理后，呈报院长提交审判委员会讨论"。这表明最高法院认识到同案同判的重要性，开始在最高法院内部着力解决同案不同判的问题。

有学者指出，确定性是成文法的精髓，是成文法首要的价值目标，只有维护法律的确定性，才能实现更普遍更高层次的公平正义①。这是针对我国当前的法治现实而开出的一剂良药。其实西方自近代以来之所以贯彻分权原则，成文法之所以由立法者单独制定而不是由司法者自行制定，就在于维护法律规则的确定性以限制法官裁量权。成文法的裁判、指引、教育等作用的发挥均以法律规则确定性为前提。因此，作为成文法国家，我国绝不能为了其他理由而放弃或牺牲法的确定性。基于对法律缺乏确定性和"有法律无秩序"的担忧，本文认为，法国侵权法规范模式有利于适应社会变迁，但不利于保障司法判决的确定性和基本法治秩序的形成，法国的做法可能适合于法国社会和法国的法官，但却不宜为我国所效仿。

（三）权力配置与法治传统、司法现状

根据我国《宪法》第62条、67条和126条，我国的民事法律只能由全国人大及其常务委员会制定，各级法院专司审判职能，没有立法权，甚至没有法律解释权（解释法律的权力属于全国人大常务委员会）。这是我国立法权与司法权的配置体制。然而我国现行的权力配置体制在实际运作中却遭遇尴尬：一方面，有的地方受其自身组成结构和人员专业能力的限制，不能制定出符合司法实践需要的民事法律，他们总是在有意无意地通过制定"粗"的立法而在事实上赋予法官自由裁量权；另一方面，由于有些法官的业务能力和职业操守不容乐观，且队伍庞大、个体差异大，导致司法裁判的尺度难以统一。为此，我国存在有中国特色的司法解释制度，即最高法院根据审判实践需要，依据审判经验和法学理论，通过对法律适用中存在的问题进行解释，促进裁判标准的统一。司法解释制度有力地弥补了立法机关立法能力的缺陷，促进

---

① 孟勤国.法律规则的确定性及其局限［J］.法学评论，2011（5）：159.

了司法裁判标准的统一。司法解释作为非正式法源不仅为实务界人士所青睐，也得到了越来越多法学研究者的认可①。

我国具有悠久的成文法和法典化传统，这与英美法判然有别。我国自清末和民国以来进行的民法移植均以大陆法系为参照对象，虽然中间有些不小的变故②，但总体法律特征始终是成文法、法典法，这已成为我国法治传统的一部分。目前的中国社会，民众对司法现状普遍不满，司法的不公正和无秩序充斥着国人的神经，在此背景下进行侵权法的规范模式选择，不可不慎重。

通过对侵权法规范模式选择的主要制约因素在我国社会的具体分析，英美侵权法"具体列举＋判例创新"的规范模式严重依赖其判例法制度的补充，与我国的法治传统和司法体制不符，因此，就英美法与大陆法的侵权法规范模式而言，我国显然应该选择大陆法模式，在侵权法中规定一般条款。

二、大陆法系具体列举加类推适用模式与一般条款模式比较

成文法至上的大陆法系民事司法中存在类推适用制度。"所谓类推适用，是指在法律存在漏洞、对系争案件无明文规定可予适用时，为了填补法律的漏洞，基于系争案件与相关法律规定的案型的相似性，运用

---

① 钟瑞栋. 论《侵权责任法》的形式理性和实质理性 [J]. 比较法研究，2011（6）：63.

② 比如清末和民国的民法典编纂均以德国民法为蓝本，中华人民共和国曾经效法苏联，1980 年以后的民事立法虽然总体上学习德国民法，但《民法通则》中的侵权法却极具中国特色，且第 106 条的规定（公民、法人由于过错侵害国家的、集体的财产，侵害他人财产、人身的，应当承担民事责任。没有过错，但法律规定应当承担民事责任的，应当承担民事责任）被认为具有浓厚的法国味道，采用了抽象概括模式。

类比推理对类似的规定予以援引适用的法律适用过程。"①

为何大陆法系各国侵权法未采用"立法阶段的具体列举＋司法阶段的类推适用"模式，而代之以一般条款模式？由于资料限制②，笔者无从考查类推适用自近代以来在欧洲的沿革史。通过极少的资料可窥知，"制定法存在漏洞而漏洞必须补充，此乃类推适用制度存在的首要前提"，而"自然法学派及19世纪的概念法学不承认法律漏洞的存在"③，因此在17—19世纪近代西欧民法发展的黄金时期和法典编纂时代，深受自然法学或概念法学影响的自信的立法者的目标是制定无所不包的法典，以制定法存在漏洞为前提的类推适用制度自然难入其"法眼"，故类推适用在司法实践和法学研究中均无一席之地。直到20世纪，随着概念法学的式微、自由法运动的兴起，社会变迁了，立法者"烧退了"，"法律漏洞成为普遍的认识，法的安定性价值遂让位于以正义作为法律的最后目标"④，司法者才和学术界重新谈起成文法的类推适用问题，而此时侵权法一般条款早已在民法典中定型，谈论以类推适用取代一般条款为时已晚。

在制定《侵权责任法》前后，我国侵权法学界为何青睐一般条款而忽略类推适用？其一，民法学界长期以来重视立法导向的研究，因此重视研究侵权法一般条款而无人提及类推适用问题；因一般条款具有重要的立法功能，能用来作为构建侵权法体系的核心，而类推适用作为典

---

① 屈茂辉. 类推适用的私法价值与司法运用［J］. 法学研究，2005（1）：9.
② 笔者所从中国知网上收集到的有关类推适用的论文仅一篇涉及民事类推适用，即前引屈茂辉教授的论文；其他论文只涉及我国刑法中类推适用与罪刑法定问题。
③ 屈茂辉. 类推适用的私法价值与司法运用［J］. 法学研究，2005（1）：9.
④ 屈茂辉. 类推适用的私法价值与司法运用［J］. 法学研究，2005（1）：11.

型的司法问题，自然不受重视①。其二，一般条款模式强调在法律规定的范围内解决问题，即在立法阶段解决问题；而类推适用则以立法不完满、法律有漏洞为前提，其"名声"自然不好，故不受我国立法者和学术界欢迎。

在制定民法典时，我国是否仍应坚持一般条款模式而舍弃类推适用？答案是肯定的。其一，类推适用有赖于"最相类似的法律规定"的存在，故类推适用以类型化规范的相当完善为前提，而这对我国的立法者是一个异常严峻的考验。其二，类推适用以类似性的判定为核心，该判定过程必然包含价值判断，意味着法官握有相当大的自由裁量权。其三，由于缺少判例法传统，我国法官很难适应类型化思维和类比推理的思维方式。其四，类推适用"所获致之结论，并非绝对可靠，仅能得一不太确实之结论而已，有时甚至导出错误之结论"②，因此可靠性不强。总之，类推适用作为在司法阶段解决问题的方案，只能适用于不得已之时，其不能取代侵权法一般条款。

小　结

通过分析侵权法三种范式规范模式（英、美、法的具体列举模式，法国法的抽象概括模式，德国法的折中主义模式）的形成和确立原因，

---

① 王利明教授在论及特殊侵权的法律适用时曾简单提及类推适用问题："有些情况下，如果某种没有被规定的特殊侵权和法律明文规定的特殊侵权类似，也可以采用类推适用的方式。"参见王利明. 侵权责任法制定中的若干问题 [J]. 当代法学，2008（5）：10.

② 杨仁寿. 法学方法论 [M]. 北京：中国政法大学出版社，1999：149.

总结出进行侵权法规范模式选择的主要制约因素，即权益保障与行为自由的权衡，正义价值与安全价值的取舍，立法权与司法权的配置与法治传统、司法现状。这些前提性制约因素决定了我国不大可能借鉴英美侵权法"具体列举＋判例创新"模式，而只能采用大陆法系一般条款规范模式，即侵权法一般条款的存在具有必然性。大陆法系民事司法中的类推适用制度适用难度大，而且可靠性不强，只能适用于不得已之时，我国不能以类推适用制度取代侵权法一般条款。

第二章

侵权法一般条款的规定方式

经过上一章的分析可知，各文明形态早期的侵权法均采具体列举的规范模式，这导致司法过程中法律经常在兼顾稳定性和回应社会现实需求之间处境尴尬。为解决此一问题，英国法从其独特的法治传统出发，其侵权法通过突破先例有效化解了具体列举模式与社会生活之间的紧张关系；而法国、德国等欧陆国家通过一般条款立法技术的使用，使法律既在形式上保持了稳定性，又能够及时回应社会价值观的变迁。从制度选择的制约因素分析，我国侵权法应该借鉴大陆法系规范模式，在侵权法中规定一般条款；但在法国模式与德国模式之间我国到底应该何去何从，仍有深入探讨的必要。

本章主要探讨侵权法一般条款的规定方式，即一般条款概括的范围和抽象程度问题，具体回答以下问题：一般条款概括所有侵权还是一般侵权、过错侵权？法国、德国和埃塞俄比亚的一般条款规定方式哪个更适合我国借鉴？由于侵权法规范模式选择问题与侵权法一般条款的规定方式选择问题同属于侵权法规范的表达方式问题，故本书第一章提出的有关侵权法规范模式选择的主要前提性制约因素也适于分析侵权法一般条款的规定方式选择问题。

第一节 侵权法一般条款的规定方式选择

在代表古代法制较高水平的古罗马法中，民刑不分，私犯作为侵权往往同时也构成犯罪，而且侵权法与刑法都采具体列举模式，不存在高度抽象的一般条款。公元 6 世纪，查士丁尼编纂《国法大全》时将侵权概括为私犯与准私犯，主要是因为新产生的侵权类型无法归入既有且已定型化的私犯类型之中①，尽管如此，这种概括还是大大推动了侵权法一般化的进程②。在 18 至 19 世纪之交的法典编纂运动时期，受自然法思想影响，立法者放弃了具体列举侵权类型的做法，制定了适用于所有（过错）侵权责任的概括规定，即所谓抽象概括的一般条款③。《法国民法典》第 1382 条的规定（人的任何行为给他人造成损害时，因其过错致该行为发生之人应当赔偿损害④），堪称这一时期侵权法一般条款的典范，并对后世立法产生了深远影响。然而到了 19 世纪，随着法律实证主义的兴起，法学家更加关注和强调法律的实然和形式问题，重视运用立法技术对具体制度进行精确设计，以增强法律的可操作性。在法律实证主义的影响下，《德国民法典》第 823 条和第 826 条采用大类型化的规定方式，将过错侵权分为"侵害绝对权""违反保护性法律"和"故意违反善良风俗"三大类，从而形成有别于法国模式的大类型化一般条款。

---

① 张新宝. 侵权责任法立法的利益衡量 [J]. 中国法学, 2009 (4)：181.
② 杨立新. 侵权法论 [M]. 3 版. 北京：人民法院出版社, 2005：20.
③ 李承亮. 侵权责任的违法性要件及其类型化 [J]. 清华法学, 2010 (5)：75.
④ 法国民法典 [M]. 罗结珍, 译. 北京：法律出版社, 2005：1073.

　　一般条款作为一种立法技术现象，是法典化的产物，是一般化立法技术运用到极致的表现。侵权法一般条款的产生经历了一个渐进的过程，它是协调立法者与司法者关系的重要手段。通过制定一般条款，立法者既在形式上完成了立法任务，又在实质上逃避了使具体化立法既在当前具有可操作性又能适应未来社会发展的任务。通过适用一般条款裁判案件，司法者的行为既在形式上符合宪法关于分权的基本规定，又在实质上取得了在个案中将法律具体化的较大的自由裁量权。现实社会生活是复杂多变的，借助一般条款，法官能够"既维护法典化体系而又应付现实生活的挑战"①，从而有效克服了法典化和具体规则的局限性，较好地化解了成文法与复杂多变的现实社会生活之间的紧张关系。这是侵权法一般条款产生之后广受各国立法者青睐的根本原因。

　　从大陆法系各国侵权法的现行规定来看，采用法国式一般条款的典型规定有：《意大利民法典》第 2043 条"因任何欺诈、恶意或者过失行为而无正当理由致他人损害的，行为人应支付损害赔偿金"，《西班牙民法典》第 1902 条"任何人因故意或过失以作为或不作为致人损害的，应就该等损害负赔偿义务"②。采用德国式一般条款即大类型化模式的典型规定如下：《瑞士债法典》第 41 条"任何人由于故意、过失或者不谨慎地实施不法行为给他人造成损害的，应当承担赔偿责任。违反善良风俗，故意造成他人损害的，应当承担赔偿责任"③。《荷兰民法典》第 6 编 162 条"1. 任何人对他人实施可被归责的侵权行为的，应当赔偿该行为人使他人遭受的损害。2. 除有正当理由外，下列行为视

---

① 朱岩. 民法典一般条款研究 [J]. 月旦民商法杂志, 2005 (3).
② [意] 布萨尼, [美] 帕尔默. 欧洲法中的纯粹经济损失 [M]. 张小义, 钟洪明, 译. 北京：法律出版社, 2005：相关制定法和法典条款译文.
③ 瑞士债法典 [M]. 吴兆祥, 石佳友, 孙淑妍, 译. 北京：法律出版社, 2002：10.

为侵权行为：侵犯权利，违反法定义务或有关正当社会行为的不成文法规则的作为或不作为。3. 侵权行为是由行为人的过错或者依法律或公认的准则应由其负责的原因所致的，归责于该行为人"①。以及我国台湾地区"民法"第 184 条"因故意或过失，不法侵害他人权利者，负损害赔偿责任。故意以背于善良风俗之方法，加损害于他人者，亦同。违反保护他人之法律，致生损害于他人者，负赔偿责任。但能证明其行为无过失者，不在此限"②。

由于以社会现实为制定基础的《法国民法典》制定于社会生活还没有对无过错侵权立法提出要求的 19 世纪初，而《德国民法典》虽然制定于 19 世纪 70—90 年代，但基于立法思想的保守，"只顾盯住实证主义的释义，而没有看见或者闭眼不看时代提出的重大社会秩序课题"③，故两大著名法典中均没有规定无过错侵权责任，其一般条款均是对过错侵权在不同程度上的概括。20 世纪以来，由于无过错侵权责任制度的产生，在法国和德国的过错侵权一般条款之外产生了包容过错侵权与无过错侵权的"大的一般条款"，典型规定如下。1960 年制定的《埃塞俄比亚民法典》第 2027 条"1. 任何人应对因过犯给他人造成的损害承担责任，而不论他为自己设定的责任如何。2. 在法律有规定的情形，一个人应对因其从事的活动或所占有的物给他人造成的损害承担责任。3. 如果某人根据法律应对第三人负责，他应对该第三人因过犯

---

① 荷兰民法典：第 3、5、6 编 [M]．王卫国，主译．北京：中国政法大学出版社，2006：203.

② 此为我国台湾地区"民法"于 2002 年修订后的规定，参见林诚二．民法债编总论：体系化解说 [M]．北京：中国人民大学出版社，2003：146.

③ [德] K. 茨威克特，H. 克茨．比较法总论 [M]．潘汉典，等译．北京：法律出版社，2003：219.

或依法律规定发生的责任负责"①。《欧洲统一侵权行为法典》（草案）第 1 条 "1. 任何人遭受具有法律相关性的损害，有权依据本法之规定请求故意造成损害的人、因违反义务而造成损害的人或者对损害依法负有责任的其他人予以赔偿。2. 损害的发生处于紧急情势时，将遭受损害的人享有本法赋予的防止损害发生的权利。3. 为了本法的目的：具有法律相关性的损害指的是本法第二章规定的'具有法律相关性的损害'；故意和违反义务的判定以本法第三章第一节，以及第四章所规定的特殊情形下所造成的具有法律相关性的损害为依据。4. 本条所指权利由本法其他条款予以规定"②。张新宝教授和杨立新教授均认为这样的条文概括的是全部侵权行为，张新宝教授认为，这样的一般条款"不仅是过错侵权的责任依据，也是无过错侵权的责任依据，它不仅是自己侵权行为的责任依据而且也是对他人或物造成损害承担责任的依据，因此它是一切侵权损害之法律救济请求权的唯一基础"③。

在我国《侵权责任法》制定过程中，民法学界围绕侵权法一般条款的具体规定方式展开了激烈争论，主要代表性观点有，杨立新和张新宝两位教授主张规定《埃塞俄比亚民法典》模式的"大一般条款"，而王利明教授主张规定《法国民法典》抽象概括模式的过错侵权责任一般条款。

一、埃塞俄比亚"大一般条款"模式不可取

近十多年来，以杨立新、张新宝两位教授为主要代表的学者极力主

---

① 徐国栋. 埃塞俄比亚民法典 [M]. 薛军，译. 北京：中国法制出版社，2002：370-371.
② 杨立新. 侵权法论 [M] .3 版. 北京：人民法院出版社，2005：22.
③ 杨立新. 侵权法论 [M] .3 版. 北京：人民法院出版社，2005：22.

张我国侵权法应当借鉴《埃塞俄比亚民法典》所规定的"大一般条款"模式①②③④。

杨立新教授主张我国侵权法一般条款应当概括全部侵权行为的实质理由是，"大一般条款"符合侵权行为法发展的趋势和方向⑤。本书不赞同杨立新教授的观点，理由如下：

其一，杨立新教授自己也承认，"多数大陆法系国家侵权行为法关于侵权行为一般条款仅仅是规定一般侵权行为"⑥，既然如此，则仅以《埃塞俄比亚民法典》和《欧洲统一侵权行为法典》（草案）为依据，就得出所谓"'大的一般条款'是世界侵权法的发展"的结论，未免失之草率；更何况埃塞俄比亚国家由于 40 年来政权更替频繁，该法典仅"作为一只无牙的老虎存在"⑦，而《欧洲统一侵权行为法典》仅为草案，尚无通过的具体时间表。故杨立新教授所举论据显得名不副实，不足为据，故其"趋势和方向"之说没有事实依据。

其二，杨立新教授所谓"大的一般条款"，实质是把其他国家分散规定在三个条文的内容集中拼凑在一条，并将该条置于侵权法条文之

① 杨立新. 论侵权行为一般化和类型化及其我国侵权行为法立法模式选择 [J]. 河南省政法管理干部学院学报，2003（1）：13.

② 杨立新. 论埃塞俄比亚侵权行为法对中国侵权行为法的借鉴意义 [J]. 扬州大学学报，2005（5）.

③ 杨立新. 论侵权责任法草案二次审议稿的侵权行为一般条款 [J]. 法学论坛，2009（3）：43.

④ 张新宝. 侵权法立法模式：全面的一般条款 + 全面列举 [J]. 法学家，2003（4）：29.

⑤ 杨立新. 论侵权行为一般化和类型化及其我国侵权行为法立法模式选择 [J]. 河南省政法管理干部学院学报，2003（1）：13.

⑥ 杨立新. 论侵权行为一般化和类型化及其我国侵权行为法立法模式选择 [J]. 河南省政法管理干部学院学报，2003（1）：13.

⑦ 徐国栋. 埃塞俄比亚民法典：两股改革热情碰撞的结晶 [M] //徐国栋. 埃塞俄比亚民法典. 薛军，译. 北京：中国法制出版社，2002.

首，以体现形式上的美感而已，没有实际操作意义。杨立新教授草拟的一般条款为：

第一款：自然人、法人和其他组织由于过错侵害他人的人身、财产的，应当承担侵权责任；

第二款：违反保护他人的法律，侵害他人的人身、财产的，应当承担侵权责任。但能够证明其行为没有过错的，不在此限；

第三款：故意以违背社会公共道德的方式侵害他人的民事权利或者合法利益的，应当承担侵权责任；

第四款：没有过错，但法律规定应当承担侵权责任的，应当承担侵权责任①②。

可见，杨立新教授所谓"大的一般条款"，只是德国模式中的三个大类型化条款加上无过错归责的规定，而后者显然无法直接作为裁判准据。

其三，关于一般条款概括的范围问题，杨教授认为《法国民法典》以来的侵权法一般条款的局限性就是不能全面概括全部侵权行为③，然而他提出的避免此局限性的方案也不过就是增加一个类似于无过错归责的宣言式规定，然而此规定本身不具有实践意义，其规范功能有赖于其他法条的具体规定。也就是说，杨立新教授所力主的"大的一般条款"在司法实践操作层面与《德国民法典》规定的三大类型化条款并无本质区别。

---

① 杨立新. 论侵权行为一般化和类型化及其我国侵权行为法立法模式选择［J］. 河南省政法管理干部学院学报，2003（1）：13.

② 杨立新，张新宝，姚辉. 侵权法三人谈［M］. 北京：法律出版社，2007：313.

③ 杨立新. 论埃塞俄比亚侵权行为法对中国侵权行为法的借鉴意义［J］. 扬州大学学报，2005（5）.

张新宝教授认为，其一，《法国民法典》第 1382 条、1383 条和 1384 条第 1 款共同构成一个"大的一般条款"，分别包含了对故意侵权、过失侵权和准侵权的概括；《德国民法典》第 823 条和 826 条不是一般条款，且只被旧中国立法所参考（他将《日本民法典》第 709 条和《荷兰民法典》第 6 编第 162 条均解读为法国模式）①。其二，他认为《民法通则》第 106 条第 2、3 款是"大的一般条款"，分别概括了过错侵权和无过错侵权；基于一般条款的发展趋势是全面的一般条款，故主张我国侵权法采用"大的一般条款"②。

本书不赞同张新宝教授的观点，理由如下：

第一，张新宝教授也承认，"《日本民法典》在法律形式上采取了法国模式，而在司法实践中则倾向于德国式的解释方法"③；而《荷兰民法典》第 6 编第 162 条虽然概括的是全部侵权，但其第 2 款把违法行为类型化为"侵犯权利的违法""违反法定义务的违法"和"违反有关正当社会行为的不成文法规则的违法"，这与《德国民法典》三个大的类型化条款颇为相似。

第二，张新宝教授把《民法通则》第 106 条第 3 款解读为无过错侵权一般条款，这不符合他对一般条款的基本定位——能作为裁判规范。他所草拟的一般条款为，"民事主体的人身或财产受到损害的，有权依据本章（或本编）之规定，请求可归责的加害人或者对损害负有赔偿或其他义务的人承担相应的民事责任"④，此条连归责原则都不确定，

---

① 张新宝. 侵权法立法模式：全面的一般条款＋全面列举［J］. 法学家，2003（4）：29.

② 张新宝. 侵权行为法立法体系研究［M］//私法研究：第 3 卷. 北京：中国政法大学出版社，2003：180，181，197.

③ 张新宝. 侵权行为法的一般条款［J］. 法学研究，2001（4）：46.

④ 张新宝. 侵权行为法的一般条款［J］. 法学研究，2001（4）：50.

有赖于其他法条进行细化，无法作为独立的裁判准据，故不符合一般条款的基本要求。

以上通过具体分析杨、张两位教授主张制定大一般条款的理由，本文认为：

其一，杨、张两位教授通过比较研究所总结的一般条款的发展趋势没有事实依据，不足为训。

其二，《埃塞俄比亚民法典》和《欧洲统一侵权行为法典》（草案）通过拼凑所组成的大的一般条款仅具有理论价值，其实践价值甚微。立法活动固然需要法学理论的支持，然而立法毕竟不同于著书和讲座，"立法不应是学者把玩的对象，而应是法官进行法律适用的依据"①。故法学研究的理论成果并非都适于写进法条之中。比如侵权法的归责原则问题，学者可以进行理论研究和探讨，并以研究结论指导立法和司法活动，但并不意味着侵权法的归责原则一定要法条化。

其三，从侵权法立法史和立法例来看，这种拼凑大的一般条款的做法尚缺少成功的实践，在典型民法典中，规定最为抽象的法国民法典尚且将故意侵权、过失侵权和准侵权的概括条款分别规定在第 1382 条、1383 条和 1384 条第 1 款。不仅如此，拼凑大的一般条款在司法实践中还会导致严重的负面效应——判决书援引法条永远不会出错。由于我国法院的裁判文书在确定裁判结论时不重视说理，因此是否准确引用法律条款就成为上级法院和其他外部力量对审判活动进行监督的重要依

---

① 韩世远. 重申一般侵权与特殊侵权 [J]. 学习与探索，2010（1）：100.

据①，然而若侵权法的裁判依据集中于一条，就会使得法院在裁决侵权案件时在援引法条方面"永不出错"，从而不利于对法院审判活动的监督。

鉴于以上理由，我国侵权法不应当规定埃塞俄比亚模式的"大一般条款"。

二、法国抽象概括模式不宜直接照搬

如前所论，侵权法规范模式选择的前提性制约因素决定了我国不大可能借鉴英美侵权法"具体列举＋判例创新"模式，而只能采用大陆法系一般条款规范模式；埃塞俄比亚模式的"大一般条款"弊大于利，也不予考虑。接下来，法国抽象概括的一般条款和德国大类型化的一般条款作为相对成熟并经过实践检验的立法模式，显然在我们的立法过程中应当予以充分重视和适当借鉴。

法国模式的优势是，《法国民法典》第 1382 条抽象概括的规定构成人类历史上第一次典型的侵权法一般条款；理论上讲，司法实践中通过对损害、过失和因果关系的具体分析即可实现归责；保护范围宽泛，原则上所有合法利益均可寻求过失侵权法的保护。以王利明教授为主要代表的学者主张我国侵权法应当直接借鉴《法国民法典》抽象概括的一般条款来规范过错侵权责任。首先，王利明教授认为，根据"一般条款＋类型化"的立法模式，一般条款只概括过错侵权，过错推定和

---

① 最高人民法院于 2009 年 7 月 13 日发布的司法解释"关于裁判文书引用法律、法规等规范性法律文件的规定"第 1 条明确规定，"人民法院的裁判文书应当依法引用相关法律、法规等规范性法律文件作为裁判依据。引用时应当准确完整写明规范性法律文件的名称、条款序号，需要引用具体条文的，应当整条引用"。可见，准确引用法律条款是对法院裁判文书的硬性要求。

无过错责任、公平责任通过类型化进行规范，不宜一般条款化①②。其次，王利明教授主张我国的过错侵权直接借鉴《法国民法典》抽象概括的一般条款模式的实质理由有，大陆法系国家的侵权法大多以抽象概括的一般条款来概括过错侵权，这值得我国借鉴；与德国大类型化的一般条款相比，法国抽象概括的一般条款"更有助于受害人的救济"③；我国《民法通则》第106条第2款即借鉴了法国抽象概括模式，这表明我国在历史上已经做出了选择④。

本书赞同王利明教授只对过错侵权进行一般条款化，过错推定和无过错责任、公平责任应当通过具体列举条款进行规范的观点。但是，王利明教授主张我国侵权法一般条款应当直接照搬法国模式的观点和理由似有商榷余地。法国抽象概括模式确有值得我国借鉴之处，但不宜直接照搬，理由如下。

第一，是否"大陆法系国家的侵权法大多以抽象的一般条款概括过错责任"，这本身值得探讨。如前所论，《意大利民法典》第2043条和《西班牙民法典》第1902条采取法国的抽象概括模式，这没有异议；但将《日本民法典》第709条⑤和《荷兰民法典》第6编第162条

---

① 王利明. 我国侵权责任法的体系构建：以救济法为中心的思考 [J]. 中国法学，2008（4）：6.

② 王利明. 论侵权责任法中一般条款和类型化的关系 [J]. 法学杂志，2009（3）：4 – 6.

③ 王利明. 我国侵权责任法的体系构建：以救济法为中心的思考 [J]. 中国法学，2008（4）：6 – 7.

④ 王利明. 论侵权责任法中一般条款和类型化的关系 [J]. 法学杂志，2009（3）：4 – 5.

⑤ 即"因故意和过失侵害他人权利或受法律保护的利益的人，对于因此所发生的损害负赔偿责任"。参见最新日本民法 [M]. 渠涛，译. 北京：法律出版社，2006：151.

均解读为法国模式①，却不无疑问。若就文义解释，《日本民法典》第709 条的规定似乎采取法国立法例，但日本学界和实务部门均倾向于将其做德国模式的解读和适用，坚持违法性为侵权责任的独立构成要件②③④。《荷兰民法典》第 6 编第 162 条第 1 款虽然概括了全部侵权，但并不具有实质内容，有赖于后两款的具体化；其第 2 款把侵权行为类型化为"侵犯权利的违法""违反法定义务的违法"和"违反有关正当社会行为的不成文法规则的违法"，从而该条与《德国民法典》三大类型化条款实质相似，国外有学者认为荷兰侵权法中的"违反法定义务"的过错侵权类型直接继受自德国侵权法⑤。其他采取德国模式的立法尚有《瑞士债法典》第 41 条、我国台湾地区"民法"第 184 条等，故从典型民法典文本和实践操作的比较研究中难以得出"采取法国模式者多于采取德国模式者"的结论。

　　第二，认为法国抽象概括的一般条款在利益衡量方面对受害人有利，这本身没有问题，但问题是，把原告等同于受害人、被告等同于加害人，这有"先入为主"的嫌疑，其思维方式类似于刑法的"有罪推定"，其弊端前已论及，在此不再赘言。法国抽象概括的一般条款着眼于保障原告权利和利益的安全，只要被告对于原告的损失有过错，原则

---

① 采取此种解读的还有张新宝教授。参见张新宝. 侵权法立法模式：全面的一般条款 + 全面列举 [J]. 法学家，2003（4）：29.

② [日] 圆谷峻. 判例形成的日本新侵权行为法 [M]. 赵莉，译. 北京：法律出版社，2008：61 - 68.

③ [日] 星野英一. 民法典中的侵权行为法体系展望 [J]. 渠涛，译. 法学家，2009（2）：46 - 47.

④ 杨立新. 论侵权责任法草案二次审议稿的侵权行为一般条款 [J]. 法学论坛，2009（3）：42.

⑤ J. B. M. Vranken, Einffihrnng in das neue NIederlandische Schuldrecht, in AcP 1 91, S. 411, 4l7.//朱岩. 违反保护他人法律的过错责任 [J]. 法学研究，2011（2）：87.

上被告即应依据一般条款承担赔偿责任，因此，法国模式有利于保护原告的利益但却过分限制了被告的行为自由；法国模式若行之于司法，可能导致诉讼泛滥，法国模式在法国没有导致诉讼泛滥，这得益于法国人可贵的克制精神①。张新宝教授认为，原告的利益保障与被告的行为自由应当予以平衡保护，因为这两者对民事主体都很重要，而且普通原告与被告之间的关系具有平等性，"均衡的，才是正义的"②。由于角色的互换性在民事法律制度尤其侵权法的运作中表现得并不明显，多数人终其一生可能只打一次侵权官司，侵权法规则的不公正而导致的判决不公足以伤害当事人的法律感情并导致其对法律失望。因此，法律对普通主体之间在一般领域产生的侵权纠纷的调整，应当尽可能兼顾原告的利益保护与被告的行为自由，似不宜直接采纳明显"对受害人有利"的立法例。

第三，以王利明教授为代表的学界通说将我国《民法通则》第106条第2款即"公民、法人由于过错侵害国家的、集体的财产，侵害他人财产、人身的，应当承担民事责任"解读为法国抽象概括的一般条款规定方式，这主要是依据文义解释得出的结论，其可信度本身值得怀疑。换言之，20世纪80年代前半期我国在制定《民法通则》时对第106条第2款做法国模式的规定是不是经过理性思考之后的有意识选择？学界通说主要依据文义解释所得出的结论是不是唯一结论？这一结论是否符合我国的法治传统、当前的法律环境和司法实践需求？本书对法国的抽象概括一般条款模式已成为我国侵权法的法制传统持怀疑态度。众所周知，从清末至民国期间，我国政府草拟或颁行的侵权法一般

---

① 葛云松. 纯粹经济损失的赔偿与一般侵权行为条款［J］. 中外法学，2009（5）：717－718.
② 张新宝. 侵权责任法立法的利益衡量［J］. 中国法学，2009（4）：180－185.

条款均与《德国民法典》采取同一规定方式而稍微有所修正①②:

晚清政府于 1911 年 8 月完成的《大清民律草案》对侵权法一般条款规定为:

第 945 条:"因故意或过失侵他人之权利而不法者,于因加害而生之损害负赔偿之义务";

第 946 条:"因故意或过失违保护他人之法律者,视为前条之加害人";

第 947 条:"以违背善良风俗之方法故意加损害于他人者,视为第 945 条之加害人"。

北洋政府于 1925 年完成的《民法第二次草案》对侵权法一般条款规定为:

第 246 条:"因故意或过失不法侵害他人之权利者,负损害赔偿责任。故意以有伤风化之方式侵害他人者,亦同";

第 247 条:"因故意或过失违背保护他人之法律,视为前条之侵权行为人"。

南京国民政府于 20 世纪 30 年代颁行的《中华民国民法典》第 184 条的规定为:"因故意或过失,不法侵害他人之权利者,负损害赔偿责任。故意以背于善良风俗之方法,加损害于他人者亦同";"违反保护他人之法律者,推定其有过失"。

显然,上述侵权法一般条款均与《德国民法典》第 823 条和第 826 条的大类型化规定方式具有相似的结构,可以说是明显借鉴了德国模

---

① 王泽鉴. 侵权行为 [M]. 北京: 北京大学出版社, 2009: 69.
② 李承亮. 侵权责任的违法性要件及其类型化 [J]. 清华法学, 2010 (5): 89.

式。而 1986 年制定的《民法通则》第 106 条第 2 款固然与《法国民法典》第 1382 条的表述相似，但我国 30 年来的司法实践却实际走向了德国的类型化模式：最高法院陈现杰法官指出，"最高人民法院在指导侵权案件的审理并制定司法解释的过程中，历史地走向了类似于《德国民法典》侵权法体系构成的类型化模式"①。进而言之，即使该规定已然成为我国法制传统的一部分，也并不意味着不能进行立法变革。"健全的立法不仅可以大大减轻司法的负担，还可以让司法免于许多无谓的指责"②，《民法典》编纂使我们对此问题有了重新探讨的机会，以往未经慎重探讨的立法模式问题现在有机会也应当被认真地探讨，"错则改之，对则坚持"。因此，传统的确立仅意味着对传统进行变革需持十分审慎的态度，并不意味着我们必须沿袭错误。

第四，法国的抽象概括模式为法官追求个案正义提供了足够的空间，但由此也导致法的安全价值的过度缺失。由于抽象概括模式的一般条款内涵和外延具有高度不确定性，在司法实践中很难统一裁判尺度，导致"一个利益该排除保护时难以有效排除，该纳入保护时又会把不宜保护的情况连带纳入"，因此，只对表达"永恒的真理"感兴趣的法国抽象概括条款"很难作为可以适用的法律规则"③。以法国模式行之于司法实践，会导致裁判结果的过度不确定和法的安全价值的缺失。成文法的裁判、指引和教育等功能的发挥均有赖于法律的确定性，确定性是成文法首要的价值目标，只有维护法律规范的确定性，才能实现更普

---

① 陈现杰．侵权责任法一般条款中的违法性判断要件［J］．法律适用，2010（7）：11.

② 周友军．论我国过错侵权的一般条款［J］．法学，2007（1）：91.

③ ［德］克雷斯蒂安·冯·巴尔．欧洲比较侵权行为法：上卷［M］．张新宝，等译．北京：法律出版社，2004：18.

遍更高层次的"公正的秩序"。作为成文法国家，我国唯一的选择是在确保法律确定性的前提下尽可能去克服或消解其相应的局限性，而不能为了其他理由而放弃或牺牲法律的确定性①。目前我国法官总体的业务能力参差不齐，群体差异大，司法裁判的尺度难以统一；存在着司法的不公正和无秩序现象，在此背景下进行侵权法一般条款的规定方式选择，不可不慎重。

我国作为具有浓厚的成文法传统的国家，在实践中立法权与司法权实行严格的区分，因此法律的利益衡量分为两个阶段，立法者制定侵权法是第一个阶段的利益衡量，司法者解决具体的侵权诉讼案件是第二个阶段的利益衡量。而根据法治的基本要求，第二阶段利益衡量应当在第一阶段利益衡量所划定的范围内进行。因此，"利益衡量的主要工作应当是立法者的使命"②。而法国模式下由于立法阶段的利益衡量过于宽泛而失之精确，利益衡量的主要工作是由法官在司法阶段完成的，从而导致法国侵权法堕入判例法的深渊。照搬法国的抽象概括模式需要以判例法为必要补充，这不仅与我国立法主导的法治传统不符，而且短时期内也很难期望我国判例法发展到与法国模式的抽象概括一般条款相适应的程度。

综上，王利明教授主张我国侵权法一般条款直接借鉴法国模式的观点和理由并非没有商榷余地，我国不宜直接照搬法国的抽象概括模式。

三、德国大类型化模式有值得借鉴之处

德国大类型化一般条款与法国抽象概括一般条款的本质差异在于，

---

① 孟勤国. 法律规则的确定性及其局限 [J]. 法学评论，2011 (5)：159.
② 张新宝. 侵权责任法立法的利益衡量 [J]. 中国法学，2009 (4)：178.

法国模式在保护力度上对权利和利益不予区分，其规定的构成要件为损害—过错—因果关系；而德国模式对过错侵权的保护原则上限于具体列举的绝对权益（生命、身体、健康、自由和所有权），侵犯相对权和利益造成的损害仅在符合"违反保护性法律"或"故意违反善良风俗"时才予以保护。换言之，德国模式通过充分发挥违法性要件的"筛选功能"，对权利和利益实行区别保护，法国模式则实行同等保护；德国模式对利益实行选择保护，法国模式则实行全面保护。当然，这是仅就法律文本分析得出的结论，事实上法官适用法律的过程必然夹杂着实质考量，这可能抵消法条表述本身的影响；而且司法实践中法国法官会利用"可赔偿的损害""过错"和"因果关系"工具对过于宽泛的侵权责任进行限制。但法律文本至少可以反映两法对待利益的基本态度：德国侵权法原则上不保护利益，仅在符合特定条件的例外情况下才保护利益；而法国侵权法原则上保护利益，至少法律文本不存在保护利益的任何障碍，而实践中对利益保护的限制倒成了例外。

基于"损害原则上由受害人承担"的定位，德国侵权法的任务在于找出行为人应当承担责任的特殊情形。德国侵权法据此规定了三个类型化条款：《民法典》第 823 条第 1 款规定了过失侵害权利的侵权，第 823 条第 2 款规定了过失违反保护性法律的侵权，第 826 条规定了故意违反善良风俗的侵权。第一类侵权旨在保护绝对权所"包裹"的利益，基于绝对权的不可侵犯性，行为只要造成侵害绝对权的后果，即可推定违法；其违法性判断方式类似于法国模式，只不过法国是损害推定违法，德国是侵害具体列举的绝对权才推定违法，两者适用范围不同。后两类侵权的保护范围扩展到了纯粹利益，其违法性需要进行正面认定，原则上依据具体列举的"保护性法律"进行认定，违反善良风俗作为必要时认定违法性的兜底标准。有学者认为，德国侵权法对违法性的判断采用了"折中说",兼采取"结果违法"与"行为违法"①。其实德国侵权法是通过彻底的"行为违法"来贯彻法无禁止皆自由的自由主义精神,所谓"结果违法"即侵害绝对权就推定行为违法,只不过在贯彻"行为违法"过程中充分利用了权利这一重要的民法技术而已。从根本上讲,违法是对行为的价值判断,是对客观行为所做的否定性评价,所谓"行为违法"与"结果违法"之争不过是判断违法性的具体手段和方式不同。权利本身意味着权利人的自由,然而权利的过度泛化反过来会挤压每个人的行为自由,因为只有在保护利益的范围内判断违法性时才体现"法无禁止即自由",而在保护绝对权的范围内判断违法性时实行的是"侵害权利即违法",某一人的绝对权即意味着其他人的"绝对义务"。可见,法律对民事主体权利的赋予应当适度,而绝非"法律规定的权利越多,民事主体越自由"。当前已处在"权利泛滥"边缘的我国确有必要深刻反思。

德国大类型化模式在以下方面值得我国侵权法一般条款进行参考和借鉴:

第一,德国模式通过明确增加一个责任构成要件即违法性要件,并充分发挥违法性要件的规范功能,在原告的权益保护与被告的行为自由之间进行更加精确的利益衡量,从而有利于最大限度地平衡双方当事人的利益,纠正了法国模式不利于被告行为自由的弊端,使过错侵权法建立在更加公正的基础上。

第二,德国模式能够兼顾实践操作性和适当的弹性,从而兼顾法的安全价值和公正价值,纠正法国模式过于不确定的弊端。确定性是成文法首要的价值目标,是实现法治秩序的根本保障;成文法和法典化的主

---

① 李承亮. 侵权责任的违法性要件及其类型化 [J]. 清华法学, 2010 (5): 87.

要目的就是消除法律适用中的不确定性，把司法活动置于法律规则的控制之下。只有维护法律的确定性，才能实现更普遍更高层次的公正。作为成文法国家，我们不能为了其他理由（比如避免法律漏洞、确保法律的前瞻性）而放弃或牺牲法律的确定性。

第三，德国模式既与我国立法权与司法权明确区分的权力分配体制相符，也符合我国立法主导和法律成文化、法典化的法治传统，而且可操作性强的三大类型化条款也与我国法官总体素质不高、法治秩序尚未建立、民众普遍不信任法院的司法现状相适应①。与法国模式相比，德国模式对判例制度的依赖较少，而我国目前的判例制度建设尚处于起步阶段②，难以满足法国模式对判例的依赖。

第四，众所周知，从清末至今，我国民法包括侵权法的基本概念和理论大体上源于德国法，故侵权法一般条款继续借鉴德国模式更容易保持我国民法体系的一致性，有利于维持我国民事法律的体系效应。一国的法律制度作为一个规范整体，其各部分之间应当维持和谐一致，而不应当出现体系背离。

对我们而言，比较适合我国国情和法治环境的立法模式才是更值得我国借鉴的模式。德国模式通过增加违法性这一责任构成要件，更加精确地平衡了原告的权益保障与被告的行为自由，增加了一个利益平衡的工具，更有利于司法的确定性和法治秩序的确立，故值得我们参考和

---

① 关于法治与民众对法官的信任之间的关系，似乎存在以下规律：法治不完善时，民众普遍不信任法官；随着法治的完善，民众才逐渐信任法官。由此观之，虽然纸面上的社会主义法律体系早已建立，但从民众对法官的普遍不信任来看，我国法治秩序的建立尚待时日。

② 以最高人民法院 2010 年 11 月 26 日颁布并施行的"关于案例指导工作的规定"（法发〔2010〕51 号文件）为标志，我国法院系统开始推行具有判例色彩的案例指导工作。

借鉴。

总之，所谓大一般条款，无论是用一句话概括整个侵权法体系的"白板条款"，还是把几句话拼凑在一个法条之中，对司法实践皆没有实质意义。韩世远教授指出，一般条款过度抽象会使得其"大象无形"，从而根本不能作为裁判准据①。在过错侵权一般条款的规定方式方面，德国的大类型化模式与法国的抽象概括模式各有所长，均有值得我国借鉴之处。我国应当在充分借鉴法国抽象概括模式和德国大类型化模式优点的基础上来设计自己的侵权法一般条款。

第二节　我国侵权法一般条款的设计

一、是否应当明确规定违法性要件

过错侵权在责任构成方面是否明确规定违法性要件，这是法国模式与德国模式在内容方面的本质区别。

在罗马法时代，"过错"概念本身即包含违法性和有责性的内容，直到耶林于 1867 年发表《罗马法上过错的因素》一文，才导致德国法中违法性与过失并列为侵权责任要件②。1900 年生效的《德国民法典》所确立的过错侵权责任的三大类型化条款正是以违法性为责任构成的核心要件来展开的：以违法性要件构成方式的不同，通过第 823 条第 1 款、第 2 款和第 826 条，将过错侵权责任类型化为"侵害绝对权"的侵

---

① 韩世远. 重申一般侵权与特殊侵权［J］. 学习与探索，2010（1）：102.
② 陈聪富. 侵权违法性与损害赔偿［M］. 北京：北京大学出版社，2012：7.

权，"违反保护性法律"的侵权，以及"故意违反善良风俗"的侵权。德国模式虽明确区分违法性与过失，但自从违法性在学说上采取"行为违法说"后，"违法性系指行为人违反法规范上之客观注意义务"，从而与过失概念难以区别，"过失概念仅探讨行为人是否具有识别能力及防止损害发生之能力"①。

与德国法不同，法国侵权法始终以"过错"概念涵盖违法性与过失概念，1804 年制定的《法国民法典》第 1382 条中的"过错"概念在传统上包括客观因素（违法性）和主观因素（可归责性）。而法国新近学说认为，"过错"包括主观可归责性、违反谨慎小心规范和损害的可预见性三因素②，即其过错的规范内容包括了违法的规范内容③。其以"过错"概念涵盖违法性与过失内容的立法意图在于"为民事责任制度赋予某些道德上的根源"④，在司法实践中，"过错"概念更接近违法性，而与过失概念不同，主观可归责性已不重要⑤。法国侵权法是以涵盖违法性与过失内容的"过错"作为责任构成的核心，其并非绝对排斥违法性要件，只不过基于传统的原因而将违法性要件委身于"过错"概念之内罢了。因此，"违法性之争的实质并不是要不要对侵权行为做违法性判断，而在于违法性要件是否具备独立性"⑥。

受法国模式和德国模式的影响，关于过错侵权责任构成要件，我国

① 陈聪富. 侵权违法性与损害赔偿［M］. 北京：北京大学出版社，2012：31.
② 陈聪富. 侵权违法性与损害赔偿［M］. 北京：北京大学出版社，2012：3，7.
③ 石佳友.《法国民法典》过错责任一般条款的历史演变［J］. 比较法研究，2014
　　(6)：19，27.
④ 石佳友.《法国民法典》过错责任一般条款的历史演变［J］. 比较法研究，2014
　　(6)：19 - 20.
⑤ 陈聪富. 侵权违法性与损害赔偿［M］. 北京：北京大学出版社，2012：30 - 31，
　　54.
⑥ 李承亮. 侵权行为违法性的判断标准［J］. 法学评论，2011 (2)：77.

侵权法学界长期存在主张过错吸收违法性的"三要件说"和主张违法性要件独立存在的"四要件说"的对立。目前多数学者认为"主张违法性独立的'四要件说'"为学界通说①②，最具有说服力的是，主张"三要件说"的张民安教授也承认"大多数学者认为违法性是侵权责任的构成要件"③，但以王利明教授为代表的学者始终坚持过错吸收违法性的"三要件说"④⑤。当然，这里存在一个"学界通说"的认定标准问题⑥。本书认为，违法性应当作为我国过错侵权责任的独立构成要件，理由如下：

第一，"三要件说"的主要依据之一是对我国侵权法一般条款采文义解释，即《民法通则》第106条第2款和现行《侵权责任法》第6条第1款中均无"违法"字样⑦⑧。然而文义解释仅为法条解释方法的一种，诚如胡长清先生所言，"侵害权利，即属违法，法律纵不明定违法为侵权行为之要件，解释上盖属当然"⑨。日本学者对《日本民法典》第709条的解释可谓明证："权利侵害是指侵权行为的本质要件的

---

① 刘心稳. 中国民法学研究述评［M］. 北京：中国政法大学出版社，1996：631.
② 杨立新. 论侵权责任法草案二次审议稿的侵权行为一般条款［J］. 法学论坛，2009（3）：44.
③ 张民安. 作为过错侵权责任构成要件的非法性与过错［J］. 甘肃政法学院学报，2007（4）：13.
④ 王利明. 我国侵权责任法的体系构建：以救济法为中心的思考［J］. 中国法学，2008（4）：7.
⑤ 王利明. 侵权责任法研究：上卷［M］. 北京：中国人民大学出版社，2011：282.
⑥ 在我国法学界，确定"学界通说"的倾向性观点是，大多数学者的一致看法即学界通说。本书赞同该观点。
⑦ 王利明. 侵权责任法研究：上卷［M］. 北京：中国人民大学出版社，2011：282.
⑧ 张民安. 作为过错侵权责任构成要件的非法性与过错［J］. 甘肃政法学院学报，2007（4）：13.
⑨ 胡长清. 中国民法债编总论［M］//周友军. 侵权责任认定. 北京：法律出版社，2010：194.

违法性的表象，比如即使不存在权利侵害，有违法的利益侵害即成立侵权行为。"① 而且，若死扣文义解释，《侵权责任法》第 6 条第 1 款连"损害"要件也没有，但"三要件说"所谓的"因果关系"指行为和损害之间的因果关系，"过错"指对损害发生的过错，若"损害"不再是一般侵权的构成要件，则因果关系和过错要件也会出现"皮之不存，毛将焉附"的问题②。因此，将我国现行《侵权责任法》第 6 条第 1 款中"侵害民事权益"解读为违法性要件，当无解释论障碍。由此，以民法典编纂为契机，在过错侵权条款中明确规定违法性要件，既使得"名实相副"，又因能在现行法中找到解释论依据而不显得变化突兀。

第二，"三要件说"的主要依据之二是，当代侵权法的发展趋势是过错的概念由"主观过错说"向"客观过错说"转变、违法性的判断标准由"结果违法说"向"行为违法说"转变，在此情况下，违法与过错难以区分③④。其实，"过错"不同于"过错的判断标准"："故意"的判断标准从来都是主观的而非客观的⑤，"过失"的判断标准采用客观标准即违反一般注意义务，但该义务的成立是以行为人对损害的可预见性为前提的，这恰恰证明"过失"本身仍然是一个主观意义上的范畴；过错是对行为人主观方面做出的否定性评价，而违法是对客观行为本身所做的否定性评价，两者体现法律对不同对象的价值判断⑥。

---

① 未川博.权利侵害论 [M] // [日] 圆谷峻.判例形成的日本新侵权行为法.赵莉，译.北京：法律出版社，2008：65.

② 龙俊.权益侵害之要件化 [J].法学研究，2010 (4)：25.

③ 王利明.侵权行为法归责原则研究 [M].北京：中国政法大学出版社，2003：414 – 416.

④ 张民安.作为过错侵权责任构成要件的非法性与过错 [J].甘肃政法学院学报，2007 (4)：14.

⑤ 杨立新，张新宝，姚辉.侵权法三人谈 [M].北京：法律出版社，2007：114.

⑥ 周友军.侵权责任认定 [M].北京：法律出版社，2010：193.

而且，"违法性系指行为人之行为客观上违反法规范价值，过失则指行为人未尽理性人的注意义务"①，二者应可区分。因此，以"过错的客观判断标准与'行为违法说'发生重叠时违法与过错难以区分"为由而否认违法性要件的独立地位，理由并不充分。由于法律适用是一个相互交叉和不断循环的过程，法官的思考和判断具有综合性，而判决书中对构成要件的分别说明只是为了满足裁判科学化的需要而已②，因此在各构成要件的"功能交叉"与"衔接不上"之间，法律只能无奈地选择允许各要件之间的"功能交叉"。要求对各要件的判断之间绝对的互不重合，这实属法律实证主义在理性方面的"致命的自负"，既不可能也没必要。因此，各要件的规范功能偶有重合并不是不可容忍的矛盾，更不能据此否定其并存的可能性。

第三，用"四要件说"解读我国侵权法一般条款的主要好处是给法官的裁判增加了一个评价工具，从而既有利于更加精确地平衡原告的权益保护与被告的行为自由之间的利益冲突，也能够更好地平衡立法者与司法者之间的权力分配关系。立足于我国的现实国情，用"四要件说"解读我国侵权法一般条款显然更为合适：在法官和法院权威不高、法官职业操守有待提高、法官的职业安全缺乏有效的制度保障的现实情况下，精确的利益评判有利于约束法官的自由裁量权、维护法官的职业安全和树立法院权威③。例如，原告与被告约定了举办婚礼的时间，然而被告在未告知原告的情况下故意在原先约定的时间与他人举行婚礼，给原告造成巨大的身心伤害；再如，被告与原告不睦，在原告结婚的当

---

① 陈聪富. 侵权违法性与损害赔偿［M］. 北京：北京大学出版社，2012：55.
② 于雪锋. 侵权法可预见性规则研究［M］. 北京：北京大学出版社，2017：58 - 60.
③ 法官的自由裁量权越大，其职业安全度越低，判决的一致性就难以保障，从而法院的权威就难以树立。

天，被告诱骗丧葬公司的人闯入原告的婚礼现场，造成恶劣影响。以上两案，法院均以"故意违反善良风俗"为实质理由，判决被告赔偿原告的精神损害①。虽然两案中被告的行为均符合损害、过错、因果关系三要件，但若依据法国模式下的"三要件"裁判案件，未免失之宽泛，因为倘若被告在主观方面仅有过失，则令其承担侵权责任显然不妥。

第四，将违法性作为独立构成要件是解决现代社会日益复杂的侵权关系纠纷的必然要求。在过去的司法实践中，法官审理的绝大多数侵权案件可以归结为对人本身或其财物的"物理性侵害"，即侵害绝对权案件。处理这些简单的侵权案件基本不需要考虑违法性问题，过错要件即足以胜任，但这种简单案件并不排斥违法要件的分析：被告的行为侵害了原告的各种具体人格权或财产所有权、知识产权等绝对权，自然构成侵权（除非存在我国传统理论习惯称为"免责事由"的阻却违法事由，如正当防卫、紧急避险等），只不过"侵害绝对权即推定违法"掩盖了对违法性的正面认定，使人误以为仅需判断过错，不必考虑违法性。日本学者濑川信久教授认为，侵权法中的案件大致可以分为对身体或者财物的物理性侵害和对身体或者财物的物理性侵害以外的侵害，裁判前一种案件中起决定性作用的要件是过错，裁判后一种案件中起决定性作用的要件是违法性（权利侵害）②，也正是此理。而随着公民权利意识的兴起，权利种类日益泛滥，在侵权司法实践中出现了诸如知情权、休息权、接吻权、生育权、初夜权、同居权、吊唁权等过于泛滥的权利主

---

① 罗东川. 侵权责任法疑难问题案例解读［M］. 北京：法律出版社，2011：1-2.
② 龙俊. 权益侵害之要件化［J］. 法学研究，2010（4）：25.

张①，甚至出现了日渐频繁的权利冲突②，而且侵权法的保护范围业已突破民事权利的范围而扩展至人格利益和纯粹经济利益。在此背景下，我国传统的忽视违法性要件的规范功能的侵权责任要件理论面对现实生活中复杂的侵权案件③时就显得捉襟见肘。比如，"甲问路于乙，乙故意误告方向，致甲耗费车资，徒劳往返"④。若对我国侵权法一般条款采取"三要件解读"，则此案中乙应当负侵权损害赔偿责任——过错行为、损害后果、因果关系均具备，且无免责事由；但若诉诸社会情理，则多数人认为乙不必承担侵权责任。造成此一矛盾的问题就在于"三要件解读"忽视了违法要件的规范功能。再如，在侵犯隐私权、名誉权案件中，被告的言论自由、新闻自由与原告隐私权、名誉权的冲突就很难用过错要件来解决，而必须借助于违法性要件，通过利益衡量积极认定行为是否违法⑤。与当年法国立法受自然法思想和理性主义影响类似，我国当前民粹主义的推动——认为民事主体的一切合法权益都应当受到侵权法的保护——是侵权法忽视违法性要件的一个重要动因。

第五，从清末至今，我国民法包括侵权法的基本概念和理论大体上源于德国法，借鉴德国侵权法中的违法性理论解释我国侵权法一般条款

---

① 关于权利泛化现象，参见龙著华. 论侵权法保护的利益［J］. 法商研究，2007（4）：78.

② 法律规定权利原本就是为了解决利益冲突，即定纷止争；但由于立法对利益不适当的权利化，导致了权利之间的冲突。关于权利冲突的发生原因问题，参见王克金. 权利冲突论：一个法律实证主义的分析［J］. 法制与社会发展，2004（2）.

③ 在一个法治完善、人人理性的社会中，法官所面对的应当主要是疑难案件，因为理性的公民基于趋利避害的本性不会将是非明显、诉讼结果确定的简单案件诉诸法院。这就要求学者在建构理论时必须着眼于解决复杂的案件，而不能仅满足于在自我封闭的圈子里自说自话，动辄用简单的案件作为自己理论正确性的佐证。其实，仅凭直觉和朴素的法律观就能准确裁判的案件，何劳理论之大驾？

④ 王泽鉴. 侵权行为［M］. 北京：北京大学出版社，2009：88.

⑤ 罗东川. 侵权责任法疑难问题案例解读［M］. 北京：法律出版社，2011：23-26.

更容易保持我国民法体系的一致性，有利于维持我国民事法律的体系效应。从历史渊源来看，我国清末实行"变法革新"之始即继受德国法的基本概念和理论；民国时期也一直延续了此种做法；20世纪50年代虽然曾有过照搬苏联民法理论的经历，但苏联民法理论与德国法也有很深的渊源；20世纪80年代开始，我国法制建设和法学研究进入新阶段，但早期由于受外语限制而在资料获取方面主要来源于台湾地区，故法学受台湾地区影响很大，而台湾地区"民法"同样继受自德国。年青一代法学博士大多具有德国法渊源：周友军博士和葛云松博士主张《侵权责任法》第6条第1款应当借鉴德国侵权法理论进行合理解释，尤其应当坚持以违法性为侵权责任构成要件①②。李承亮博士和王成教授的观点与上述观点实质一致③④⑤。在侵权法立法过程中，我国最高法院的法官特别欣赏德国模式，想逐渐走向德国法⑥。因为法官考虑问题着眼于当前的司法实践，而不是终极的未来。而法、德模式相比之下，自然是德国的所谓"小的一般条款"更加切合实践。最高法院在指导侵权案件审判的过程中制定的司法解释也具有浓厚的"德国味道"——《关于确定民事侵权精神损害赔偿责任若干问题的解释》第1、2、3条均强调违法性作为责任构成要件，其中第1条第2款⑦明显

———————

① 周友军.侵权责任认定［M］.北京：法律出版社，2010：91，193.
② 葛云松."侵权责任法"保护的民事权益［J］.中国法学，2010（3）.
③ 李承亮.侵权责任的违法性要件及其类型化［J］.清华法学，2010（5）.
④ 李承亮.侵权行为违法性的判断标准［J］.法学评论，2011（2）.
⑤ 王成.侵权之"权"的认定与民事主体利益的规范途径［J］.清华法学，2011（2）.
⑥ 杨立新.论侵权责任法草案二次审议稿的侵权行为一般条款［J］.法学论坛，2009（3）：42－43.
⑦ 即"违反社会公共利益、社会公德侵害他人隐私或者其他人格利益，受害人以侵权为由向人民法院起诉请求赔偿精神损害的，人民法院应当依法予以受理".

借鉴了《德国民法典》第 826 条;《关于审理名誉权案件若干问题的解答》第 7 条明确将行为违法性作为责任构成要件。由最高人民法院审判委员会讨论通过并于 2018 年 12 月 19 日发布的第 98 号指导性案例,在"裁判理由"部分分析的第一个焦点问题是"被告朱振彪行为是否具有违法性",并认为被告的行为属于见义勇为,应予以支持和鼓励,其行为不具有违法性,这构成本案被告不承担侵权责任的首要理由。这是我国最高司法机关对此问题的最新立场,具有权威性。

总之,由于历史惯性、路径依赖、逻辑美感,德国法学对我国民法学和民事司法实践的影响至今仍具有压倒性优势。

我国部分学者过去忽视对侵权责任违法性要件的分析,一是因为过去的实践中大多数案件为侵害绝对权案件,是否进行独立的违法性判断不甚重要,只有在极少数侵害利益案件,对"违法性"和"过错"分别为独立判断的必要性才凸显出来。但司法实践中对少数侵害绝对权之外的疑难案件不是通过分析违法性要件来解决,而是习惯于通过实质考量,从而导致"三要件理论"存在的问题在司法实践中没有充分暴露。二是由于对违法概念的误解,以为只有违反法律、行政法规的强制性规定才构成违法,没有认识到违法性的本质即行为人的"行为客观上违反法规范价值"①,应当从违反广义法秩序的角度理解"违法性"要件,从而导致有学者认为违法性要件有害无益、不利于保护受害人②。然而,侵权法作为民事救济基本法,不仅是裁判准据,同时更肩负

---

① 陈聪富. 侵权违法性与损害赔偿 [M]. 北京:北京大学出版社,2012:55.
② 王利明. 我国侵权责任法的体系构建:以救济法为中心的思考 [J]. 中国法学,2008(4).

"为社会以及生活于其中的人们创造一个美好未来"的行为指引功能①，故从法秩序角度对行为人的行为进行合法或违法的法律判断是必要的，是绝不可以被否定的②。判断"违法性"所依据之"法"，不仅包括规定了民事绝对权的民法，更包括刑法、行政法等在内的法律、行政法规、地方性法规和规章等。随着受侵害客体范围的不断扩大，侵害利益的侵权案件日益增加，司法裁判的权威性要求我们尽可能准确权衡侵权关系当事人之间的利益冲突，而违法性要件为法官提供了一个强有力的评价工具。

综上，在内容方面，立足于立法论，我国侵权法一般条款应当明确规定违法性要件③。

二、如何对权利与利益进行区别保护

民法系以保护权利为核心任务，民法体系对权利和利益从来就是区别保护的，从这个意义上讲，对权利和利益进行区别保护是多数国家和地区私法的制度共识。区别保护既是对行为自由与法益保护进行实质上利益平衡的结果，也是形式上维持违约责任与侵权责任的私法体系的需要④。对此，我国侵权法学界的多数观点也是区别保护：周友军博士和葛云松博士主张《侵权责任法》第6条第1款应当借鉴德国侵权法理论

---

① ［澳］彼得·凯恩. 侵权法解剖［M］. 汪志刚，译. 北京：北京大学出版社，2010：43.
② ［德］西原春夫. 刑法总论［M］//张新宝. 侵权责任构成要件研究. 北京：法律出版社，2007：56.
③ 立足于解释论，对我国现行《侵权责任法》第6条进行合理解释，也不难得出我国侵权法一般条款坚持违法性要件的结论。具体参见本书第三章第三节。
④ 朱虎. 侵权法中的法益区分保护：思想与技术［J］. 比较法研究，2015（5）：44.

进行合理解释，尤其应当对绝对权和利益进行区别保护①②。李承亮博士和王成教授的观点与上述观点实质一致③④⑤。前已述及，王利明教授和杨立新教授虽然名义上主张制定法国模式和埃塞俄比亚模式的一般条款，但实质上他们的观点⑥⑦⑧都与德国的大类型化模式"暗合"。在法、德模式相比之下，自然是德国的所谓"小的一般条款"更加切合实践。

现在的问题是，侵权法如何对权利和利益进行区别保护？

（一）德国侵权法"立法上的区别保护"规范模式存在不足

在立法层面，将权利和利益区别保护理念贯彻得最为彻底的要数德国侵权法：其通过三个类型化条款，针对权利和利益分别规定了不同的责任构成要件，民法典第 823 条第 1 款规定了过失侵害绝对权的侵权，第 823 条第 2 款规定了过失违反保护性法律的侵权，第 826 条规定了故意违反善良风俗的侵权。这种以大类型化条款体现的立法上的区别保护模式固然在坚持违法性要件方面值得我国借鉴，但也有其不足，具体表现如下。

第一，德国过失侵权条款原则上仅保护绝对权，造成对利益的保护不足。

---

① 周友军. 侵权责任认定 [M]. 北京：法律出版社，2010：91，193.
② 葛云松. "侵权责任法"保护的民事权益 [J]. 中国法学，2010 (3).
③ 李承亮. 侵权责任的违法性要件及其类型化 [J]. 清华法学，2010 (5).
④ 李承亮. 侵权行为违法性的判断标准 [J]. 法学评论，2011 (2).
⑤ 王成. 侵权之"权"的认定与民事主体利益的规范途径 [J]. 清华法学，2011 (2).
⑥ 王利明. 侵权法一般条款的保护范围 [J]. 法学家，2009 (3)：22.
⑦ 王利明. 侵权责任法研究：上卷 [M]. 北京：中国人民大学出版社，2011：93，151.
⑧ 杨立新. 论侵权责任法草案二次审议稿的侵权行为一般条款 [J]. 法学论坛，2009 (3)：41.

由于《德国民法典》第 823 条第 1 款系以列举方式规定过失侵害权利的权利范围，仅列举了 5 种绝对权益，各种利益不能通过第 823 条第 1 款的过失侵权责任获得保护。如果说这种做法符合立法当时"行为自由优先"的价值判断的话，却难以适应越来越强调"损失补偿优先"的当今时代，从而其侵权法体系难以适应新时代"价值取向的变化"①。而面对德国民法典第 823 条第 1 款适用范围存在的先天不足，在权利与利益区别保护的背景下，解决利益保护不足问题的办法无外乎两种。一是利用侵权法上的救济渠道，将权利的范围进行谨慎扩展，德国司法界和学术界"最具突破性的是将《德国民法典》第 823 条第 1 款前段所称'其他权利'扩张及于一般人格权及营业权"②；二是利用合同法上的救济渠道，诉诸"缔约过失责任"，甚至借助于"附保护第三人效力之契约责任"③。然而，无论扩大权利范围，还是扩大合同法上的救济范围，德国法均难以弥补利益保护不足的"硬伤"④⑤。侵权法近一百多年的法制史证明，"时势比人强"，德国模式注定只是其制定时代的宠儿，而不宜被 21 世纪的中国民法典所直接采纳。在《侵权责任法》制定过程中，有多位学者极力呼吁制定开放式的侵权法，有的明确主张

①　［德］马克西米利安·福克斯．侵权行为法［M］．齐晓琨，译．北京：法律出版社，2006：4.

②　王泽鉴．侵权行为［M］．北京：北京大学出版社，2009：46.

③　陈忠五．契约责任与侵权责任的保护客体："权利"与"利益"区别正当性的再反思［M］．北京：北京大学出版社，2013：170.

④　陈忠五．契约责任与侵权责任的保护客体："权利"与"利益"区别正当性的再反思［M］．北京：北京大学出版社，2013：147 - 192.

⑤　朱虎．侵权法中的法益区分保护：思想与技术［J］．比较法研究，2015（5）：51 - 52.

我国侵权法应当摆脱适用范围封闭的德国模式而采用法国模式①②③④，道理即在于此。

第二，立法上僵化的区别保护模式导致价值判断失衡。

根据于飞博士的考察，德国侵权法中权利与利益区别保护模式是在解决"过错之所及"这一技术问题时自然地形成的。"确切地说，权益区分保护并非德国侵权法立法的基础或起点，而是德国侵权法立法的一个结果"⑤，于飞博士据此认为"过错之所及上的差异"乃是区别保护的根本意义所在：侵害权利的过错仅需要行为人对其行为侵害权利即客观违法性有预见即可，而且侵害权利的赔偿范围不受行为人预见范围的限制，而侵害利益的过错则需要行为人对损害后果有预见⑥。问题是，德国人"误打误撞"形成的过错认定上的这一差异本身的正当性、合理性、优越性何在？其实，"过错之所及上的差异"作为区别保护的"根本意义"完全是小题大做，因为侵害权利的赔偿范围固然在"过错"判断阶段不受预见范围的限制，但在嗣后的"赔偿范围因果关系"判断阶段仍然会受到具有"异曲同工之妙"的法律上因果关系的限制⑦。退一万步讲，就算这一做法有其优越性，则其优越性的发挥仍建

① 王利明．我国侵权责任法的体系构建：以救济法为中心的思考 [J]．中国法学，2008（4）：6.
② 张新宝．侵权责任法立法的利益衡量 [J]．中国法学，2009（4）：183－184.
③ 张民安．作为过错侵权责任构成要件的非法性与过错 [J]．甘肃政法学院学报，2007（4）：13－16.
④ 姜战军．侵权构成的非限定性与限定性及其价值 [J]．法学研究，2006（5）：43.
⑤ 于飞．权利与利益区分保护的侵权法体系之研究 [M]．北京：法律出版社，2012：82－86.
⑥ 于飞．权利与利益区分保护的侵权法体系之研究 [M]．北京：法律出版社，2012：35－37.
⑦ [奥]海尔穆特·考茨欧．侵权责任法的基本问题：第一卷 [M]．朱岩，译．北京：北京大学出版社，2017：203.

立在权利与利益区分的基础之上，若不能有效区分权利与利益，则一切都是枉然。

其实，权利与利益的本质相同，二者之间的相互流动关系可为明证：利益随时有"权利化"的可能，权利也随时有"非权利化"的可能；二者相互流动的关键即现行民事实体法的承认或否认，而这涉及异常复杂的政策考量因素，充满了偶然性和不确定性；而侵权法对权利与利益区别保护的必要性仅在于侵害权利的可预见性与侵害利益导致赔偿范围的不确定性之间的差异①。但可预见性问题是行为人负担注意义务的前提，直接将其归由"过失"要件予以妥善解决即可，考虑行为自由的保障，若行为人已尽到必要的注意仍难以预见利益主体和损害的存在，自可做出行为人无过失的判断。而且，从实践经验角度论，行为人可否预见特定的损害，并"不以'故意以悖于善良风俗方法加损害于他人'或'违反保护他人法律致生损害于他人'的情形为限"②，则德国侵权法抛开过失要件而走"权利和利益区别保护"，立法上僵化的区别保护导致价值判断失衡，既不必要，还作茧自缚，有违生活常理。

第三，立法上的权利与利益区别保护并未减轻司法的难度。

在保护私人利益的民法典中，权利作为保护私人利益的工具，是德国民法体系展开的核心工具；德国侵权法从法定权利出发，充分利用权利这一利益识别和过滤工具，而且体现出侵权法与民法其他部分之间的紧密联系，这本身并没什么不好，诚如梅迪库斯所言，"权利绝对不是

---

① 陈忠五. 契约责任与侵权责任的保护客体："权利"与"利益"区别正当性的再反思［M］. 北京：北京大学出版社，2013：93，196.
② 陈忠五. 契约责任与侵权责任的保护客体："权利"与"利益"区别正当性的再反思［M］. 北京：北京大学出版社，2013：140.

可有可无的思维手段"①。但德国侵权法在权利与利益区别保护方面走得太远——其根据权利与利益的性质不同,规定了不同的责任构成要件,由此就制造了必须严格区别权利和利益才能正确适用法律的难题。司法实践中权利与利益区分的困难,导致学术界和司法者不是集中精力于四要件的具体分析,而是被卡在了适用范围这一前提性问题上②。在具体分析构成要件之前,前置性的抽象讨论过失侵权法的适用范围,这本身就是个坑,误导了司法实践。

依据《德国民法典》第 823 条第 1 款"故意或者有过失地以违法的方式侵害他人的生命、身体、健康、自由、所有权或者其他权利的人,负有向他人赔偿由此发生的损害的义务",首先由立法者确定对"生命、身体、健康、所有权"进行最全面的保护,然后司法者在学术界的支持下依据"其他权利"将权利的范围进行谨慎扩展,而"其他权利"无法企及的均为"侵权法上的利益",只能通过第 823 条第 2 款和第 826 条获得保护。德国模式对权利和利益进行区别保护的关键在于从立法层面对绝对权和利益保护分别规定了不同的责任构成要件。曾经在全国人大常委会法制工作委员会负责《侵权责任法》制定工作的王胜明先生正确地指出,《侵权责任法》一般条款最终没有采纳德国的权利与利益区别保护模式,主要是因为权利和利益很难区分清楚。从内容上看,权利的落脚点还是利益,既然权利的内容就是利益,就很难将二者区分开来;从形式上区分权利和利益也很难,不能说法律

---

① [德]迪特尔·梅迪库斯. 德国民法总论 [M]. 邵建东,译. 北京:法律出版社,2000:65.

② 在福克斯所著《侵权行为法》教科书中,对法益的分析作为侵权责任构成要件的前提性问题共占据 66 页(从 12 页至 78 页),而对四要件的全部具体分析仅 17 页(从 78 页至 95 页),由此可见一斑。参见 [德] 马克西米利安·福克斯. 侵权行为法 [M]. 齐晓琨,译. 北京:法律出版社,2006:目录.

写明的权利才是权利，法律没有写明的就只是利益。而且利益可以"权利化"，"权利和利益是不断转变的"。由于存在诸多疑问，立法官员最终认为，权利和利益根本难以区分，进而无从将二者予以不同程度的保护①。可见，在相当一部分学者和最高法院法官都主张区别保护②的情况下，立法机关最终还是放弃了区别保护模式，其直接原因就是权利和利益区分的困难。也就是说，在权利和利益区别保护的问题上，利益衡量与政策选择都没有障碍，真正的障碍是在技术上如何区分权利和利益。即使侵权法建立了权利和利益区别保护的规范模式，若在技术上不能有效区分权利与利益，则意味着立法所指出的权利和利益区别保护的规范模式就是个"大坑"。

根据于飞博士的考察，德国侵权法理论和实践中主要从归属效能、排除效能和社会典型公开性三方面区分侵权法上的权利和非权利（利益）③。本书试结合侵权法基本理论对权利与利益的区分具体分析如下

首先，权利具有归属效能，即能够明确地将特定的利益归属于特定的主体。归属效能要求权利所"包裹"的利益务必内容确定、边界清晰，比如，物权的客体物必须特定，此即"物权客体特定原则"；在交易过程中产生的债权即合同之债的标的也必须确定，否则合同不成立。符合归属效能要求的是民事实体法规定的各种民事权利，包括各种绝对权和相对权，从而将民事权利之外的利益排除在外。归属效能的认定系

---

① 王胜明. 侵权责任法的立法思考（一）［EB/OL］. 中国民商法律网，2012 - 02 - 01.

② 多数学者的观点参见中国法学会民法学研究会秘书处. 关于《侵权责任法草案·二次审议稿》的若干建议［EB/OL］. 中国民商法律网，2012 - 02 - 01. 法官的观点参见奚晓明.《中华人民共和国侵权责任法》条文理解与适用［M］. 北京：人民法院出版社，2010：20.

③ 于飞. 侵权法中权利与利益的区分方法［J］. 法学研究，2011（4）：108 - 110.

从民事实体法的规定出发，本身难度并不大。但其在侵权责任认定中并不起决定性作用，比如，相对权通常被视为过失侵权法中的利益。

其次，权利应当具有排除效能，即能够排除其他主体的任何不法干涉。排除效能以权利具有内容确定、边界清晰的利益归属效能为前提，唯其如此，权利人与潜在侵权人之间才能维持界限分明；同时，排除效能意味着权利在价值层面的高位阶性和对潜在侵权人侵害方式的排他性①。"排除任何干涉"意味着该权利"不可触碰"，"触碰即违法"，即除非行为人具备法定的违法阻却事由，否则行为人侵害权利的行为一律构成违法，在此问题上法官没有自由裁量权。符合排除效能要求的是各种绝对权，而债权与配偶权②等具有相对性的权利不具有排除效能。问题是，名誉权、隐私权等在我国民法学教科书中被认为是绝对权的具体人格权却因无法排除其他主体的"所有干涉"而不具有排除效能：因为诸多行为人所做出的导致他人名誉贬损的行为仅仅是自由发表言论而已，属于言论自由的范畴，有的甚至涉及对公权力的正当监督，故不能一概认定其违法性，从而在认定其违法性时必须进行利益衡量。有学者在考察英国《诽谤法案2013》的基础上，建议我国名誉权侵权责任应当确立包括事实基本真实、诚实意见、基于公共利益的负责任发布、

---

① 权利对潜在侵权人侵害方式的排他性具有重要意义：有权占有的价值位阶可能不如名誉权（涉及人的尊严），但侵害有权占有的侵夺等行为明显是违法的，而侵害名誉权的陈述、评价等行为由于可能涉及言论自由和对公权力的监督，从而认定是否违法时必须进行利益衡量。

② 夫妻相互之间享有配偶权，但该权利具有强烈的感情和伦理色彩，不能理解为夫妻相互之间具有支配权，夫妻一方配偶权的实现有赖于另一方的协助与配合；夫妻一方与第三者发生关系并不侵害配偶权，因为婚姻以感情为基础，结婚证不是"保险箱"，法律对配偶权的保护受制于个人人格的自主发展。

权威消息来源和正当学术批评在内的具体特殊抗辩事由①，因为若不系统考察以上情节，无以认定贬损他人名誉的行为违法。为何名誉权、隐私权作为绝对权还不具有排除效能？这是理解排除效能的难题之一。其实，排除效能在侵权法上的意义在于其影响违法性的判断：行为侵害具有排除效能的权利即推定违法，若行为侵害不具有排除效能的权利，其行为违法性需要通过利益衡量进行积极认定。既然如此，将此一问题直接归属于违法性要件的规范领域即可，不必在法律规范的适用范围上强行区分特定的法益是否具有排除效能。

最后，权利应当具有社会典型公开性，即在客观上具有典型性、规律性、公开性，能够被拥有共同文化背景的社会一般人所识别和感知。比如物权，其客体为有体物，其权利类型和具体内容法定，加之法定的公示手段，共同塑造出能够被社会一般人所识别和感知的绝对权。相反，债权作为与物权相并列的一个权利大类，其虽然也是法定的权利类型，而且也受到法律的保护，但因每一个具体存在的债权一般都处于隐藏状态，只为特定当事人所知而难以为社会一般人所识别和感知，故被认为不具有社会典型公开性。再比如商标权，商标原本不具有社会意义上的典型性和公开性，但通过《商标法》的强制性规定和商标注册登记制度，在特定的商标标识和商品类型之间建立了一种明确的关联，从而使得商标权以法律的强制力量获得了社会典型公开性。其实，社会典型公开性解决的是行为人对受害权益的预见可能性问题，是法律对行为人科以注意义务的必要前提，以防止过分限制行为人的自由。既然过失即违反注意义务，而可预见性是注意义务的存在依据②，则社会典型公

---

① 姜战军. 中、英名誉权侵权特殊抗辩事由评价、比较与中国法的完善 [J]. 比较法研究，2015 (3).
② 陈聪富. 侵权归责原则与损害赔偿 [M]. 北京：北京大学出版社，2005：20，57.

开性问题实质上是过失要件问题，可直接将其归由过失要件解决：若侵害权益造成的损失为行为人所无法预见，则行为人无注意义务，自无过失，判断方便快捷，何必用"社会典型公开性"劳神费心。

可见，立法上的权利与利益区别保护模式在司法过程中的起点即权利与利益的区分，而权利与利益本身的界限不明导致实践中权利与利益区分的困难，最终仍然得由法官在个案中艰难地决定何者是权利、何者是利益，然后再机械适用各自的责任构成要件，则德国的大类型化模式所追求的立法者主导、给予司法者尽量明确的指示、限制法官自由裁量权、降低司法难度等预期目标也都不可能实现。权利和利益自然需要区别保护，但法律适用并不一定非要以区分权利和利益为前提，从这种意义上，德国模式是在自设陷阱。

第四，建立在"绝对权神圣"观念基础上的德国侵权法"立法上的权利与利益区别保护模式"中的侵权责任构成过于重视违法性要件，导致各要件规范功能的发挥严重不均衡。

如前所论，德国大类型化模式系以主观可归责性为线索，以违法性为核心构成要件进行规范建构的；自从违法性采取"行为违法说"后，"违法性系指行为人违反法规范上之客观注意义务"，从而"侵占"了过失概念的传统规范范围，导致过失概念的规范范围"变为十分狭窄"，"仅剩'不可归责性'"[①]，从而导致一方面违法性要件的规范功能不堪重负，另一方面过失要件"无所事事"。

权利与利益区别保护模式十分重视权利概念，堪称"真正的侵权法"，但由此导致其侵权法体系为权利概念所累，而"侵权法中的权

---

① 陈聪富. 侵权归责原则与损害赔偿 [M]. 北京：北京大学出版社，2005：10，11，31.

利"反过来又导致民事权利理论的混乱：根据侵权法的需要对权利进行分类，则作为最基本民事权利类型的债权，在德国侵权法理论中硬生生成为"侵权法中的利益"。

德国侵权法上的权利和利益区分理论本身过于复杂而难以操作，且并非不可替代。德国侵权法的历史和实践证明，权利作为法律工具并不是万能的，侵权法在权利和利益区分保护方面采取"立法上的区别保护模式"是不明智的。其实，对权利和利益进行区别保护原本就是个伪命题，民法以保护权利为核心任务，私法体系对权利和利益从来就是区别保护的；问题是，区别保护的方法是否仅此一途？能否舍名而求实，在法律规范的适用范围方面不严格区别权利和利益，而在统一的侵权责任构成要件的具体判断过程中对权利和利益进行区别对待，进而实现权利和利益的区别保护？而权利"绝非可有可无"的作用在侵权法中完全可以通过影响"过失"和"违法性"等要件的认定标准予以充分发挥。① 作为私法的一部分，侵权法固然可以充分利用民事权利法部分已有的规范成果，但同时也应当维护侵权法自己的规范独立性，那就是，侵权法应当遵循自己的规范逻辑即依据责任构成要件来决定责任是否成立，而不应当过分拘泥于权利理论，以避免使得侵权法沦为权利法的附庸。这才是独立成编的侵权责任法应有的"风范"。

（二）应适当借鉴法国抽象概括的规范方式

针对德国模式利益保护不足的问题和法律适用的僵化，有学者主张在立法上"以动态系统作为方法基础"，"容纳多元化的考量因素"，"授权司法者进行更为动态和弹性化的综合权衡"②。但是，动态系统理

---

① 本书将此种做法称为"司法中的区别保护模式"，具体分析详见本书第三章。
② 朱虎. 侵权法中的法益区分保护：思想与技术 [J]. 比较法研究，2015（5）：44.

论打破了"构成要件—法律效果"这一法律规范结构，变固定的构成要件为动态构成要素，并且变固定的法律效果为动态的法律效果，将使得法官自由裁量权过大；诚然，法治秩序的建立需要立法者和司法者的合力，法官的自由裁量权不可剥夺，但是动态系统理论给法官预留的自由裁量"尺度"显然过大，而且该理论目前仅停留在理论层面，只有《欧洲侵权法原则》（草案）第2：102条对其有所借鉴，但借鉴效果未经实践检验，而立法乃国之大事，不可贸然行动。

其实，我们可以适当借鉴法国模式的合理成分来弥补德国模式的不足，即以抽象概括的一般条款规定统一的过错侵权责任构成要件，以其富于弹性的含义和认定标准来面对实践中千变万化的过错侵权案件，从而达到以不变应万变的效果。

首先，将过错侵权责任的保护范围概括规定为抽象的民事权益。王利明教授指出，当代侵权法在权益保护和行为自由之间应当倾向于权益保护，从而过错侵权应当规定法国模式的"单一过错条款"①。将保护范围规定为民事权益，适应了"损失补偿优先"的时代需求，完全避免了利益保护不足的问题，有助于避免立法者和学术界对法源缺乏的担忧。我国在改革开放和法治建设之初曾经经历了一个相当长的"无法可依"阶段，人们对此记忆犹新，因此每当制定法律时即强调立法的前瞻性，尽可能扩大法律的适用范围，不留立法空白，在《侵权责任法》制定过程中，有多位学者极力呼吁制定开放式的侵权法，有的更

---

① 王利明. 我国侵权责任法的体系构建：以救济法为中心的思考［J］. 中国法学，2008（4）：6.

是直接提出我国侵权法应采取法国模式①②③④。在司法过程中，"民事权益"的概括规定能避免将责任构成这一重要问题前置，从而将归责的问题主要留给构成要件去解决，并能够有效遏制利益权利化的冲动。对《日本民法典》第709条⑤的司法适用而言，"法律上被保护的利益"不过是个说辞，其实真正体现利益是否被保护的正是民法中的侵权法，决定特定利益在日本能否被保护的正是《日本民法典》第709条所规定的责任构成要件，而绝不是类似我国《侵权责任法》第2条第2款对权利和利益的具体列举。将我国《侵权责任法》第2条第2款解释为宣示性规定，特定的利益是否保护取决于"损害—行为违法—过失—因果关系"四要件的具体评判，即可摆脱"权利还是利益"的区分陷阱，使归责更为合理。

其次，对权利和利益在立法上采取同等保护，即以统一的"损害、行为违法、过失、因果关系"构成要件对权利和利益进行统一保护。在法律规范的适用范围方面不严格区别权利和利益，而在统一的侵权责任构成要件的具体判断过程中对权利和利益进行区别对待，进而实现权利和利益的区别保护，这正是法国抽象概括的一般条款模式的高明之处。这一规范技术首先有效回避了"权利和利益区分"这一大坑，使得司法者得以集中精力于通过对各构成要件的判断进行归责；而且，"同等保护权利和利益"仅停留于抽象的立法和形式上，在具体个案

---

① 王利明. 我国侵权责任法的体系构建：以救济法为中心的思考 [J]. 中国法学，2008（4）：6.

② 张新宝. 侵权责任法立法的利益衡量 [J]. 中国法学，2009（4）：183-184.

③ 张民安. 作为过错侵权责任构成要件的非法性与过错 [J]. 甘肃政法学院学报，2007（4）：13-16.

④ 姜战军. 侵权构成的非限定性与限定性及其价值 [J]. 法学研究，2006（5）：43.

⑤ 即"因故意和过失侵害他人权利或受法律保护的利益的人，对于因此所发生的损害负赔偿责任"。见最新日本民法 [M]. 渠涛，译. 北京：法律出版社，2006：151.

中，法官运用统一的构成要件进行具体归责时自然会考虑原告的具体权利或利益的价值位阶和被告的行为自由，进而做出契合私法体系的判断。陈忠五教授指出，权利与利益的本质相同，差异仅在于观察角度不同，区别保护的必要性仅在于权利的具体特定性和侵害权利的预见可能性与侵害利益赔偿范围的不确定性的矛盾，而在坚持立法上同等保护模式的前提下，司法过程中通过调整"损害""行为不法""过失"和"因果关系"等要件的认定标准，不难达到预期目的，从而根本不必采取立法上的区别保护①。

以下类案或可佐证以归属效能、排除效能和社会典型公开性区分侵权法上的权利和利益的困难，以及依据"损害、行为违法、过失、因果关系"统一的侵权责任构成要件进行具体判断的便利：

变型的齐玉玲案：在前网络时代，邮局工作人员因过失遗失高考学生甲的录取通知书而导致甲错失入学机会，则邮局是否应当赔偿甲错失入学机会的损失？法学界习惯于从受教育权的性质入手进行分析，但十八年来一直存在极大争议②。不妨换一个角度，从构成要件分析，该案是否符合统一的"损害、行为违法、过失、因果关系"侵权责任构成要件？诚然，邮局及其工作人员应当能够预见该邮件作为普通"物体"遗失的后果，但却无法预见到"错失入学机会"的后果，因此，让邮局对无法预见到的损害承担责任不仅无益甚至有害。但是，具体分析过失要件即可发现，过失即违反注意义务，而可预见性是注意义务的产生前提，既然邮局及其工作人员无法预见到遗失信件能导致他人"错失

①　陈忠五.契约责任与侵权责任的保护客体："权利"与"利益"区别正当性的再反思 [M]. 北京：北京大学出版社，2013：195 – 196.

②　于飞.权利与利益区分保护的侵权法体系之研究 [M]. 北京：法律出版社，2012：24 – 26.

入学机会"的后果，则邮局及其工作人员对"错失入学机会"的损失不存在注意义务，自然不构成过失，则邮局对该损失无责。反之，若所有寄送录取通知书的信封上均明确标示"高考录取通知书专用"字样，则邮局工作人员应当预见到遗失信件能导致他人"错失入学机会"的后果，遗失构成过失，邮局对该损失有责。可见，不纠结于受教育权的性质，从统一的侵权责任构成要件入手，具体分析邮局的注意义务及其责任承担，干净利落，远比从权利性质入手的分析清晰、明确，而且绝不存在所谓"保护过度"或"保护不足"的问题①。

侵害占有案：依据我国《物权法》第245条，"占有的不动产或者动产被侵占的，占有人有权请求返还原物；对妨害占有的行为，占有人有权请求排除妨害或者消除危险；因侵占或者妨害造成损害的，占有人有权请求损害赔偿"，则侵害占有的损害赔偿责任在侵权法体系中的地位如何？是否能将其归入"过失侵害绝对权"规则的调整范围？首先要明确的是，物权法主要通过规定具体的物权种类和内容来建立物权秩序，物权法规定占有是为了弥补"物权秩序"的不足：人对物的事实上的控制和支配是比"物权秩序"更加基础的社会秩序，更需要维护；为维护占有这一基本的社会秩序，物权法对占有事实的保护主要体现为对无权占有的保护，为此赋予占有以权利推定效力和物上请求权效力。既然物权法将占有定位为一种事实状态而非权利，并且将对占有事实的保护定位于对无权占有的保护，则占有显然不属于绝对权，因为无权占

---

① 于飞博士认为将受教育权归入法国模式过失侵权条款的保护会导致"保护过度"，不归入过失侵权条款的保护又会导致"保护不足"，导致此一误会的原因大概是于飞博士从德国法的逻辑出发，忽视了过失是自带"可预见性"这一前提的。参见于飞．权利与利益区分保护的侵权法体系之研究［M］．北京：法律出版社，2012：25．

有首先不具有利益归属效能——只有权利才能将特定的利益终局性归属于特定的民事主体，而法律对事实状态的占有所赋予的权利推定效力和物上请求权效力具有程序性和暂时性，仅为维持社会共同财产秩序所必需，从而不具有特定的利益归属效能。由于利益归属效能是排除效能和社会典型公开性的前提和基础，不具有利益归属效能的无权占有自然亦不具有排除效能和社会典型公开性，从而不属于侵权法上的绝对权。反之，依据"损害、行为违法、过失、因果关系"统一的侵权责任构成要件进行具体判断则很便利：损害作为前提性要件，权利人之外的人对占有的侵夺等行为明显是违法的，侵害占有的损害因具有可预见性而构成过失，从而与侵害占有具有相当因果关系的损害应予赔偿。

总之，在有些侵权案件处理中，权利和利益要么无法区分，要么区分困难，倒不如依据"损害、行为违法、过失、因果关系"统一的侵权责任构成要件进行判断来得便利。

三、我国侵权法一般条款建议稿

《侵权责任法》制定后，有学者以我国《侵权责任法》生效时间不长为由，主张对侵权法问题只能做解释论研究而不宜提立法论建议。本书不赞同此种观点，原因如下。

其一，我国现行《侵权责任法》所规定一般条款通过文义解释不易得出坚持违法性要件的结论，而通过妥当应用法律解释方法固然能够达到目的（具体操作方法见本书第三章），但毕竟存在名不副实且操作难度大的缺点，不宜为基层法官所理解，只能用之于不得已之时。

其二，一般条款在侵权法立法和司法裁判中具有重要功能（详见本书导论），其立法功能的发挥有赖于首先从立法上恰当地规定一般条款本身，然后才能以一般条款作为具体规定的前提；作为侵权法中最为重要的裁判规范，其裁判功能的发挥亦有赖于一般条款本身规定的科学性、合理性；其教育、引导和预防等社会功能的发挥则有赖于其立法表达的明晰和司法裁判的确定性。为确保以上诸功能的有效发挥，我国侵权法应当尽可能通过立法规定科学合理的一般条款。

其三，我国素有法典化和立法主导的法治传统，一般条款作为重要的立法问题，在立法阶段解决问题比在司法阶段解决问题更有效率。法律的颁行并不意味着不能进行立法变革，因为"健全的立法不仅可以大大减轻司法的负担，还可以让司法免于许多无谓的指责"①。对立法的尊重仅意味着立法变革需要持审慎态度，应当具有充足的理由。

其四，目前的民法典编纂为我们重新审视和探讨我国侵权法一般条款进而对其进行必要修改提供了一个契机，我们应当把握机会，群策群力，力争制定出符合我国国情和司法实践需要的侵权法一般条款，以降低司法难度和成本。

综上，对我国侵权法一般条款进行修改确有必要，从立法上解决问题是我国处理该问题的"上策"。只要可行，就应当优先考虑在立法阶段解决问题。

基于前述分析，在侵权法对权利和利益区别保护的问题上，"立法上的区别保护模式"由于权利和利益的区分困难而无法实现其立法的价值追求目的；"动态系统理论"给法官预留的自由裁量权过大，也不适合我国借鉴；故本书以"司法中的权利与利益区别保护"为理论指导，提出我国侵权法一般条款修改建议稿，以供学界探讨和立法者参考。

---

① 周友军. 论我国过错侵权的一般条款 [J]. 法学，2007（1）：91.

第×条：一般条款

行为人违法侵害他人民事权益造成损害，有过错的，应当承担侵权责任。

上述条款具有以下特点：

1. 在法国模式和德国模式之间进行再平衡、取其中。在过错侵权一般条款的规定方式方面，立足于价值判断、政策选择和技术操作，德国的三大类型化条款与法国的抽象概括条款均有值得我国借鉴之处，但也都不适合我国直接照抄；而取两者之所长的折中模式则有望能够发挥法国模式和德国模式各自之所长。故建议稿在概念表述方面接近法国模式，但其实质内容则接近德国模式，坚持违法性要件。

2. 建议稿有望扬长避短，充分发挥一般条款的功能和作用。抽象概括的一般条款有望克服德国模式的死局——权利和利益区别保护—针对权利和利益分别规定不同的构成要件—法律适用必须严格区别权利和利益——不仅绕开了权利和利益进行严格区别的困境，而且能弥补德国模式保护不足的问题。

小　结

在侵权法一般化的范围和程度方面，立法过度的一般化对司法实践没有积极意义，一般条款应当限于概括"对自己的过错行为的侵权责任"，而不是概括一切侵权责任。在过错侵权一般条款规定方式方面，德国的大类型化模式与法国的抽象概括模式各有所长，均有值得我国借鉴之处。立足于立法论，在内容方面，我国侵权法一般条款应当明确规定违法性要件；在规定方式方面，德国侵权法所奉行的"立法上的区别保护模式"，僵化的区别保护导致价值判断失衡，且由于司法实践中权利与利益区分的困难导致该模式的预期目标难以实现，不如依据"损害、行为违法、过失、因果关系"统一的侵权责任构成要件进行判断更加便利。鉴于一般条款在侵权法立法和司法实践中的重要功能的发挥有赖于首先从立法上恰当地规定一般条款，立法阶段解决问题比司法阶段解决问题更有效率，对我国侵权法一般条款进行修改确有必要，据此提出我国侵权法一般条款建议稿。

第三章

侵权法一般条款的具体化

法的一般化和具体化是一对矛盾。概括性的一般条款在司法中难免背离形式理性，破坏法的安定性，不利于法治秩序的形成，因而有必要进行适度的具体化，以更好地实现其规范目的和社会功能。本章首先对我国《侵权责任法》中的一般条款进行确定，考察各国对一般条款进行立法具体化的必要性、限度与具体方法，然后在借鉴比较侵权法学的研究成果和总结我国侵权法司法实践经验的基础上，对我国侵权法一般条款所规定的"损害、行为违法、过失、因果关系"四要件进行学理解释，以有助于一般条款的适用。

第一节　我国《侵权责任法》中一般条款的确定

鉴于学者在《侵权责任法》制定过程中并未就一般条款的规定方式达成一致，《侵权责任法》颁布后，就我国侵权法一般条款的确定问题，侵权法学界仍然存在激烈争论。本节对我国《侵权责任法》中的一般条款进行确定。

一、第 2 条第 1 款不能解读为一般条款

以杨立新教授为代表的学者认为我国《侵权责任法》实际采取"大小搭配的双重侵权责任一般条款",第 2 条第 1 款①为大的一般条款,解决侵权法的保护范围问题,第 6 条第 1 款②为小的一般条款,解决过错侵权责任的裁判依据问题。杨立新教授如此解读的理由是,大的一般条款对应于侵权行为的全面类型化,小的一般条款对应于特殊侵权行为的规定,但我国侵权法对具体侵权行为的类型化既不是采取全面类型化又不是单纯规定特殊侵权责任,它包括适用无过错责任、过错推定责任的那些特殊侵权责任,同时包括有些适用过错责任的一般侵权责任,所以我们需要一个大的也需要一个小的③。梁慧星、刘士国教授的观点与之接近,均主张《侵权责任法》第 2 条第 1 款为我国侵权法一般条款④⑤。本书不赞同上述观点,理由如下:

其一,第 2 条第 1 款所表露出来的文义本身并没有明确侵权责任的构成要件,而学界公认的侵权法一般条款应当能够作为裁判规范⑥。梁慧星教授认为"依照本法"四个字不仅指明了归责原则,即本法第 6 条和第 7 条,而且指明了责任形式,即本法第 15 条、21 条等,故第 2

---

① 即"侵害民事权益,应当依照本法承担侵权责任"。

② 即"行为人因过错侵害他人民事权益,应当承担侵权责任"。

③ 杨立新. 中国侵权责任法大小搭配的侵权责任一般条款 [J]. 法学杂志, 2010
(3).

④ 梁慧星. 我国"侵权责任法"的几个问题 [J]. 暨南学报, 2010 (3).

⑤ 刘士国."侵权责任法"第二条规定之解析 [J]. 暨南学报, 2010 (3).

⑥ 王利明教授在其新作中反对将第 2 条第 1 款理解为一般条款,其主要理由即该条款未规定责任构成要件。王利明. 侵权责任法研究:上卷 [M]. 北京:中国人民大学出版社, 2011: 77.

条第 1 款包括了一般条款的所有要素①。但是，强调"依照本法"承担侵权责任似乎没有意义，因为我国《侵权责任法》的法典化程度是有限的，特别侵权法的出现不可避免，而且特别法优先适用。相比之下，张新宝教授的解释更为合理，即该条在审议过程中增加"依照本法"四个字就是为了避免"依照本条"裁判案件，对本条进行改良的目标就是"改到它不能判案为止"②。

其二，大的一般条款将使我国司法实践中"向一般条款逃逸"的弊端更加突出，不利于促进司法裁判的确定性。我国的司法实践在援引法条时具有强烈的"向一般条款逃逸"倾向③，为纠正此弊病，促进司法的确定性，立法应当尽可能遏制司法向一般条款逃逸的倾向。若将《侵权责任法》第 2 条第 1 款解读为我国侵权法的一般条款，即意味着法官裁判侵权案件只需援引该条作为唯一的裁判准据，从而导致法官援引法条"永不出错"，无形中剥夺了对法官进行监督的机会，使得法官可以堂而皇之地向一般条款逃逸，因此这种做法实在不可取④。

其三，杨立新教授主张《侵权责任法》第 2 条第 1 款为大的一般条款的理由不充分。如前所述，他认为我国需要一个大的一般条款的主要理由是，小的一般条款对应于特殊侵权的列举规定，若侵权法只规定小

---

① 梁慧星. 我国"侵权责任法"的几个问题 [J]. 暨南学报，2010 (3) 5.

② 张新宝. 侵权责任法的解释论 [EB/OL]. 中国民商法律网，2012 – 02 – 01.

③ 笔者经常见到民事判决书直接援引《民法通则》第 4 条（民事活动应当遵循自愿、公平、等价有偿、诚实信用的原则）和第 84 条（债是按照合同的约定或者依照法律的规定，在当事人之间产生的特定的权利和义务关系，享有权利的人是债权人，负有义务的人是债务人。债权人有权要求债务人按照合同的约定或者依照法律的规定履行义务）判案，而且没有任何说理过程。

④ 其实，一般条款作为裁判准据的独立性是相对的，换言之，绝对的完全法条是不存在的，从这个意义上讲，第 2 条和第 6 条第 1 款作为一般条款没有本质区别。问题的关键在于，如果将第 2 条第 1 款作为侵权案件唯一的裁判准据，将使得"向一般条款逃逸"完全合法化了，这在理论和实践方面的接受难度都较大。

的一般条款，那么只能对特殊侵权做列举性规定；但我国侵权法对侵权责任的具体列举包括了有些适用过错责任的一般侵权，所以我们需要一个大的一般条款。笔者反复阅读杨立新教授的相关文字，发现其主张大的一般条款的理由完全建立在形式逻辑层面，而缺少实质考量与司法实践需求的支撑，因此不具有理论说服力。

二、第 6 条第 1 款适合作为一般条款

以王利明教授为代表的学者主张《侵权责任法》第 6 条第 1 款为侵权责任一般条款。王利明教授认为第 6 条 1 款规定了过错责任一般条款即一般归责原则，是普遍适用于法律规定和没有规定的各种情形的一般条款①。值得注意的是，《侵权责任法》通过后，张新宝教授一改过去明确主张侵权法采取全面的一般条款的做法，承认第 6 条第 1 款是"真正的帝王性质的一般条款"②。

与《侵权责任法》其他条款相比，第 6 条第 1 款更适合作为侵权法一般条款：其规定了责任构成要件，比第 2 条更适宜作为裁判规范；过错责任的一般条款不会导致我国司法实践中"向一般条款逃逸"的弊病更加泛滥；该条文集中体现了侵权法的基本理念，构成整个侵权法的基石；该条文的适用范围具有开放性，能弥补侵权法具体条款适用范围的局限，容纳对绝对权、相对权和法益的保护。

依据本书第二章，立足于立法论，基于对侵权法规范模式选择的前提性制约因素在当今中国社会具体情况的分析，我国本应适当借鉴德国侵权法大类型化模式，在过错侵权一般条款中明确规定违法性要件。若

---

① 王利明. 侵权责任法研究：上卷 [M]. 北京：中国人民大学出版社，2011：113.
② 张新宝. 侵权责任一般条款理解与适用 [J]. 法学研究，2012（10）.

立法者在民法典编纂过程中拒不修改和完善现行《侵权责任法》第 6 条第 1 款，我们只有不得已而通过解释论来纠正过错侵权责任过于宽泛的弊端。关于《侵权责任法》第 6 条第 1 款在司法实践中具体如何借鉴比较侵权法学的研究成果和总结我国侵权法司法实践经验进行类型化解释，将在本章第二、三节予以详论。

三、其他条款不宜解读为一般条款

《侵权责任法》第 6 条第 2 款规定，"根据法律规定推定行为人有过错，行为人不能证明自己没有过错的，应当承担侵权责任"。第 7 条规定，"行为人损害他人民事权益，不论行为人有无过错，法律规定应当承担侵权责任的，依照其规定"。这是有关过错推定归责原则和无过错责任原则的规定。这两个条款不宜解读为我国侵权法的一般条款，因为各条文本身即已表明，过错推定责任和无过错责任仅适用于法定情形，在特定的历史时期其适用范围不具有开放性，其不具有弥补侵权法具体条款适用范围局限性的功能，仅为我国侵权法理论中"过错推定责任"和"无过错责任"这两大归责原则理论在法律规范层面的体现，是立法高度理论化的产物，即使删除该条文也完全不影响《侵权责任法》的适用，故不宜解读为一般条款。

《侵权责任法》第 24 条规定，"受害人和行为人对损害的发生都没有过错的，可以根据实际情况，由双方分担损失"。该条来源于《民法通则》第 132 条，法学界对其是否确立了一个独立的归责原则存在争议。王利明教授的观点前后有变①②。本书认为，鉴于公平责任没有独

---

① 王利明. 侵权行为法归责原则研究 [M]. 北京：中国政法大学出版社，2003：28.
② 王利明. 侵权责任法研究：上卷 [M]. 北京：中国人民大学出版社，2011：260.

立的归责基础①，其不是我国侵权法中一个独立的归责原则，只是特殊情况下对损失进行公平分担的规则②。就文义解释而论，第24条的规定具有一定的概括性，则如何确定其适用范围？能否将其解读为一个开放式的一般条款？王利明教授对此持反对意见，他认为，公平责任仅适用于法律规定的特殊情况③，具体包括《侵权责任法》第31、32、33、87条④。周友军博士也反对将第24条解读为一般条款：其一，把第24条解读为一般条款将会造成与第6条第1款即过错责任一般条款的冲突；其二，公平责任以当事人财产状况为基础，开放其适用范围势必动摇侵权法的私法定位；其三，大量适用第24条将损害法的安定性⑤。鉴于侵权法的兜底性归责原则只能有一个，否则难以调和其冲突，因此本书反对将第24条解读为一般条款，其只能适用于法定情形。

《侵权责任法》第69条规定，"从事高度危险作业造成他人损害的，应当承担侵权责任"，该条文也具有一定的概括性，可否解读为一般条款？早在《侵权责任法》制定过程中，就有学者主张，现代工业社会是风险社会，为积极回应风险社会的需求，在侵权法中应当规定危险责任的一般条款，并进行必要列举，即采取一般化与类型化相结合的

---

① 公平本身不能作为独立的归责基础，因为过错责任和危险责任也是体现公平的。
② 主持《侵权责任法》立法工作的法工委同志对于将《民法通则》第132条规定的法律后果"分担民事责任"修改为《侵权责任法》第24条的"分担损失"做如此解释："无过错即无责任是承担侵权责任的基本原则，既然双方当事人对损害的发生都没有过错，那么行为人就不应承担责任，而只能是分担损失。"参见王胜明. 中华人民共和国侵权责任法释义 [M]. 北京：法律出版社，2010：119.
③ 王利明. 侵权责任法研究：上卷 [M]. 北京：中国人民大学出版社，2011：256.
④ 王利明. 侵权责任法研究：上卷 [M]. 北京：中国人民大学出版社，2011：266－268.
⑤ 周友军. 侵权责任认定 [M]. 北京：法律出版社，2010：39－40.

道路①②。虽然欧美均有学者呼吁对危险责任进行一般条款化，但各国均停留在立法草案或建议稿阶段③。至今真正将危险责任一般条款付诸立法实践的除我国大陆外仅我国台湾地区新修订"民法"第191条之3④，它虽然是危险责任一般条款，却采取过错推定，可见立法者对无过错责任一般条款的谨慎态度。王利明教授认为，大陆法的危险责任即一般所谓的严格责任，其范围过于宽泛，故不宜一般条款化。《侵权责任法》最终区分高度危险责任与一般危险责任，将高度危险责任设置为小的一般条款，将一般危险责任类型化为产品责任、机动车交通事故责任、环境污染责任、饲养动物损害责任、物件损害责任等⑤。他认为第69条构成高度危险责任的一般条款：其一，第69条规定了构成要件和法律后果，可以作为裁判依据；其二，第69条的适用范围没有"法律规定"的严格限制，具有开放性；其三，立法者的本意是将其作为高度危险责任的一般条款来设计的⑥。

由于第69条的实质是无过错归责，体现了比过错责任更加严格的归责要求，为维护第6条第1款的一般条款地位，尊重"非过错归责仅适用于法定情形"这一立法目的⑦，防止法官自由裁量权无限扩大，第

---

① 朱岩. 危险责任的一般条款立法模式研究［J］. 中国法学，2009（3）.

② 赵家仪，金海统. 高危险民事责任与民法典关系研究［J］. 中国法学，2004（3）.

③ 朱岩. 危险责任的一般条款立法模式研究［J］. 中国法学，2009（3）.

④ 该条规定，"经营一定事业或从事其他工作或活动之人，其工作或活动之性质或其使用之工具或方法有生损害于他人之危险者，对他人之损害应负赔偿责任。但损害非由于其工作或活动或其使用之工具或方法所致，或于防止损害之发生已尽相当之注意者，不在此限"。

⑤ 王利明. 论高度危险责任一般条款的适用［J］. 中国法学，2010（6）.

⑥ 王利明. 侵权责任法研究：下卷［M］. 北京：中国人民大学出版社，2011：499 - 500.

⑦ 既然承认第6条第1款的一般条款地位，具有兜底功能，则无过错归责也就必然只能适用于法定情形，这是对侵权法的归责原则进行体系解释的必然结论。

69 条不宜解读为我国侵权法一般条款①。一般条款的本质不在于其条文表述的概括性，而在于适用范围的开放性；法律条文不是学者把玩的对象，而是法官裁判纠纷的准据，文义解释只是法律解释的一种方法而非唯一方法。因此，司法实践中不宜将第 69 条解读为一般条款。

第二节　侵权法一般条款的立法具体化

一、立法具体化的必要性与限度

（一）立法具体化的必要性

法的一般化和具体化是一对矛盾。一般条款是立法一般化、体系化走向极致的表现。问题是，法律终究以规范社会关系为目的，而社会关系及其纠纷总是具体的，则一般条款能否胜任其规范目的？法律的具体化、复杂化是由社会关系及其纠纷的复杂化所要求的。"倘若通过宽泛的一般条款或不确定的概念来减少规范的数量，那么这种简化未免过于肤浅。倘若照这样推理下去，整个刑法可以简化为一条规则，即：'不适当的行为要受到适当的惩罚。'"② 因此，立法的简洁本身并不具有终

---

① 其实王利明教授也承认，"该一般条款的设立是侵权责任法的重要创新"，"在比较法上，尚无危险责任一般条款法定化的先例可循"；由于"过错责任的一般条款表达了侵权责任法上最核心的价值判断结论，表明了一个国家和地区在平衡受害人救济和社会一般行为自由方面的最重要的价值判断结论"，因此第 69 条的适用范围应当严格限于高度危险作业，"最好和特别规定结合适用，以弥补其他条款具体列举的不足"。参见王利明. 论高度危险责任一般条款的适用［J］. 中国法学，2010 (6).

② ［德］魏德士. 法理学［M］. 丁晓春，吴越，译. 北京：法律出版社，2005：22.

极价值，立法是为司法服务的，法律作为法官裁判社会纠纷的准据，应当以适应司法实践需要为依归，能简就简，该繁则繁。

成文法和法典化法原则上是形式理性的，即立法者通过制定具体规则固化业已形成的价值判断共识，法官通常依据具体规则判案即可，不必频频进行价值判断和自由裁量，从而既减轻了司法的难度，又限制了法官的自由裁量权，这样更有助于提高司法的效率、树立司法的权威。而且在形式理性的法治环境下，法官原则上依法办事即可，能动司法的机会并不多①。然而一般条款却更多体现出对形式理性的背离——抽象概括的语言表述导致一般条款规范对象内涵的不确定性和外延的开放性，需要结合规范目的进行解释，甚至免不了进行利益衡量；而且其适用范围具有相对开放性，适用过程具有自由裁量性。在依据一般条款判案时，由于利益衡量和实质考量的常态化，为法官进行自由裁量提供了更多机会，无形中增加了司法的难度，导致法官自由裁量权过大和司法的效率低下，不利于司法权威的树立和法治秩序的形成。杨立新教授指出，"简洁明快、概括性极强的侵权行为法，需要高素质的法官"，"需要系统、复杂的侵权行为法理论支撑"②③。美国学者的研究表明，某类案件经由法院判决的结果越清楚，当事人就越容易达成和解，相反，

---

① 我国司法实践中强调能动司法导致的司法现状是实质考量常态化，这固然能掩盖立法本身所存在的问题和不足，有助于弥补立法的滞后，并在短期内有利于化解社会矛盾和纠纷，但这种立法与司法不分的做法却导致司法效率的低下，且不利于法治秩序的建立。司法阶段的实质考量不可避免，但是过多的实质考量与成文法的精神相悖，而且实质考量意味着法官在特定案件中既是立法者又是司法者，会导致司法效率低下，且不利于法治的统一，具有破坏法治的危险。

② 杨立新. 论侵权行为一般化和类型化及其我国侵权行为法立法模式选择 [J]. 河南省政法管理干部学院学报，2003（1）：8-9.

③ 杨立新. 论埃塞俄比亚侵权行为法对中国侵权行为法的借鉴意义 [J]. 扬州大学学报，2005（5）.

应当适用的规则越不确定，争议诉诸法院的可能性就越大①。法治是规则之治，法律规则和司法判决的确定性能够极大地促进法治秩序和社会秩序的形成，从而促进社会的和谐与稳定，还能从根本上减少滥诉案件的数量，缓解法院"案多人少"的压力②；反之，裁判标准的不清晰会导致诉讼的不适当增加③，使法院不堪重负。

综上，概括性的一般条款在司法中不可避免地背离形式理性，破坏法的安定性，不利于法治秩序的形成，因而有必要通过适度具体化来更好地实现其规范目的和社会功能。我国作为立法主导的国家，在立法层面对一般条款进行具体化确有必要。

（二）立法具体化的方法考察

《法国民法典》④ 关于侵权法的规定共 5 条，其中第 1382 条和第 1383 条是典型侵权即过错侵权责任的一般条款，第 1384 条第 1 款是准侵权即对他人行为和物致人损害责任的一般条款，第 2 款以后和第 1385 条、第 1386 条是对准侵权的列举。因此，《法国民法典》对过错侵权只有一般条款的概括规定，而没有任何具体化的规定；法国一般条款的具体化主要由法官在司法阶段通过对一般条款的解释来实现。

《德国民法典》⑤ 第 823 条至第 853 条是侵权法，其中第 823、第

① ［美］文森特・R・约翰逊. 美国侵权法［M］. 赵秀文，等译. 北京：中国人民大学出版社，2004：4.
② 苏力教授认为，导致我国法院目前"案多人少"的根本原因是诉讼成本低，因此他开出的"药方"是提高诉讼费。参见苏力. 审判管理与社会管理：法院如何有效回应"案多人少"？［J］. 中国法学，2010（6）：176. 笔者认为，诉讼成本低只是我国法院目前案件过多的诱因，而根本原因是实体法、程序法和司法体制的超不确定性导致基本的法治秩序没有形成，因此，提高诉讼费只能治标不能治本，治本则必须从增强法律规则和司法判决的确定性着手，从而促进法治秩序的形成。
③ 纠纷和诉讼的频发绝不是法治成功的标志，因为法治一定意味着基本的秩序。
④ 法国民法典［M］. 罗结珍，译. 北京：法律出版社，2005：330 - 331.
⑤ 德国民法典［M］. 陈卫佐，译注. 北京：法律出版社，2004：265 - 271.

826 条是对过错侵权的大类型化规定；第 827 条至第 830 条是对过错侵权的特殊情况的规定，包括精神错乱免责、未成年人免责、公平责任、共同侵权责任；第 831 条至第 841 条是对准侵权责任的列举性规定；第 842 条至第 851 条是侵权损害赔偿的特殊规定①；第 852、第 853 条是侵权时效的特殊规定。《德国民法典》对过错侵权采三大类型化规定，但立法对三大类型化条款未做具体化规定，其具体化主要通过学者和法官的解释来实现。

《瑞士债法典》② 第 41 条至第 61 条是侵权法，其中第 41 条是过错侵权责任一般条款，第 42 条规定损害，第 43 条规定赔偿额的确定，第 44 条规定赔偿额的减免，第 45 条规定死亡赔偿，第 46 条规定身体伤害赔偿，第 47 条规定伤亡的一般损害赔偿费，第 48 条已废除，第 49 条规定人身损害的惩罚性赔偿，第 50 条规定共同侵权责任，第 51 条规定不同债因的关系，第 52 条规定阻却违法事由，第 53 条规定民事责任与刑事责任的关系，第 54 条规定无行为能力人的责任，第 55 条至第 57 条列举了雇主责任、动物致害两种准侵权责任和捕捉动物作为保全方式，第 58 条至第 59 条规定建筑物业主的责任，第 60 条规定诉讼时效，第 61 条规定公务人员的责任。在 20 个非一般条款中，第 42 条至第 49 条是对一般条款有关侵权损害赔偿额的补充性规定，第 50、第 52 条是对共同侵权和抗辩事由的规定。瑞士民法没有对过错侵权一般条款进行具体列举。

为响应欧洲议会有关制定《欧洲民法典》的决议，以欧洲学者为

---

① 德国民法典对损害赔偿的一般规定在 249 条以下，即 "债法总则" 部分。
② 瑞士债法典 [M]. 吴兆祥，石佳友，孙淑妍，译. 北京：法律出版社，2002：10 – 14.

主的法学家于 21 世纪初编纂了《欧洲统一侵权行为法典》草案①和《欧洲侵权法原则》文本与评注②。以上两个法律草案均规定了过错侵权一般条款，但未对一般条款进行具体列举，仅有补充性和解释性规定。

　　诞生于 20 世纪 60 年代的《埃塞俄比亚民法典》③ 第 2028 条规定，"任何人应对因过犯给他人造成的损害承担赔偿责任"，这可解读为其侵权法的一般条款。法典第 2029 条规定了过犯的概念，即过犯在主观上可以是故意或过失，在客观上可以是作为或不作为；第 2030 条至2036 条列举规定了过犯的常见种类，包括违反善良风俗、职业过失、故意伤害、权利滥用、违反法律、执行上级命令；第 2037 条规定了"违反合同义务不视为过犯"规则，这遵循了法国法系处理侵权与违约关系的惯常做法；第 2038 条至 2064 条列举规定了过犯的特殊种类，包括攻击他人身体、干涉他人自由、诽谤他人、侵犯配偶权、非法侵入他人土地或房屋、非法占有他人财产、缔约过失、侵害合同债权、不公平竞争、提供虚假信息、不适当扣押债务人财产、违规执行法院命令。这种具体列举与英国侵权法颇为类似。《埃塞俄比亚民法典》中的侵权法是综合了大陆法一般条款与英美法具体列举的一种新型做法。

　　可见，大陆法系典型民法典，包括两个欧洲侵权法草案，都主要通过对损害、因果关系、过错和违法、抗辩事由、责任形式、共同侵权等进行补充性、解释性规定来实现对侵权法一般条款的立法具体化；而通

---

①　该草案的提纲参见张新宝. 侵权行为法立法体系研究［M］//私法研究. 北京：中国政法大学出版社，2003：177.

②　欧洲侵权法小组. 欧洲侵权法原则：文本与评注［M］. 于敏，谢鸿飞，译. 北京：法律出版社，2009：3 - 16.

③　徐国栋. 埃塞俄比亚民法典［M］. 薛军，译. 北京：中国法制出版社，2002：370 - 378.

过具体列举来实现一般条款具体化的立法例仅限于《埃塞俄比亚民法典》。

（三）立法具体化的限度

因为一般条款是以一般侵权①为规范对象的，故一般条款的具体化首先面临一般侵权与特殊侵权的区分问题。而且探讨一般条款的具体化必然涉及对一般侵权的具体列举和对特殊侵权的具体列举的区分，仅从形式上对这两种具体列举进行区分是难以奏效的，这也要求采用从实质上区分一般侵权与特殊侵权。侵权法学界对一般侵权有不同认识。王利明教授主张不能将一般侵权等同于过错侵权，因为特殊侵权不限于严格责任侵权行为，若某类过错侵权行为在责任构成或责任承担、举证责任等方面与一般条款相比有特殊性，即属于特殊侵权②。张新宝教授以是否列举作为区分一般侵权与特殊侵权的标准，主张在侵权法采取"全面的一般条款＋全面列举"模式下区分一般侵权与特殊侵权没有意义③；他将侵权责任分为对自己加害行为的责任、对他人致人损害的责任、对物件致人损害的责任、对危险的责任，但这种分类与一般条款的具体化没有直接关系；但他提出侵权法立法的利益衡量应当区分一般利益衡量与特殊利益衡量④，值得参考。

本书从利益衡量和规制方法出发，将一般侵权界定为需要进行一般

---

① 通常把能够涵摄到侵权法一般条款所规定要件中的侵权称为"一般侵权"。本书继续沿用"一般侵权"概念，是基于尽可能使用学界广泛认同的概念，以便于学术交流。

② 王利明．论侵权责任法中一般条款和类型化的关系［J］．法学杂志，2009（3）：18.

③ 张新宝．侵权法立法模式：全面的一般条款＋全面列举［J］．法学家，2003（4）：29.

④ 张新宝．侵权责任法立法的利益衡量［J］．中国法学，2009（4）：179.

利益衡量的侵权关系，即应当将双方当事人进行"强式意义上的平等对待"① 的侵权关系，也就是将侵权关系当事人双方视为平等的人，对原告的权益保护和被告的行为自由予以平衡保护。而特殊侵权是需要进行特殊利益衡量的侵权关系，即在承认特定群体、特定领域存在"优势群体利益与弱势群体利益"② 的前提下，对弱势一方的利益进行适当地倾斜保护，以实现实质的公平和正义。虽然特殊侵权规范在立法上采取具体列举的规范模式③，但这种具体列举与一般条款的具体化无关。

"法治既不是规则之治，也不是原则之治，而毋宁说是规则和原则的某种适度的混合。"④ 这或可作为我们在侵权法领域采取一般条款与具体列举相结合的立法模式的法理基础。法治首先是规则之治，法律是"游戏规则"而不是"游戏原则"，故法律的常态是具体规则而不是抽象的原则和一般条款。抽象概括的一般条款为法官追求个案正义提供了充足的机会，而具体列举条款则有助于判决的确定性和实现法的安全价值。故"一般条款＋具体列举"模式能够更好地兼顾法的正义和安全价值⑤。

但具体列举本身并不是目的，而是为了裁判阶段适用法律的方便。对侵权法一般条款进行具体列举仅在下列情况下才确有必要：特定的过错侵权责任虽然在构成要件、免责事由、责任方式、举证责任等方面均没有特殊性，但一般条款不能很好地适用，而具体列举有助于法官准确

---

① 王轶．民法价值判断问题的实体性论证规则［J］．中国社会科学，2004（6）：107–111.

② 张新宝．侵权责任法立法的利益衡量［J］．中国法学，2009（4）：186–189.

③ 与此具体列举的规范模式相对应，弱者的身份应当限制在法定的范围内，法官对此无权自由裁量。比如过错推定、因果关系推定、无过错责任的适用范围均应当法定。

④ 李可．原则和规则的若干问题［J］．法学研究，2001（5）：80.

⑤ 徐国栋．民法基本原则解释［M］．北京：中国政法大学出版社，2004：363，368.

适用一般条款来裁判案件。立法者应当把握具体列举的度，立法仅需在司法实践所需要的场合进行示例性列举，而所谓"全面的具体列举"①既没有必要也不可能。没有必要的所谓全面列举是对一般条款的无谓重复，是违反一般条款规范模式设置初衷的。英美侵权法的具体列举并不能称为"全面列举"，因为无论其判例法还是成文法，都是司法经验的总结，是对司法实践需求的回应，而不是法学家理论思维的结果。大陆法国家在严格的三权分立思想指导下的全面列举也是不可行的，这已经为1794年普鲁士普通邦法的实践所证实，因为"即使是最有远见的立法者也无法通过罗列的方式在法的规范中穷尽社会生活事实，诚如德国法学家恩基希（Engisch）所言，'生活啐弃立法者的远见'"②。总之，立法仅需必要和适度地列举，即对司法实践中经常使用而直接适用一般条款又确有困难的侵权形态进行适当列举，以增强法律的实用性和通俗性，而不必过分追求列举的完整性和绝对的细化。

对概括性的一般条款进行具体化是立法者、司法者和学术界共同的使命。本节主要基于立法论，对侵权法一般条款在责任构成和责任承担方面的具体化问题进行立法探讨和理论解说。基于解释论的具体化见本章第三节。

二、对责任构成的立法具体化

（一）解释性规定

如前所述，《法国民法典》《德国民法典》《瑞士债务法》和《埃

---

① 杨立新. 论埃塞俄比亚侵权行为法对中国侵权行为法的借鉴意义 ［J］. 扬州大学学报，2005（5）.

② 朱岩. 民法典一般条款研究 ［J］. 月旦民商法杂志，2005（3）.

塞俄比亚民法典》均没有直接针对过错侵权责任构成要件进行解释性规定，例外的是欧洲法学家编纂的《欧洲侵权法原则》文本，其通过"第二章损害、第三章因果关系、第四章过错"，对过错侵权责任构成要件进行了详细规定。

我国《侵权责任法》第二章对一般侵权责任的过错、损害、因果关系的认定没有任何具体规定。其实，即使有抽象规定也很难发挥作用，杨立新教授在其"侵权责任法草案建议稿"① 中分条对过错、损害和因果关系进行了专门规定，但该规定只是对过错、损害和因果关系概念的界定，虽然在理论上具有对一般条款进行解释的意义，但由于其过于理论化，对于司法实践操作没有实质意义。比如其第二条规定了过错："过错包括故意和过失。行为人有意造成他人损害，或者明知其行为会造成他人损害仍实施加害行为的，为故意。行为人由于疏忽或者懈怠，对损害的发生未尽合理注意义务的，为过失。"该规定对于法官在个案中认定故意和过失没有实质意义，从而仅具普法宣传意义。杨立新教授在建议稿中的做法最终没有成为《侵权责任法》的正式条文，反映出立法决策者已经认识到法治实践与法学理论之间不能画等号，不是所有的理论研究成果都可以"入法"的，法律条文要尽可能具有实践操作价值。我国未来在一般侵权责任的构成要件问题上应当坚持现有的做法，即立法不做僵化的规定，给学术争鸣和司法实践经验的填补预留必要的空间。

（二）具体列举

从侵权责任构成角度对侵权法一般条款进行具体列举的可行性取决

---

① 杨立新，张新宝，姚辉. 侵权法三人谈 ［M］. 北京：法律出版社，2007：313 - 358.

于是否能找到合适的分类标准，即采取特定的标准对一般侵权进行具体列举是否有利于法官适用法律。由于本文将依据归责原则、构成要件、免责事由和举证责任方面的特殊性进行的列举归入特殊侵权的范畴，故本节在此尝试寻求其他分类标准。

1. 按照权利和利益的具体种类对一般条款进行具体列举

《民法通则》第 117 条规定了侵害财产权的侵权责任，第 118 条规定了侵害知识产权的侵权责任，第 119 条规定了侵害生命健康权的侵权责任，第 120 条规定了侵害人格权的侵权责任，这属于典型的按照权利种类列举侵权责任。这种具体列举的条文连归责原则都不确定，自然无法作为独立的裁判准据，其仅能反映出侵害不同的民事权利所应当承担的侵权责任的方式不同。

杨立新教授主持起草的"侵权责任法草案"第二章是对过错侵权的具体列举，其中前五节按照权利种类的不同分别列举了侵害生命权、健康权和身体权等物质性人格权的侵权责任，侵害姓名权、肖像权、名誉权、隐私权等精神性人格权的侵权责任，妨害婚姻家庭关系的侵权责任，侵害物权的侵权责任和侵害其他财产权的侵权责任[①]。从这些列举也仅能反映出侵害不同的民事权利所应当承担的侵权责任方式不同。鉴于这种具体列举对于法官判断案件是否构成侵权责任没有实质意义，是一种失败的尝试，故《侵权责任法》没有采纳此种具体列举方式。

2. 按照侵权发生的生活场景对一般条款进行具体列举

杨立新教授的"侵权责任法草案建议稿"第二章第六、七、八节

---

① 杨立新，张新宝，姚辉. 侵权法三人谈 [M]. 北京：法律出版社，2007：321 – 327.

是对商业侵权、媒体侵权和滥诉侵权的列举性规定①，这是依据侵权行为发生的生活场景的不同进行的列举。值得注意的是，由于分类标准不同，该建议稿依据"生活场景"的列举与依据"权利类别"的列举形成了交叉和重复，比如媒体侵权的规定与侵害名誉权、隐私权的规定存在交叉，一不小心就会导致条文之间的冲突与竞合。

《侵权责任法》第七章规定了医疗损害责任，这也属于按照侵权行为发生的特殊生活场景进行的列举性规定。根据第54条，医疗损害责任原则上采用过错责任，但对其进行规定的主要目的是为了结束在我国长期存在的医疗事故与非医疗事故二元化处理模式，在医疗损害归责原则存在激烈争议的情况下明确医疗损害责任以过错责任为主的归责原则，同时规定特殊情况下的过错推定②。因此，这种列举性规定对我国的司法实践具有重要意义。

《埃塞俄比亚民法典》第2030条至2065条是对过错侵权一般条款的具体列举。该具体列举是民法典的编纂者充分借鉴英美侵权法规范模式的结果。作为一个法治相对滞后的国家，埃塞俄比亚在进行法律移植的过程中采取具体列举技术确有其好处，既保持了其侵权法的体系性，又增强了法律的通俗性和可操作性，值得我国借鉴。但《埃塞俄比亚民法典》在对过错侵权一般条款进行具体列举时也有基于实用主义的考虑，即只对常用的类型和依据一般条款进行认定有难度的类型进行列举，而没有追求所谓全面列举。而且大陆法的一般条款与英美法的具体列举相结合到底诞生的是精品还是"怪胎"，这有赖于进行实证考查，

---

① 杨立新，张新宝，姚辉. 侵权法三人谈 [M]. 北京：法律出版社，2007：327 - 331.
② 王胜明. 中华人民共和国侵权责任法释义 [M]. 北京：法律出版社，2010：274 - 280.

可惜我们缺少这方面的素材①。

按照侵权责任发生的特殊生活场景对一般条款进行具体列举，应当谨慎考虑其必要性，以免违背一般化立法模式的初衷和具体列举的目的。这种具体列举仅在有助于法官准确适用法律裁判个案时才有必要，才具有可行性。具体应当考虑特定类型的侵权案件依据第6条第1款进行裁决是否存在操作上的困难，具体列举条文是否有助于法官裁判案件。如果答案是否定的，则相关具体列举条文无异于漫无目的地"摆地摊"，这种所谓全面列举违反一般条款规范模式的初衷，是不可取的。也许立法者基于同样的考虑，《侵权责任法》仅第七章属于此种对一般条款具体化的列举性规定。

（三）抗辩事由

《侵权责任法》第三章集中规定了侵权责任的减轻和免除情形，列举了与有过失、受害人故意、第三人侵权、不可抗力、正当防卫和紧急避险作为减免责事由。

王利明教授认为，免责事由是免除责任的事由，不同于"责任不成立事由"；免责是指符合责任构成要件，但具备法定免责事由，从而责任被免除②。以上观点对我国《侵权责任法》具有指导意义：在第二章"责任构成和责任承担"之后，第三章规定责任的减免。法律的生命固然不在于逻辑，但法律仍应当遵守基本的逻辑律。被告符合责任构成要件即有责，则有责之后如何免责③？难道仅因为符合法定的免责事

---

① 杨立新教授极力主张我国侵权法采取埃塞俄比亚模式，但杨教授既未出示该模式在埃塞俄比亚法制实践中取得成功的实证材料，更未亲自去埃塞俄比亚进行实证调研，从而导致其主张的可信度欠佳。

② 王利明. 侵权责任法研究：上卷［M］. 北京：中国人民大学出版社，2011：387.

③ 每当读到通说关于"先担责后免责"理论时，笔者脑海便不自觉浮现出封建帝王在人犯人头落地之前下旨"刀下留人"的情景。

由？则法律规定免责事由的依据何在？陈本寒教授认为，我国侵权法学通说所解说的免责事由理论存在严重问题——免责的理论基础实质上包括"欠缺责任构成要件免责"和"基于政策考量免责"两种情况。然而前者通过构成要件理论即可解决问题，不需要免责理论，后者先认定责任成立，再通过政策考量而免责，不符合逻辑，而且这种二元的理论结构造成了免责理论的不统一①。为化解以上困境，本书认为在理论上应当以"责任构成理论"统领"要件理论"和"免责理论"，即在理论上将免责问题作为要件问题的"反问题"，构成要件是责任构成的正面支持理由，免责事由是责任构成的反面否认理由，两者是责任构成理论这枚"硬币"的两面，两者的实质区别仅存在于实践操作层面：构成要件事实由原告承担举证责任，而免责事由由被告承担举证责任。以王利明教授为代表的学界通说将"免责事由理论"独立于"构成要件理论"，导致免责事由难以在理论层面获得正当性解释；而以"责任构成理论"统领"要件理论"和"免责理论"，就能以"要件理论"来解释免责事由的理论正当性——某一免责事由从反面推翻或阻却了某一构成要件事实，从而导致侵权责任不能构成。具体而言，原告过错、第三人过错、不可抗力作为免责事由的正当性在于阻却了因果关系要件，正当防卫和紧急避险作为免责事由的正当性在于阻却了违法性要件②。我国学界通说不承认违法性作为一般侵权责任要件，这导致正当防卫和紧急避险被归入难以解释和适用的政策考量免责，这恰从一个侧面旁证了违法性应当作为过错侵权责任构成要件，对此详见本书第二章第二

---

① 陈本寒，艾围利．侵权责任法不可抗力适用规则研究 [J]．现代法学，2011（1）：61.

② [德] 马克西米利安·福克斯．侵权行为法 [M]．齐晓琨，译．北京：法律出版社，2006：85.

节。因此，《侵权责任法》第三章的意义在于从责任构成的"反面"对侵权责任构成要件进行了解释性规定。

对于"抗辩事由"与"免责事由"的概念使用之争，王利明教授主张区分抗辩事由与免责事由，并指出两者在适用范围、产生原因、适用方式等方面均存在区别①。陈本寒教授主张遵循习惯，使用"免责事由"②。笔者认为，基于前述"要件"与"免责"之间的实质同一关系，"免责"一语实在无从谈起，从而名不副实③，"抗辩"倒恰好切中正题，故使用"抗辩事由"一语似乎更为适当。

立足于立法论，本文建议《侵权责任法》第二章标题为"责任构成"，第三章标题为"责任承担"，并将现在位于第三章的有关抗辩事由的法条置于第二章第 7 条之后，从而既实现了"构成要件"与"抗辩事由"的合并（第二章），又实现了"责任构成"与"责任承担"的区分，使立法思路更为清晰，体系结构更为合理④。

---

① 王利明. 侵权责任法研究：上卷 [M]. 北京：中国人民大学出版社，2011：389 - 390.
② 陈本寒，艾围利. 侵权责任法不可抗力适用规则研究 [J]. 现代法学，2011（1）：60.
③ 先由原告举证证明被告应当承担侵权责任，然后法官宣告被告有责任及其责任范围和形式，再由被告主张其免责事由，法官再减免其责任，这是拖沓的电视剧的风格；司法实践中的操作是，从起诉和答辩开始，整个诉讼过程中原告的攻击和被告的防御几乎都是同时进行的，绝不可能分成责任承担与责任减免两个阶段。
④ 完整的侵权法所要解决的问题也就是两大方面，即责任构成和责任承担。而我国《侵权责任法》体系结构混乱的技术原因即将责任构成和责任承担这两大核心内容杂糅在第二章。当然，将责任构成和责任承担分为两章是形式上的，更重要的是在实质上贯彻分离原则，即责任成立与责任承担相分离，使责任的承担方式和范围仅仅取决于损害的性质和程度。

三、对责任承担的立法具体化

（一）立法具体列举责任承担方式的弊端

我国《侵权责任法》从第 15 条至 25 条共 11 个条文对第 6 条第 1 款的法律后果即"侵权责任"进行了补充性规定，其中第 15 条沿袭《民法通则》第 134 条的做法，对侵权责任的主要承担方式即"停止侵害、排除妨碍、消除危险、返还财产、恢复原状、赔偿损失、赔礼道歉、消除影响和恢复名誉"进行了列举，但未确立各种侵权责任承担方式适用的一般原则。

这种具体列举责任承担方式的做法导致法条在解释和适用时的矛盾。其一，导致了《侵权责任法》中的责任承担方式与《物权法》等法律中绝对权请求权之间的矛盾关系，因为两者都规定有"排除妨碍、消除危险、返还财产或返还原物、恢复原状"。学界对此矛盾关系现已形成三种对立观点：崔建远教授采取独立说，即侵权责任方式与绝对权请求权各自独立存在[1]；魏振瀛教授采取吸收说，即侵权责任方式吸收绝对权请求权[2]；王利明教授采取竞合说，即根据体系解释，应当由受害人择一行使[3]。其二，导致了不同的责任承担方式与归责原则和构成要件之间的矛盾关系，并引起了诸多不必要的理论纷争[4][5][6][7]：八种

---

[1]　崔建远. 绝对权请求权抑或侵权责任方式 [J]. 法学，2002（11）：40.

[2]　魏振瀛. 侵权责任法在我国民法中的地位及其与民法其他部分的关系 [J]. 中国法学，2010（2）：34 – 36.

[3]　王利明. 侵权责任法研究：上卷 [M]. 北京：中国人民大学出版社，2011：563.

[4]　魏振瀛. 侵权责任方式与归责事由、归责原则的关系 [J]. 中国法学，2011（2）.

[5]　崔建远. 论归责原则与侵权责任方式的关系 [J]. 中国法学，2010（2）.

[6]　刘家安. 侵权责任方式的类型化分析 [J]. 广东社会科学，2011（1）.

[7]　张会幡. 不同侵权责任承担方式的构成要件 [J]. 河北法学，2009（5）.

相对独立的侵权责任承担方式原则上是否都以过错归责？不同侵权责任承担方式所要求的构成要件是否不同？由此可见立法的缺陷徒增学说难题；而第6条第1款为了实现与第15条的"接轨"，故意回避使用"损害"概念而以"侵害他人民事权益"作为侵权责任构成之"终点"，进而又导致侵权法理论在构建一般侵权责任要件时的困难和纷争，有学者在总结我国过错侵权责任构成要件时直接将损害作为要件①，但这无形中造成解释论对法律规定的明显背离，似乎不妥。而有学者则认为第6条第1款没有规定"损害"，因而是一个不完整的一般条款，法官若判决被告承担侵权损害赔偿责任，不能仅援引第6条第1款，还要援引第16条或第19、20、22条②。

立足于解释论，首先，应当承认侵权责任与绝对权请求权各自独立存在，因为两种制度存在根本区别，对利益的保护条件不同、举证责任不同，进而保护力度也不同：以物权请求权为代表的绝对权请求权是在权利法的体系内③采取便捷、高效的手段对绝对权本身进行直接保护，即恢复主体对客体的完满支配状态；而侵权责任制度对绝对权的保护是在权利法的体系之外进行的，直接以保护利益为目的，即通过恢复原状和金钱赔偿来赔偿损害，在保护方式上有些迂回，但保护力度更大④。其次，若对侵权责任与绝对权请求权之间的关系采用允许竞合模式，则侵权责任的不同承担形式与归责原则和构成要件之间的矛盾便可消解：

---

① 周友军. 侵权责任认定 [M]. 北京：法律出版社，2010：96.
② 张新宝. 侵权责任一般条款理解与适用 [EB/OL]. 法学研究，2012（10）.
③ 孟勤国教授指出，物权请求权与物权本身是一体的，物权请求权的价值在于提出了物权内在的效力和保护方法。参见孟勤国. 物权二元结构论：中国物权制度的理论重构 [M]. 北京：人民法院出版社，2002：90-91.
④ 《物权法》第37条规定的侵害物权的损害赔偿请求权只能解释为侵权责任形式，而无法解释为物权请求权。

侵权责任的所有承担形式都坚持现有的归责原则和构成要件，由于主张侵权责任的要件比主张绝对权请求权的条件严格得多①，若个案不具备侵权责任要件，原告自然会选择通过绝对权请求权寻求救济。这样既坚持了侵权责任法的基本理论架构，又完满地保护了受害人权益。

（二）按责任承担方式对一般条款进行具体列举的风险

《民法通则》第117条至120条虽然不是以不同的责任承担方式作为列举的出发点，但客观上也对不同的侵权形态分配了不同的责任形式。《侵权责任法》第15条在对承担侵权责任的主要形式进行列举之后，第21条规定，"侵权行为危及他人人身、财产安全的，被侵权人可以请求侵权人承担停止侵害、排除妨碍、消除危险等侵权责任"。如果说第21条的意义在于强调"停止侵害、排除妨碍、消除危险等侵权责任"适用于"侵权行为危及他人人身、财产安全"的场合，这不免使人疑窦丛生：其他责任形式如"赔礼道歉""消除影响"等又应当在什么场合适用？而且第45条又规定，"因产品缺陷危及他人人身、财产安全的，被侵权人有权请求生产者、销售者承担排除妨碍、消除危险等侵权责任"。既然第21条已有规定，第45条针对产品缺陷又规定一次是何意？这意味着产品缺陷不适用"停止侵害"，还是意味着第21条的规定在分则中的适用以分则条文有具体规定为限？照此逻辑，《侵权责任法》在针对责任承担方式进行具体展开的过程中会"疲于奔命"——虽然零散地规定了一些有关具体责任承担方式的条文，但由于没有体系化和系统化设置，最终仍难免挂一漏万。

《德国民法典》采取严格的提取公因式立法技术，由于侵权责任的法律后果与违约责任的承担方式具有共性，于是该法律后果被置于

①　李承亮. 损害赔偿与民事责任［J］. 法学研究，2009（3）：145–146.

"债法总则"部分（民法典第 249 条至 255 条），即违约、侵权、无因管理和不当得利共享统一的法律后果——损害赔偿。其债法总则构建了体系化和开放式的损害赔偿方式，即损害赔偿包括恢复原状和金钱赔偿两大类型，恢复原状的具体方法取决于损害的具体状态和性质，包括返还原物、修理、重置替代物、治疗、支付恢复原状费用等，具有开放性①，个案实践中法官只需根据具体侵权案件中受害人实际损害状态进行恰当适用即可，立法不必根据具体的侵权形态来规定具体的责任承担方式，从而避免了按责任承担方式对一般条款进行具体列举的风险。故《德国民法典》的侵权法部分没有关于责任承担方式的一般规定，仅有极少数特殊规定。因此可以说，在德国法系的传统中，侵权责任构成属于"债各"即侵权法的内容，而侵权责任承担方式则属于"债总"的内容。德国法系侵权法一般条款问题的本质是责任构成问题，与保护对象和构成要件直接相关，而与法律后果关系不大。故作为一般条款之反面的具体化原则上应当从保护对象或构成要件的违法性方面进行展开。

　　我国民事立法既然主要采取德国体例，就应当恰当把握总则与分则、共性与个性的关系，适度提取公因式，遵循"有共性必提，无共性不生造"的原则。否则，仅在责任构成部分孤立借鉴侵权法一般条款是难以成功的。严格而论，一般条款的存在应当以具体条款的存在为前提，即一般条款的产生不应是学者躲在书斋中进行抽象思维的结果，而应当是法律人对具体法律条款进行严格的"提取公因式"活动的产物。然而我国的实践是，由于在法律移植过程中没有将专业术语与生活大众语言予以适当区分，并且在侵权责任承担问题上没有注意提取公因

---

① 李承亮. 损害赔偿与民事责任 [J]. 法学研究, 2009 (3): 140 - 141. [德] 迪特尔·梅迪库斯. 德国债法总论 [M]. 杜景林, 卢谌, 译. 北京: 法律出版社, 2004: 432 - 433.

式，仅依据我国国民的大众化理解而将在德国具有广泛外延的专业术语"损害赔偿"赋予狭窄的"金钱赔偿"含义①，导致我国的侵权责任承担方式很难与大陆法系规定构成要件的一般条款真正接轨，从而陷入理论困境。一方面，将已经约定俗成的狭义损害赔偿解释为包括恢复原状和金钱赔偿，而且恢复原状的具体方式具有开放性，这在当今的中国理论界和实务界很难贯彻，制度变革的成本太高；立足于解释论，这种解释与第 15 条规定的文义相差太大。但另一方面，若保持我国立法和解释的现状不变，则一般条款将有崩溃的危险——以《侵权责任法》第 21 条和 45 条为榜样，根据责任承担方式对一般条款进行具体列举，即规定每种侵权责任形式可能在哪些场合具体适用，则侵权法可能上千条都不够，会使得基于责任构成设置的一般条款功败垂成，失去规范优势。

（三）对责任承担方式进行立法具体化的方法——构建系统化的责任承担方式体系

任何相对完整、能独立发挥规范功能的法律规范必然包括"构成要件"和"法律后果"两大部分。我国侵权法既然采用了一般条款规范模式，则除了在责任构成部分规定统一的构成要件之外，还应该对责

---

① 在我国社会，无论法学专业人士还是普通公众，对"损害赔偿"均采取狭义的理解，基本等同于"金钱赔偿"，这种状况一时很难改变。导致这种状况的原因，一是在两种法律文化的对接和交流过程中，我国学者下意识地根据自己母语中的"文义解释方法"来确定舶来的专业术语的内涵和外延；二是法律移植和翻译过程中我们没有将专业术语与生活大众语言予以适当区分，导致两者的混用，学者不自觉地赋予专业术语以大众化的涵义，从而导致对专业术语的翻译用词与其具体适用语境出现背离。

任承担方式另行做体系化和系统化的规定①，从而按照责任承担方式对一般条款的列举只是必要时的示例性列举，才能确保一般条款立法模式的简洁、不重复。而我国侵权法学界有关侵权责任承担方式的主流学说与侵权法一般条款模式是自相矛盾的，该主流学说认为，为加强对受害人的救济、巩固侵权责任法独立成编的地位、创造有中国特色的侵权责任法律制度，我国应当建立多元化的侵权责任承担方式②③。该主流学说的目的不可谓不良善，但由于手段的不适当，导致其结果是负面的——侵权责任承担方式的分散化和不系统，造成责任构成的一般条款难以发挥规范优势。《侵权责任法》目前的情况是，责任构成部分一般化了，责任承担方式部分却呈现具体列举状态，整个侵权法仍有滑向类似刑法分则"罪刑法定"深渊的危险。

因此，侵权法一般条款立法模式要取得成功，除了采用抽象概括条文对责任构成进行统一规定外，还应当建立系统化的责任承担方式体系。而要彻底摆脱责任承担方式的具体列举，必须贯彻分离原则，即原则上将责任成立与责任承担相分离，使责任承担方式和承担范围仅仅取决于损害的性质和程度④⑤。为此，首先需要在恢复原状和金钱赔偿的关系上坚持恢复原状优先原则，即原则上加害人必须将损害恢复到假如

---

① 如前所述，责任承担方式问题在德国法系不属于侵权法一般条款需要解决的问题，甚至不属于侵权法的问题，但那是因为人家"债总"已经妥善解决此一问题，而我们没有。

② 王利明. 侵权责任法研究：上卷［M］. 北京：中国人民大学出版社，2011：577 - 578.

③ 魏振瀛. 侵权责任法在我国民法中的地位及其与民法其他部分的关系［J］. 中国法学，2010（2）：27.

④ ［德］迪特尔·梅迪库斯. 德国债法总论［M］. 杜景林，卢谌，译. 北京：法律出版社，2004：428 - 429.

⑤ 李承亮. 损害赔偿与民事责任［J］. 法学研究，2009（3）：143 - 144.

侵权没有发生的应有状态，只有在法定的例外情况下才适用金钱赔偿①；这使得恢复原状的具体方式（即侵权责任的具体承担方式）仅取决于损害的性质和状态，与致害原因无关；其次，需要在赔偿范围问题上贯彻全面赔偿原则②③，从而使得侵权责任的承担范围仅取决于损害的程度，原则上与致害原因无关④。恢复原状优先原则与全面赔偿原则相互支持，实现了责任承担的系统化和体系化，促成了责任承担与责任成立的分离，从而侵权法既不必根据责任承担方式的不同进行大量具体化规定，更不必围绕责任承担方式对各种侵权行为的事实状态进行具体列举。这样就为各种侵权责任承担方式的适用奠定了坚实的基础，在此基础上需要具体列举责任承担方式的特殊情况就很少了。

总之，侵权责任承担方式不宜像《侵权责任法》第15条那样进行具体列举，而应当对其予以体系化和系统化设置，以避免按照责任承担方式对一般条款进行所谓"全面列举"。

---

① 侵权损害赔偿方式以恢复原状为主还是以金钱赔偿为主，这在欧洲法上仍存在争议，而且即使在以恢复原状为主的德国、奥地利，其实践中绝大多数案件都采用的是金钱赔偿救济方式，参见欧洲侵权法小组. 欧洲侵权法原则：文本与评注[M]. 于敏，谢鸿飞，译. 北京：法律出版社，2009：210，220. 但是，以恢复原状为主具有方法论意义，它使得恢复原状的具体方式（侵权责任的具体承担方式）仅取决于损害的性质和状态，与致害原因无关，从而为分离原则的确立提供了必要的前提。立法有自己的规律和技巧，不能完全依据案件数量来安排原则与例外的关系，正如过错责任是基本归责原则，但过错责任的实际案件却未必能占一半。

② 王利明. 侵权责任法研究：上卷[M]. 北京：中国人民大学出版社，2011：569 - 573.

③ 马俊驹，余延满. 民法原论[M]. 2版. 北京：法律出版社，2006：1041.

④ 根据《侵权责任法》第26条，受害人对损害的发生也有过错会影响加害人的责任范围，但这属于例外。

第三节　对一般条款中责任构成要件的学理具体化

诚如王泽鉴先生谈到我国《侵权责任法》时所言，"法无解释，不得适用。立法工作其实只是万里征途中最初的几步路，更艰难、更复杂、更细致的工作还在后面"①。随着《侵权责任法》的颁行，立法层面的选择暂时告一段落。但基于立法的选择，司法和学理由此要面对的困难和任务才刚刚开始，可谓任重道远。

本节立足于解释论的特殊必要性在于，其一，我国现行《侵权责任法》一般条款和本书第二章修改侵权法一般条款的建议稿均采取抽象概括模式，而立法具体化的作用相对有限，故无论本研究的立法建议是否获得立法机关采纳，均迫切需要对一般条款进行学理具体化，以实现一般条款的规范功能和社会功能。其二，目前相当一部分学者在立法论和解释论方面均坚持权利和利益区别保护的立场：周友军博士和葛云松博士主张《侵权责任法》第6条第1款应当借鉴德国侵权法理论进行合理解释，尤其在立法层面应当对绝对权和利益进行区别保护②③；李承亮博士和王成教授的观点与上述观点实质一致④⑤⑥；王利明教授和杨立新教授虽然名义上主张制定法国模式和埃塞俄比亚模式的一般条

---

① 周大伟．"侵权责任法"启示录 [J]．中国法律，2010（6）：31.
② 周友军．侵权责任认定 [M]．北京：法律出版社，2010：91，193.
③ 葛云松．"侵权责任法"保护的民事权益 [J]．中国法学，2010（3）．
④ 李承亮．侵权责任的违法性要件及其类型化 [J]．清华法学，2010（5）．
⑤ 李承亮．侵权行为违法性的判断标准 [J]．法学评论，2011（2）．
⑥ 王成．侵权之"权"的认定与民事主体利益的规范途径 [J]．清华法学，2011（2）．

款，但实质上他们的观点①②③都与德国的大类型化模式"暗合"。在侵权法立法过程中，我国最高法院的法官特别欣赏德国模式，想逐渐走向德国法④，最高法院在指导侵权案件审判的过程中制定的司法解释也具有浓厚的"德国味道"——《关于确定民事侵权精神损害赔偿责任若干问题的解释》第1条第2款规定，"违反社会公共利益、社会公德侵害他人隐私或者其他人格利益，受害人以侵权为由向人民法院起诉请求赔偿精神损害的，人民法院应当依法予以受理"，即明显借鉴《德国民法典》第826条。简言之，德国法理论一手遮天而法国法理论作用甚微的我国理论界现状导致我国侵权法一般条款在司法实践中随时有走向德国大类型化模式的危险。

责任构成要件是立法对侵权关系进行利益衡量的最主要工具。构成要件的具体化在当今大陆法系国家主要由侵权法理论完成。我国《侵权责任法》在以抽象的"补充和解释性规定"方式对一般侵权责任构成要件进行具体化方面毫无作为，在以"具体列举"方式进行具体化方面仅第54条有所作为，而且第54条仅对当前阶段结束医疗事故与非医疗事故二元化处理模式、明确以过错责任为主的归责原则具有实践意义。故我国一般侵权责任构成要件的具体化亟待侵权法理论襄助。本节将在借鉴比较侵权法学的研究成果和总结我国侵权法司法实践经验的基础上，对我国侵权法一般条款所规定的"损害、违法、过失、因果关

---

① 王利明. 侵权法一般条款的保护范围 [J]. 法学家，2009（3）：22.
② 王利明. 侵权责任法研究：上卷 [M]. 北京：中国人民大学出版社，2011：93，151.
③ 杨立新. 论侵权责任法草案二次审议稿的侵权行为一般条款 [J]. 法学论坛，2009（3）：41.
④ 杨立新. 论侵权责任法草案二次审议稿的侵权行为一般条款 [J]. 法学论坛，2009（3）：42 - 43.

系"四要件进行学理解释，以有助于一般条款的适用。

一、对损害要件的学理具体化

侵权法的首要功能是填补损害，侵权责任的承担方式主要是损害赔偿，侵权责任的首要构成要件即损害。

（一）损害的概念

目前仅极少数国家法律对"损害"的概念进行明确界定。《奥地利民法典》第1293条规定，"损害是指任何人就其财产、权利或者其人身所遭受的不利益。与此相区别的是可得利益的损失，即某人丧失了在正常发展情况下可期待获得的利益"①。《欧洲侵权法原则》（学者建议稿）第二章第101条规定，"损害须是对法律保护的利益造成的物质损失或非物质损失"②。

（二）损害的本质

从损害的自然含义出发，损害是特定人所遭受的不利益，则其势必具有客观性。损害的客观性是它区别于"侵权行为""侵害权益"等概念的根本点，从而使其具有可证明性，进而使得"损害"成为进行侵权责任构成分析活动的唯一合适的起点。无论德国法、奥地利法，还是《欧洲侵权法原则》建议稿，其在规定责任构成要件时从对权利或利益的分析出发无疑是一大败笔：一是导致先入为主，特定的权利或利益是否受过失侵权法保护，这取决于从责任构成要件方面进行的全面判断，而不是权益种类的区分；二是导致分析难以为继：如何判断权益是否被

---

① ［奥］海尔穆特·考茨欧. 侵权责任法的基本问题：第一卷［M］. 朱岩，译. 北京：北京大学出版社，2017：109.

② 欧洲侵权法小组. 欧洲侵权法原则：文本与评注［M］. 于敏，谢鸿飞，译. 北京：法律出版社，2009：4.

侵害、行为违法？这些判断均主要借助于评价而非证明。

损害既然是"不利变化"，则就有必要比较事物的两种状态，此即"差额说"的由来。差额说强调事故发生前后特定被害人整体财产状况的变化而不是被害人各个具体财产价值的变化①，这是抽象的损害观念。与之相对即"具体损害说"，认为对特定权益的侵害本身构成损害的本质，从而应当成为损害赔偿的对象②，强调损害赔偿的权利保护功能。

差额说源于德国法以财产损害为基础的损害概念，其混淆了损害的本质与损害的计算方法这两个不同层次的问题：根据财产损害的差额计算方法就总结出损害的本质，忽略了人身损害，未免失之偏颇。比较而言，具体损害说更能体现损害的本质，即在有体物受损，物之毁损灭失本身即为损害，在无体财产权受侵，权益之受侵害本身即为损害，在人身侵害，人身死伤、劳动能力减损等即为损害③。总之，损害的本质即权益所受的侵害，至于该侵害的具体内容则属于损害的计算问题。

（三）损害的类型

1. 财产损害与非财产损害

这是最为常见的分类。此种分类的根本意义在于二者的计算方法不同：财产损害通常以客观的市场价格进行评定，而非财产损害则无法以客观的市场价格进行评定，只能采取主观评价方法，以金钱进行估计，其原则上仅适用于侵害人身权益。

---

①　陈聪富. 侵权违法性与损害赔偿［M］. 北京：北京大学出版社，2012：127.

②　陈聪富. 侵权违法性与损害赔偿［M］. 北京：北京大学出版社，2012：133.

③　陈聪富. 侵权违法性与损害赔偿［M］. 北京：北京大学出版社，2012：140－141.

2. 人身损害、财产损害和纯粹经济损失

依据损害的本质，可将损害分为人身损害、财产损害和纯粹经济损失。

3. 直接损害与间接损害

基于损害与侵权行为之间因果关系的属性进行的分类。直接损害与间接损害对损害的计算方法没有影响，但直接损害更容易获得赔偿。

（四）可赔偿的损害

虽然损害的含义是以其自然含义为基本出发点的，但是作为责任构成要件，损害显然是一个法律概念，其规范功能要求法官具体评判原告所主张的各种不利益"应不应当是损害"。只有法律上的损害，即为特定法律秩序所承认和保护的权益受到侵害导致的不利益才属于"可赔偿的损害"①，才能获得赔偿。从法律上讲，"损害是受害人领域必然发生的法律上的不利变化（可归责于加害人）"②。判断损害是否"可赔偿"的考虑因素如下。

1. 损害的正当性

法律上的损害与自然意义上的损害、经济意义上的损害概念的根本区别在于，其本身蕴含着法律的价值判断和政策选择功能，并受制于主流价值观念的变迁，其与"违法性"要件关系紧密，而非仅限于对自然或社会经济现象的简单描述。《欧洲侵权法原则》第二章第 103 条规定，"因从事违法活动或因其他违法事由造成的损害，不得赔偿"③。

---

① 至于哪些权益受法律保护，这涉及违法性问题，必须根据特定国家的整个法律制度予以确定。本书稍后将在"违法性要件"部分予以分析。

② ［德］马格努斯. 侵权法的统一：损害与损害赔偿［M］. 谢鸿飞，译. 北京：法律出版社，2009：277.

③ 欧洲侵权法小组. 欧洲侵权法原则：文本与评注［M］. 于敏，谢鸿飞，译. 北京：法律出版社，2009：4.

2005 年 9 月 22 日法国巴黎第二大学皮埃尔·卡特拉教授领衔的专家组正式向法国司法部提交了《债法与时效制度改革草案（建议稿）》，其为民法典第 1343 条预留的条文规定，"可补救的是所有确定的损失，由对财产的或者非财产的、个人或者集体①的合法利益的侵害构成"②。该草案拉开了《法国民法典》生效 200 年来首次重大改革的序幕，并于 2016 年完成了合同法总则和债法总则的革命性修改，下一步就是包括侵权法在内的民事责任法的改革③。法国司法部于 2016 年 4 月 29 日公布的《民事责任法草案》第 1235 条也规定，"可补救的是某项损害所造成的任何确定的损失，由对财产的或者非财产的、个人或者集体的合法利益的减损构成"④。

权利作为法律体系所保护的利益，当然具有正当性，故侵害权利本身即具有救济的初步正当性和必要性；利益则种类繁多、属性复杂，在法律上有可能违法或不当，故需要加以限制，以排除根据一般观念明显不正当、不值得保护的利益。但也正是基于利益的复杂性和成文法的局限性，正当的、值得保护的利益在社会生活中尚未上升为权利者并不罕见，在此情况下，侵权法若"只因其为'利益'，即特别严格限制责任成立要件，一般性地排除过失责任成立的可能性，仅在故意以悖于善良

---

① 此处的集体即法人，而不是相对于国家和个人的概念。参见张民安. 现代法国侵权责任制度研究 [M]. 北京：法律出版社，2007：134.

② 李世刚. 法国侵权责任法改革：基调与方向 [M]. 北京：人民日报出版社，2017：134，159.

③ 李世刚. 法国侵权责任法改革：基调与方向 [M]. 北京：人民日报出版社，2017：14，15.

④ 李世刚. 法国侵权责任法改革：基调与方向 [M]. 北京：人民日报出版社，2017：194.

风俗方法或违反保护他人法律而侵害利益时，加害人始负责任"①，则显然陷入概念法学太深，对利益保护和行为自由之间的价值判断明显失衡。

2. 损害的严重性

社会生活之于个体而言也是利弊互现的，个体生存于社会生活中，众多他人构成的社会环境既能给特定的个体带来惠利，偶尔也必然可能招致不便乃至麻烦。而法律作为保障社会共同体长远利益的制度设计，必然要"抓大放小"，故侵权法所救济的损害只能限于严重的损害，而轻微的不利益只能视为个体参加群体生活的必要成本，只能容忍而不能认为是可救济的损害。比如，某人交通违章导致严重交通堵塞致影响其他人出游兴致，以及某人在购物排队时与其他人的身体接触令其不快，显然不满足严重性的要求；而交通堵塞致上班迟到、错过航班、失去缔约机会等，再如挖断管线导致住户停水、电、气、通信等，则应当根据时间长短等具体分析损害是否严重，若损害确实重大，即"没有理由只因其为'利益'，就要特别严格限制责任成立要件，一般性地排除过失责任成立的可能性"②。

二、对违法性要件的学理具体化

（一）违法性作为责任构成要件

如前所论，损害是个典型的法律概念，特定的不利益能否获得侵权法的救济，根本上取决于法律是否对该利益进行保护，鉴于法律秩序作

---

① 陈忠五. 契约责任与侵权责任的保护客体："权利"与"利益"区别正当性的再反思 [M]. 北京：北京大学出版社，2013：125.

② 陈忠五. 契约责任与侵权责任的保护客体："权利"与"利益"区别正当性的再反思 [M]. 北京：北京大学出版社，2013：130.

为一个整体需要获得尊重，"在界定损害时不可避免地要规定受保护利益"①，而这涉及违法性问题，必须根据特定国家的整个法律制度予以确定。这其中即隐含着"结果违法"的影子。

侵权法作为寻求风险和损害转移的法律依据，其价值判断的核心之一即在于对行为人的行为进行合法或违法的法律判断。欧洲比较法学家的国别报告表明，"在大多数制度中，都能够找到违法性这一基本观念（虽然未必放在'违法性'中），它是责任的基础"②，"在依各国法律确定侵权责任的过程中发挥了决定性的作用"③。

（二）违法性的概念

1."行为违法"还是"结果违法"？

"因为规范本身指向的是人，所以只有人的行为才能够违反法律"④，法律是通过规范人的行为来调整人与人的关系，后果本身不是违法性的合适判断对象；"菩萨畏因，凡夫畏果"，为避免法律做"事后诸葛亮"式的判断，法律应当自始就积极引导行为人做出正确的行为，故法律的合适评价对象应当是行为本身而不是行为后果。德国的"结果违法说"仅在直接侵害绝对权的情形才较少暴露出问题，因为此种加害行为大多具有违法性，但仍有例外："针对健康产生的微小侵

---

① 欧洲侵权法小组．欧洲侵权法原则：文本与评注 [M]．于敏，谢鸿飞，译．北京：法律出版社，2009：55，67.
② 欧洲侵权法小组．欧洲侵权法原则：文本与评注 [M]．于敏，谢鸿飞，译．北京：法律出版社，2009：52.
③ [奥] 海尔穆特·考茨欧．侵权法的统一：违法性 [M]．张家勇，译．北京：法律出版社，2009：170.
④ [奥] 海尔穆特·考茨欧．侵权责任法的基本问题：第一卷 [M]．朱岩，译．北京：北京大学出版社，2017：175.

害，如果此时具备更高位阶的法益，则受害人必须容忍此种加害后果。"①

2. "行为违法"还是"行为人过错"？

在罗马法时代，"过错"概念本身即包含违法性和有责性的内容，该观点为法国所承袭，法国侵权法始终以"过错"概念涵盖违法性与过失概念，《法国民法典》第 1382 条中的"过错"概念在传统上包括客观因素（违法性）和主观因素（可归责性）；司法实践中，其过错的规范功能更接近违法性，而主观可归责性已不重要②。于 2005 年拉开《法国民法典》变革序幕的《卡特拉草案》，在其为民法典第 1343 条预留的条文明确规定可补救的损害由对合法利益的侵害构成③，法国司法部 2016 年《民事责任法草案》第 1242 条也规定，"对法律所要求的行为规则的违反，或者对于谨慎或勤勉的一般义务的违反，构成过错"④。可见法国法并非绝对排斥违法性要件，只不过基于传统的原因而将违法性要件委身于"过错"概念之内罢了。

鲁道夫·冯·耶林（Rudolf von Jhering）于 1867 年发表"罗马法上过错的因素"一文，导致德国法中违法性与过失并列为侵权责任要件⑤。德国过错侵权责任的三大类型化条款正是以违法性为核心要件展开的：以违法性要件构成方式的不同，通过第 823 条第 1 款、第 2 款和

---

① ［奥］海尔穆特·考茨欧. 侵权责任法的基本问题：第一卷［M］. 朱岩，译. 北京：北京大学出版社，2017：173，175.

② 陈聪富. 侵权违法性与损害赔偿［M］. 北京：北京大学出版社，2012：30 - 31，54.

③ 李世刚. 法国侵权责任法改革：基调与方向［M］. 北京：人民日报出版社，2017：14，159.

④ 李世刚. 法国侵权责任法改革：基调与方向［M］. 北京：人民日报出版社，2017：195.

⑤ 陈聪富. 侵权违法性与损害赔偿［M］. 北京：北京大学出版社，2012：7.

第826条，将过错侵权责任类型化为"侵害绝对权"的侵权，"违反保护性法律"的侵权，以及"故意违反善良风俗"的侵权。德国模式虽明确区分违法性与过失，但自从违法性在学说上采取"行为违法说"，"过失"采取客观判断标准之后，"违法性系指行为人违反法规范上之客观注意义务"，"过失"即违反一般注意义务，从而违法性与过失概念难以区别，"过失概念仅探讨行为人是否具有识别能力及防止损害发生之能力"①。在此情况下，违法性与过错要件是否因难以区分而丧失并存的必要性与可能性？其实，"过错"不同于"过错的判断标准"，"过失"的判断标准虽采用客观标准即违反一般注意义务，但该注意义务的成立是以行为人对损害的可预见性为前提的，这恰恰证明了"过失"本身仍然是个主观意义上的范畴，而且"故意"的判断标准从来都是主观的而非客观的②；过错是对行为人主观方面做出的否定性评价，而违法是对客观行为本身所做的否定性评价，两者体现法律对不同对象的价值判断③。而且，"违法性系指行为人之行为客观上违反法规范价值，过失则指行为人未尽理性人的注意义务"④，二者应可区分。因此，以"过错的客观判断标准与'行为违法说'发生重叠时违法与过错难以区分"为由而否认违法性要件的独立地位，理由并不充分。

　　具体而论，在侵害绝对权，是否进行独立的违法性判断不甚重要；而在侵害利益，侵权责任是否成立主要取决于违法性判断结果⑤，对"违法性"和"过错"分别为独立判断的必要性才突显出来；违法性是

①　陈聪富. 侵权违法性与损害赔偿［M］. 北京：北京大学出版社，2012：31.
②　杨立新，张新宝，姚辉. 侵权法三人谈［M］. 北京：法律出版社，2007：114.
③　周友军. 侵权责任认定［M］. 北京：法律出版社，2010：193.
④　陈聪富. 侵权违法性与损害赔偿［M］. 北京：北京大学出版社，2012：55.
⑤　陈聪富. 侵权违法性与损害赔偿［M］. 北京：北京大学出版社，2012：55.

纯粹的法律判断，仅涉及行为违法与否，而过错还可进一步涵盖到行为合理性判断。

本书认为，违法性是依据特定法律秩序对客观行为所做的否定性评价，在判断侵权责任是否构成时"行为违法"与"行为人过错"应当分别为独立判断。

（三）违法性的独立判断价值

侵权案件大致可以分为对身体或者财物的物理性侵害和对其他权益的侵害，裁判前一种案件中起决定性作用的要件是过错，裁判后一种案件中起决定性作用的要件是违法性（权利侵害）①。

在侵害公认的绝对权之外的权利，如隐私、名誉，以注意义务为判断标准的过失要件在协调利益冲突方面的作用相当有限，因此在法律价值判断方面的规范功能主要依赖违法性要件。换言之，在侵害隐私、名誉的场合，损害结果"是否可预见"根本不重要，重要的是特定的不利益是不是"可赔偿的损害"，即原告的隐私、名誉利益是否比被告的行为自由更重要。名誉权为我国《民法总则》第110条和《侵权责任法》第2条第2款所明确规定，而且民法理论通常也将其归属于绝对权②，但名誉权无法排除其他主体的"所有干涉"，鉴于导致他人名誉贬损的行为有的仅仅是自由发表言论而已，属于言论自由的范畴，有的甚至涉及对公权力的正当监督③，因此我们无法断然做出"名誉权优先于言论自由、艺术创作自由"这样一刀切的判断，即不能直接得出"侵害名誉权即违法"的结论，从而在认定其违法性时必须根据个案的

---

① 龙俊. 权益侵害之要件化［J］. 法学研究，2010（4）：25.

② 梁慧星. 民法总论［M］. 北京：法律出版社，2017：92，96.

③ 罗东川. 侵权责任法疑难问题案例解读［M］. 北京：法律出版社，2011：23 - 26.

具体情况进行利益衡量。过失要件即损害的客观可预见性理论对此无能为力。

在侵害利益、法律政策上确有必要合理限制行为人的责任，以避免责任泛滥。此时，由于过失要件的规范功能力有不逮，若再无违法性要件，则责任显然过于宽泛；若采用立法上的"区别保护"，使得利益保护完全委诸"故意以悖于善良风俗方法加损害于他人或违反保护他人法律致生损害于他人"，则未免过于僵化，且存在对利益保护不足的问题；而在一般过失归责原则下运用自带利益平衡功能的违法性要件来应对侵害利益导致结果不甚明了的利益冲突格局，可谓"好钢用在刀刃上"。

具体而论，商业社会不仅存在消极的风险回避和分配问题（过失即注意义务的存在和违反擅长解决此类问题），更存在大量积极的利益争夺问题。在竞争中胜出的市场主体是否对失败者的损害承担责任？市场经济条件下的法律价值至少是"二元追求"的：一方面要鼓励自由竞争以追求效率，另一方面又必须保障公平竞争以维持最基本的秩序。在此，利益平衡的关键点是竞争行为是否违反市场交易规范即违法性的问题①。例如，甲公司故意以更低的价格或更好的服务抢夺竞争对手乙的客户，导致乙重大损失的，乙能否追究甲的侵权赔偿责任？若甲的竞争行为并未违反竞争性法律法规从而欠缺违法性，则甲的侵权责任不成立；否则，若甲以违反竞争性法律法规的手段抢夺竞争对手乙的客户，该竞争行为构成违法，则成立侵权责任。而过失是否成立，即分析可预见性、注意义务的成立和违反等，对此案的处理显然无益，"故意"都

---

① 陈忠五. 契约责任与侵权责任的保护客体："权利"与"利益"区别正当性的再反思［M］. 北京：北京大学出版社，2013：131.

未必可归责，何况过失。可见，"违法性"要件能够有效兼顾"自由竞争"与"行为自由"的价值冲突，从而没必要从主观归责方面对权利与利益进行区别对待、对侵害利益一概排除过失侵权责任的成立。

再如侵害合同债权。由于合同仅在当事人之间具有相当于法律的效力，故违约的违法性效力仅存在于合同当事人之间，以保障合同当事人之间的特殊信赖和期待；而侵权法上的行为违法是对一个国家整体法律秩序的破坏，即违反社会一般行为规范，其必然侵害社会底线公益。故单纯违约并不能当然构成侵权法侵害债权利益的行为违法性，因此受害人只能在遵循"合同相对性"的范围内主张违约责任。若欲主张侵权责任，还需判断该行为在侵权法上的违法性。在此，被告侵害的是原告的"债权"还是"期待利益"并不重要，而通过"违法性"要件的筛选，即可将责任的有无即主体范围予以合理判断。

总之，随着公民权利意识的兴起，权利种类日益泛滥，利益诉求日益多元，将违法性作为独立构成要件是解决现代社会日益复杂的侵权关系纠纷的必然要求。

（四）违法性的判断方法

在侵权责任构成要件问题上，"违法性之争的实质并不是要不要对侵权行为做违法性判断，而在于违法性要件是否具备独立性"[①]，换言之，为平衡原告的权益保护与被告的行为自由，违法性判断在所难免，而问题的关键是违法性的判断方式。违法性作为一个不确定的评价性概念，其本身包含浓厚的价值判断色彩，其判断过程主要是评价过程，而非仅通过事实证明所能解决。

违法即违反强行法和公序良俗，实践中具体包括违反法律和行政法

---

① 李承亮. 侵权行为违法性的判断标准 [J]. 法学评论，2011（2）：77.

规中的强制性、禁止性规定，以及违反其他维护公序良俗的法规、规章和规范性文件。"违法性系指行为人之行为客观上违反法规范价值"①，这要求对相关权益进行位阶高低比较，若原告被侵害的权益在法律上的价值位阶比被告的特定行为自由要高，则"以下犯上"即为违法。日本的相互关系理论主张"违法性之判断标准，必须自受害利益之种类，及侵害行为之态样，二者的相互关系予以考察"②。具体而言，应当对被侵害权益的性质与侵害行为进行比较，权衡原告受侵害的权益和被告的行为自由与行为利益，乃至社会公共利益，孰轻孰重，以慎重认定过失侵害权利和人格利益的行为是否违法。

日本相关关系理论认定违法性的具体方法即过错侵害权利的，直接推定行为违法，过错侵害利益的，应当对该利益的性质与侵害行为进行比较，通过综合权衡来认定行为是否违法③。即对过错侵权责任的违法性采二元认定标准，侵害权利推定违法，侵害利益则进行利益衡量。鉴于我国民事权利数量众多，在权利受侵害但不宜推定违法时也应当采用相关关系理论进行利益衡量，以矫正我国侵权法中权利列举过于宽泛的弊端。以侵害债权为例，由于违约的违法性效力仅存在于合同当事人之间，单纯违约并不能当然构成侵权法侵害债权利益的行为违法性，因此受害人若欲主张侵权责任，还需判断该行为在侵权法上的违法性，具体应当从被告的市场地位、交易动机、介入目的、采取手段、影响程度、冲突法益之间的比较衡量等诸多因素入手，以综合判断行为是否

---

① 陈聪富. 侵权违法性与损害赔偿 [M]. 北京：北京大学出版社，2012：55.
② [日] 我妻荣. 事物管理·不当利得·不法行为 [M] //周友军. 侵权责任认定. 北京：法律出版社，2010：91.
③ 龙俊. 权益侵害之要件化 [J]. 法学研究，2010（4）：36－37.

违法①。

"违反公序良俗"的判断标准是法律而不是宗教、道德伦理或风俗习惯②，法官应当根据自己的独立意志而不是公众的意见来判断行为人的行为是否违反善良风俗，以保护行为人合理的行为预期③。德国通说认为，"违背公序良俗较诸'侵害他人权利'更具不法内容，可称之为加重的违法性"④。"违法性系指行为人之行为客观上违反法规范价值"⑤，公序良俗是据以判断行为是否符合法律秩序的一个实质标准。作为与"主观故意"并列的要件，"违反公序良俗"要件是对行为在客观方面的要求，"故意侵犯他人合同权利本身不违反公序良俗"⑥，而必须以损害他人利益为目的。在此，主观目的对于判断行为是否违反公序良俗很重要：假如行为人有真实的交易目的，即使其明知自己参与竞争会导致他人合同债权无法实现，其竞争行为即故意侵犯他人合同权利本身并不构成违反善良风俗；反之，假如其并不想要这个交易，只是为了使他人合同债权无法实现而参与交易，则其行为违反善良风俗。在德国和我国台湾地区，司法实践中主要通过总结具体类型的方式对故意违反善良风俗的违法侵权行为进行认定，比如侵害婚姻和性关系、侵害他人债权、诈欺、滥用诉讼等⑦。

---

① 陈忠五．契约责任与侵权责任的保护客体："权利"与"利益"区别正当性的再反思 [M]．北京：北京大学出版社，2013：138.
② [德] 马克西米利安·福克斯．侵权行为法 [M]．齐晓琨，译．北京：法律出版社，2006：163.
③ 于飞．权利与利益区分保护的侵权法体系之研究 [M]．北京：法律出版社，2012：191－193.
④ 王泽鉴．侵权行为法：第一册 [M]．北京：中国政法大学出版社，2001：288.
⑤ 陈聪富．侵权违法性与损害赔偿 [M]．北京：北京大学出版社，2012：55.
⑥ [意] 布萨尼，[美] 帕尔默．欧洲法中的纯粹经济损失 [M]．张小义，钟洪明，译．北京：法律出版社，2005：281.
⑦ 王泽鉴．侵权行为 [M]．北京：北京大学出版社，2009：277－282.

（五）违法性的解释论依据

若本书的立法论主张未获立法机关接受，则将违法性作为我国过错侵权责任构成要件的解释论依据在于我国《侵权责任法》第6条第1款中明确规定的"侵害他人民事权益"，即将"侵害权益"解读为违法和损害两个要件，前者是对行为本身的价值判断，后者是对行为结果的判断①，如此解读已经非常接近于文义解释，而且为"配合"此一解读，《侵权责任法》第7条在"损害他人民事权益"的表述中有意使用极不符合中文语法规则的"损害"②，其目的就是为了回避使用明确体现违法性的"侵害"概念，因为第7条所规定的"无过错责任"不以违法性为责任要件。德国法系的危险责任（无过错责任）不以违法性为要

----

① 为形成系统化的损害赔偿制度，并形成统一的侵权责任构成要件理论，从而最终坚持一般条款立法模式，建议对行为结果即损害采取广义的解释，损害不仅包括物的损毁、费用的支出、精神痛苦，而且包括对物的占有的丧失、对物的支配出现被侵害的现实危险等。从而损害赔偿方式即侵权责任承担方式，如此便能贯彻分离原则，即原则上将责任成立与责任承担分离，使责任的承担方式和范围仅仅取决于损害的性质和程度，不再需要根据责任方式的不同对一般条款进行具体列举。对此问题的具体分析见本书第三章第二节之三。

② 法律概念的使用应当尽可能追求严谨，为此应区分"侵害"与"损害"：前者是"及物动词"，其后必然接侵害对象即民事主体的特定民事权益；后者是名词，只能在其前面加定语（比如构成财产损害、精神损害），而不能在其后加宾语，所谓"损害他人民事权益"在中文语法上是不通的。若区分"侵害"与"损害"，则人身权益与财产权益是侵害对象，而作为损害结果的只能是财产损害（财产损失）与精神损害。而我国侵权法学界通说和司法实务部门根据《民法通则》106条第2款，将损害分为财产损害、人身损害与精神损害（张新宝. 侵权责任构成要件研究[M]. 北京：法律出版社，2007：130-131；《最高人民法院关于审理人身损害赔偿案件适用法律若干问题的解释》第17、18条），这是典型的不区分"侵害"与"损害"的做法；这种做法延续至《侵权责任法》第16、19、20、22条的规定表明其仍采取不区分"侵害"与"损害"、将损害分为财产损害、人身损害与精神损害的三分法；这种做法源于法国模式的一般条款和我国部分学者在过错侵权责任要件方面排斥违法性的"三要件说"，即从损害出发，混淆"侵害"与"损害"。

件①，例外的是瑞士②，我国学者认为危险责任不以违法性为要件③。张新宝教授即认为，违法性的统一判断标准即加害行为侵害了侵权责任法保护的权利和利益④，即违法性为侵权责任要件，"侵害权益"固然不能等同于违法性，却是行为违法的具体表现和判断标准。即我国现行立法虽未明确规定违法性要件，但明确规定了违法性的具体表现和判断标准。

运用法律解释方法的事例在法制史上并不少见。奥地利的侵权法一般条款即通过解释论从法国法的表象走向了德国法的内层⑤：《奥地利民法典》第 1295 条第 1 款规定，"一人因另一人过失引致损害，有权向其要求赔偿损害；该损害既可因违反合同义务发生，也可以不因合同而发生"⑥，其法条表述非常接近法国模式，但其司法实践却通过将《奥地利民法典》第 1294 条中的"违法行为"概念植入第 1295 条第 1 款，从而将违法性要件引入过错责任一般条款中。可见，相较于立法，法律解释论具有相对独立性，除了文义解释，法律尚有其他解释方法。

总之，在过错侵权责任构成方面坚持违法性要件的独立，能够使我国的相关立法规定及学术观点和司法立场保持协调。从我国民法和侵权

---

① ［德］马克西米利安·福克斯. 侵权行为法 ［M］. 齐晓琨，译. 北京：法律出版社，2006：257.

② ［奥］海尔穆特·考茨欧. 侵权法的统一：违法性 ［M］. 张家勇，译. 北京：法律出版社，2009：151－152.

③ 朱岩. 危险责任的一般条款立法模式研究 ［J］. 中国法学，2009（3）：49.

④ 张新宝. 侵权责任构成要件研究 ［M］. 北京：法律出版社，2007：58.

⑤ 于飞. 权利与利益区分保护的侵权法体系之研究 ［M］. 北京：法律出版社，2012：235.

⑥ ［意］布萨尼，［美］帕尔默. 欧洲法中的纯粹经济损失 ［M］. 张小义，钟洪明，译. 北京：法律出版社，2005.

法基本概念、体系出发，违法性原本就应当作为我国过错侵权责任的独立构成要件；通过法律解释方法的操作，我国现行立法规定与违法性要件独立没有障碍；多数学者也都主张借鉴德国理论解释我国的一般条款；最高法院的陈现杰法官指出，"最高人民法院在指导侵权案件的审理并制定司法解释的过程中，历史地走向了类似于《德国民法典》侵权法体系构成的类型化模式"①。

三、对过错要件的学理具体化

（一）过错的概念

通常认为，过错即行为人主观上的可非难性，包括故意和过失。无论故意还是过失，其构成均应当包括"认识"和"意志"二要素。故意是指行为人已经预见到侵害后果的发生，而追求或放任该后果的出现。过失是指行为人应当能够预见损害，并能够避免损害，但没有预见，或者已经预见却轻信其能够避免。作为法律概念，过失意味着行为标准，而不是心理状态，即过失意味着行为人没有尽到合理的注意义务，或者没有达到一个理性人的注意标准②。

（二）过错的认定标准

依据故意的概念，故意的认定标准采用主观标准，即行为人确实已经预见到其行为可能的后果，而且有"欲为之意"，即追求或放任损害后果③，方才构成故意。

---

① 陈现杰. 侵权责任法一般条款中的违法性判断要件 [J]. 法律适用，2010（7）：11.
② ［澳］彼得·凯恩. 阿蒂亚论事故、赔偿及法律 [M]. 王仰光，等译. 北京：中国人民大学出版社，2008：33.
③ 周友军. 侵权责任认定 [M]. 北京：法律出版社，2010：240.

对于过失，"已经预见却轻信能够避免"构成的过失称为"轻信的过失"，"已经预见"符合了"认识因素"，"轻信能够避免"表明"主观意志"有缺陷，过失的构成当无疑问。而通常称为"疏忽的过失"的"应当预见但没有预见"，则在事实上首先欠缺"认识因素"，但法律在课处行为人注意义务时是依据客观标准，即只要行为人应当预见到损害即负有注意义务，而不考虑其事实上是否实际预见，更不考虑个体主观差异；这意味着法律上对损害的可否预见系采取客观标准，即依据被侵害的利益和损害的性质确定行为人是否负有注意义务，而不考虑行为人个体能力的差异性，甚至不考虑人的识别能力，此即过失的客观认定标准。可见，在过失的认定标准方面，"轻信的过失"完全符合"认识"和"意志"二因素，属于主观认定标准；仅"疏忽的过失"才采用客观认定标准。所以，"过错采取客观认定标准"之说略显武断。

"社会应当根据一系列客观事实来确定行为人在主观方面有无故意或过失"，这本身没有问题，但我们不能由此得出"过错一律采取客观认定标准"的结论，因为能够作为定案依据的肯定应当是客观事实而不是主观臆断，但我们若由此得出"一切法律概念均采客观认定标准"，这样偷换概念得出的论断是没有意义的。而且，过错作为法律上的评价性概念，是不可能被直接证明的，因为证据只能证明事实问题；作为法律上的价值评判，原告不仅要举证证明与被告存在主观过错有关的案件事实，更要论证被告的行为构成法律上的过错，并以此说服法官。

（三）过失的认定标准

英国普通法上的注意义务可以为我们认定过失提供重要参考。在英国，过失的认定要经历两个阶段的分析过程。其一，注意义务的存在：为平衡受害人和行为人的利益，英国法经历了从"邻人原则""两步检验法"到"三步检验法"的发展和完善历程，其理论核心即损害的可预见性成为判断是否存在注意义务的基本标准①。其二，注意义务的违反。

在英国侵权法中，"意外事件"是过失的对立面②，即因其缺乏可预见性这一认识因素；在大陆法系，"事变"是过失的对立面，包括通常事变（我国法所谓的"意外事件"）和不可抗力两种，其共性即行为人通常无法预见。可见，损害的可预见性构成两大法系判断过失的基本标准。认定过失的"可预见性"是"实践意义上的可预见性"，包含两项要素——损害的可预见性和可避免性③，"可预见"意味着行为人应当注意，"可避免"则意味着行为人能够注意。前者取决于被侵害权益的属性，如侵害所有权或生命权；后者取决于行为人的具体识别能力。在过失认定问题上显然采取的是客观的可预见性标准。

"预见"的基本含义即知道、认知、意识到④，属于主观可归责性中的"认识因素"。康德的自由意志理论在民法中体现为意思自治原则，自己责任只有以自由选择和自由决定为前提才是公正的，意思自治在侵权法中具体表现为过错责任原则。"以可预见性为基础的过失责任，保障行为人在意志可支配范围外免负责任，这正是自由价值与意思自治在侵权法中的体现。"⑤ 除自由和公正价值之外，可预见性也是秩

① 于雪锋. 侵权法可预见性规则研究 [M]. 北京：北京大学出版社，2017：37-38.
② [澳]彼得·凯恩. 侵权法解剖 [M]. 汪志刚，译. 北京：北京大学出版社，2010：50.
③ 于雪锋. 侵权法可预见性规则研究 [M]. 北京：北京大学出版社，2017：33.
④ 于雪锋. 侵权法可预见性规则研究 [M]. 北京：北京大学出版社，2017：29-30.
⑤ 于雪锋. 侵权法可预见性规则研究 [M]. 北京：北京大学出版社，2017：66-67.

序价值的必然要求，它保障了行为人对秩序要求的合理预期。可预见性理论的实质理由即在自由与安全的价值衡量之间，侵权法倾向于自由①。

诚然，《德国民法典》第 823 条第 2 款和第 826 条所保护的利益均符合可预见性理论的要求：由于保护性法律已经预示着其保护的主体和客体范围，"违反保护他人的法律致生损害于他人"当然可预见；"故意"即行为人已经预见到其行为可能的后果，从而"故意以悖于善良风俗方法加损害于他人"也符合可预见性理论。但从实践经验角度反向推论，行为人可否预见特定的损害，显然并不以"故意以悖于善良风俗方法加损害于他人"或"违反保护他人法律致生损害于他人"的情形为限②，则德国侵权法抛开过失要件的规范功能而走"权利和利益区别保护"，明显有违生活常理，而且导致对利益的保护条件过于苛刻、置大量"可预见的损害"于保护范围之外的问题。

可预见的对象包括如下。其一，可预见原告。债是存在于特定民事主体之间的法律关系，侵权法上的过失是一方以特定方式影响特定的另一方的行为，过失总是法律从具体个体之间的双边关系的角度进行表述的，它总是具体的，不存在抽象的、不确定的过失概念③。换言之，被告只对"可预见的原告"负有注意义务，此即注意义务的相对性。其二，可预见损害。被告仅对原告有所预见还不够，还应当对原告受到某种损害有所预见，才产生避免损害的注意义务④。

---

① 于雪锋. 侵权法可预见性规则研究 ［M］. 北京：北京大学出版社，2017：72.
② 陈忠五. 契约责任与侵权责任的保护客体："权利"与"利益"区别正当性的再反思 ［M］. 北京：北京大学出版社，2013：140.
③ ［澳］彼得·凯恩. 侵权法解剖 ［M］. 汪志刚，译. 北京：北京大学出版社，2010：13.
④ 于雪锋. 侵权法可预见性规则研究 ［M］. 北京：北京大学出版社，2017：49 - 58.

现以侵害股权案为例进行分析。股权作为投资者对公司净资产享有的份额利益，其所反映的投资者对公司财产享有的利益范围通常是不确定的（因为具体的公司财产是变动的），因而难以合理预见。公司章程和工商档案（内档）对特定股东持股份额和比例的登记记载并不意味着该股权能够被合理预见，因为社会一般人侵害股权通常不是通过非法变更公司章程和工商档案中对特定股东持股份额和比例的登记记载（这种情况下侵害人具有故意），而是通过侵害公司净资产的具体体现——公司的具体财产——来侵害股东权益的。在此场合，公司财产所有权应当被预见，但股权通常并不能被合理预见，故股东若向第三人主张侵害股权的过失侵权损害赔偿责任，应当对加害人"可预见原告"和"可预见股权损害"承担举证和论证义务。在此，德国民法典第 823 条第 1 款"保护权利、不保护利益"的模式显然过于僵化；法国模式以可预见性为核心标准认定过失，进而进行归责，更加科学合理。

可见，为兼顾行为自由与权益保护，注意义务的产生应以损害的客观可预见性为事实依据，而"权利还是利益"并不重要。经由"过失"要件认定的具体操作，可以实现更加科学合理的归责，而不必一律排除过失责任对利益的保护。

（四）"过错"与"违法性"要件的分工

关于"违法性"和"过错"要件的区分，"违法性系指行为人之行为客观上违反法规范价值，过失则指行为人未尽理性人的注意义务"[①]，二者似乎泾渭分明；但欧洲比较法学家们的共识却是，"英国学说中的注意义务和大陆法系的违法性是一致的，因为违反注意标准与德国或奥地

---

① 陈聪富.侵权违法性与损害赔偿［M］.北京：北京大学出版社，2012：55.

利法中的'行为不法论'本质上是一样的"①，这似乎又昭示着区分并非易事。与法国和德国法官不同，"英格兰法官们以开放的态度表达了他们的实用主义。政策裁量并没有被掩盖在因果关系或规则性的特定观点之下"，"不法性问题被孤立地作为先决的政策裁量因素"②，而不法性判断又是通过在个案中对情景化的注意义务的具体分析来实现的③。

过失的客观认定标准导致法官利用此要件进行自由裁量的空间被大大压缩，从而过失要件协调利益冲突的灵活性大打折扣，因此在法律价值判断方面的规范功能应当主要由违法性要件来完成。作为对被告行为应否担责的法律判断，二者的判断标准确实也必然存在部分重合，但这不应当成为否认二者并存的理由，因为二者的判断也存在利益平衡方面的差别：违法即违反强行法和公序良俗，其隐含着"法律未禁止即为许可"，故需要"正面认定违法性"，其主要通过行为是否偏离法规范价值来平衡权益保护与行为自由。"违法性系指行为人之行为客观上违反法规范价值"④，这要求对相关权益进行位阶高低比较，若原告被侵害的权益在法律上的价值位阶明显比被告的特定行为自由要高，则被告的行为"以下犯上"即为违法。过失即违反"不侵害他人"的注意义务，其隐含着"损害即推定违法"，其主要通过损害的客观可预见性来平衡权益保护与行为自由。

违法性与过失，前者系依据法规范价值对侵害权益的行为做出一般

---

① 欧洲侵权法小组. 欧洲侵权法原则：文本与评注 [M]. 于敏，谢鸿飞，译. 北京：法律出版社，2009：54.
② [意] 布萨尼，[美] 帕尔默. 欧洲法中的纯粹经济损失 [M]. 张小义，钟洪明，译. 北京：法律出版社，2005：105.
③ [意] 布萨尼，[美] 帕尔默. 欧洲法中的纯粹经济损失 [M]. 张小义，钟洪明，译. 北京：法律出版社，2005：104，109.
④ 陈聪富. 侵权违法性与损害赔偿 [M]. 北京：北京大学出版社，2012：55.

性的价值判断——行为违法，后者系在认定行为违法的基础上，依据损害的可预见性和可避免性对行为人是否可非难予以评判。二者对行为的判断一个抽象一个具体，且判断标准有异，故应当并立；基于从抽象到具体的筛选过程，原则上应当遵循先"违法性"后"过错"的判断过程。就价值判断的属性而言，违法性是纯粹的法律判断，仅涉及行为违法与否，而过错则可进一步涵盖到行为合理性判断。

既然多个责任构成要件的价值目标和规范功能都是为了实现科学合理归责，基于应然的法律世界与实然的社会生活之间的本质区别，则从经验出发，立法规定的几个有限的归责要件之间在对社会生活的作用范围和规范方式方面要么会存在交叉问题，要么必然会存在"衔接不上"的问题。而在"功能交叉"与"衔接不上"之间，为尽可能避免因"衔接不上"而导致规范漏洞，法律只能无奈地选择允许"功能交叉"。试图以极少数几个抽象的法律概念对社会生活中千变万化的侵权案件做出天衣无缝的解释，而且要求判断顺序唯一、判断与判断之间既衔接到"严丝合缝"又不存在交叉与重合，这实属法律实证主义在理性方面的"致命的自负"，既不可能也没必要——因为司法实践中的法律适用是一个相互交叉和不断循环的过程，法官的思考和判断具有综合性，多个要件之间的"功能交叉"不会导致判断结果的实质性谬误（甚至不影响判断的效率），故应当容忍"功能交叉"；而判决书中对各构成要件的分别说明只是为了迎合理论教学和满足裁判科学化的需要进行的抽象思维而已①，法学毕竟不同于自然科学，严丝合缝、精确运作的"法律机器"是不存在的。

诚然，在过失侵害绝对权案件，以客观判断标准认定过失和以

---

① 于雪锋. 侵权法可预见性规则研究［M］. 北京：北京大学出版社，2017：58－60.

"行为违法论"认定违法性得出的结论通常是一致的，但这并不意味着在整个过错侵权责任领域"违法性"和"过错"的区分判断没有意义，因为理论更应当对疑难案件具有解释力，而不应当仅限于合理解释普通人仅凭常识即可正确判断的案件。

此外，司法过程所包含的举证质证、事实认定、法律解释与适用并非法律实证主义者所区分的那样泾渭分明，而是一个相互交叉并不断循环的过程，在此过程中始终伴随着法官的实质考量，而构成要件等关键性概念不过对法官的实质考量起一种提示作用罢了。换言之，事实认定、概念涵摄、价值评判和政策考量等诸多因素是相互交织相互影响的，它们共同导致了特定案件的裁决结果。

四、对因果关系要件的学理具体化

（一）因果关系的概念

因果关系通常是指"一种情形引发另一种情形的判断"①。作为侵权责任构成要件，因果关系指加害行为与损害后果之间的引起与被引起的关联关系，其规范目的在于合理归责。至于到底应当是过错与损害之间还是违法性与损害之间的因果关系，这无关紧要，因为"过错"是行为的过错，"违法性"也是指行为违法。

在德国侵权法上，"因果关系"要件被细分为"责任成立的因果关系"和"责任范围的因果关系"。前者指可归责的行为与权益受侵害之间的因果联系，旨在从众多"条件"中筛选出在法律上应当承担责任的"原因"，以决定被告的侵权责任是否成立。后者指权益受侵害与权

---

① ［荷］施皮尔. 侵权法的统一：因果关系［M］. 易继明，等译. 北京：法律出版社，2009：85.

益受侵害后所具体衍生的不利益之间的因果联系，旨在从众多具体衍生的不利益项目中筛选出在法律上应当赔偿的"损害"，以决定被告侵权损害赔偿责任的具体范围。

例如，A 在出家门时因 B 引起的事故而受伤，在 A 被救护车送往医院的途中，该救护车被 C 碰撞，到达医院时，A 已死亡。经查，A 之所以匆匆出门是因为给朋友打电话而耽误了时间，他死亡时因为某种疾病身体已极其虚弱；B 之所以匆忙是因为老板命令他立即赶到办公室；同时，救护车的刹车当时也存在问题……以上哪些是引起 A 死亡的原因？① 因果关系要件的规范功能在于从与损害具有客观关联性的众多行为和事件中筛选出在法律上应当对损害承担责任的"原因"，以确定相对合格的被告，从而缩小进一步归责判断的范围，为进一步的归责判断打下良好的基础。因此，因果关系要件的判断应当紧随损害要件之后。

从实践的角度论，何谓"侵害权益"？如何判断特定主体的权益是否被特定的加害行为侵害？"侵害权益"在实践中系由"损害"反推而来，而能否由"损害"反推出被告的行为"侵害权益"，这在事实层面主要取决于被告的加害行为与原告的损害之间是否存在时空关联及其关联的紧密程度，而在侵权责任构成层面则通过"过失"或"因果关系"要件进行判断似乎更合适。比如，"损害如果完全系由受害人的行为所引起，则实际上就是说被告没有实施任何过错行为"②。

（二）因果关系的认定

判断因果关系应当区分加害行为与非加害行为，以加害行为与损害

———

① 张民安. 现代法国侵权责任制度研究［M］. 北京：法律出版社，2007：135.

② 张民安. 现代法国侵权责任制度研究［M］. 北京：法律出版社，2007：144.

之间的关系作为分析对象；而无论"责任成立的因果关系"还是"责任范围的因果关系"，在实践判断过程中都分别包括两个阶段，即必要条件（事实上因果关系）和相当性（法律上因果关系)①。

1. 加害行为及其认定

在无照驾驶不慎致人损害案件中，侵权法的立法目的当然也包括避免无照驾驶以致损害的发生，但就特定损害赔偿责任而论，驾驶不慎才是导致被害人受害的加害行为，是否取得驾照与损害的发生并无关联②。区分加害行为与非加害行为的好处在于，根据事物发生发展的逻辑进程，将对损害的发生具有原因力的行为和事件作为分析对象，以合理减少分析对象，提高因果关系分析的效率。

2. 事实上因果关系的认定

欧洲比较法学家的国别报告表明，因果关系是所有国家公认的责任构成要件，而且各国均将"无之则不然"即必要条件作为分析和认定因果关系的第一步——事实上因果关系的标准，即从科学和经验的角度，对事发当时的情况进行判断，若没有特定的加害行为则损害就不会发生，该加害行为就是事实上的原因③。具体而论，对"作为侵权"采取剔除法进行判断：若被告无积极加害行为，损害是否会发生。对"不作为侵权"采取替代法进行判断：被告若为合法的作为，损害是否会发生。事实因果关系是纯粹的因果律问题，依据必要条件进行判断即可，必要条件即为事实上原因。

---

① 王泽鉴. 侵权行为法：第一册 [M]. 北京：中国政法大学出版社，2001：187 – 191.
② 陈聪富. 因果关系与损害赔偿 [M]. 北京：北京大学出版社，2006：146 – 147.
③ [荷] 施皮尔. 侵权法的统一：因果关系 [M]. 易继明，等译. 北京：法律出版社，2009：178 – 179.

3. 法律上因果关系的认定

作为法律概念，"因果关系"要件的认定标准自然不能完全等同于自然科学领域的因果律。在欧洲，除比利时之外，各国均不将事实上的原因作为归责的充分依据①，而是借助"法律上因果关系"将价值判断和政策考量引入因果关系判断过程，各国考虑使事实上原因负法律责任的根据主要有临近性、可预见性、直接性、充分性，以及政策因素②。普通法国家主要使用"近因"概念，其内涵包括损害的可预见性、直接性、时空的临近和政策考量（比如闸门问题和损害范围与过失是否相称），其中，损害的可预见性是判断的首要标准③。法国、德国、奥地利、希腊等国家使用"充分原因"标准，即如果特定的加害行为通常都能够导致损害结果的发生，而不是在反常的情况下发生，则法律上因果关系成立。其中，预见性也起决定作用④。值得注意的是，德国法院将政策考量作为事实上因果关系和法律上因果关系分析之后的第三步⑤，这固然由于因果关系理论本身的复杂性⑥，但同时是否也意味着其构成要件理论本身的失败？

---

① ［荷］施皮尔. 侵权法的统一：因果关系［M］. 易继明，等译. 北京：法律出版社，2009：178 - 183.

② ［荷］施皮尔. 侵权法的统一：因果关系［M］. 易继明，等译. 北京：法律出版社，2009：191 - 193.

③ ［荷］施皮尔. 侵权法的统一：因果关系［M］. 易继明，等译. 北京：法律出版社，2009：185.

④ ［荷］施皮尔. 侵权法的统一：因果关系［M］. 易继明，等译. 北京：法律出版社，2009：186 - 187.

⑤ ［荷］施皮尔. 侵权法的统一：因果关系［M］. 易继明，等译. 北京：法律出版社，2009：189.

⑥ 法国学者说，"侵权法中的因果关系对德国人的法律思维有不可遏制的吸引力"。张新宝. 侵权责任构成要件研究［M］. 北京：法律出版社，2007：304.

（三）"过错"和"因果关系"要件的功能耦合

在因果关系的认定过程中，被侵害的是"权利还是利益"并不重要。权利与利益固然在具体特定性和侵害的可预见性方面有差异，但经由"责任成立的因果关系"和"责任范围的因果关系"，通过适当的技术分析、价值判断和政策考量，自可实现对侵害利益责任构成和赔偿范围的适当限制，从而"立法上的区别保护模式"不必效仿。

如前所述，在法律上因果关系的认定方面，无论普通法国家使用的"近因"概念，还是大陆法系国家使用的"充分原因"标准，损害的可预见性都是重要的判断标准。法国学者认为，"德国相当因果关系理论与英国法院适用的合理预见规则是无法区分的"①。我国有学者研究过法律上因果关系的各种学说后指出，"过错与因果关系这两个责任要素之间的功能耦合关系是无法割断和无法摆脱的"，可预见性规则无论在哪使用，实质上都是"一个过错原则的命题"②。这进一步佐证了归责要件之间的功能耦合是不可避免的。

（四）关于侵权责任构成的一般判断顺序

由于法律适用是一个相互交叉和不断循环的过程，法官的思考和判断具有综合性，故责任构成要件的判断顺序并非唯一。但正常逻辑是人从事理性活动的特征，侵权责任构成要件的判断还是有一定的顺序可循的。在本书上述具体分析的基础上，现提出符合一般逻辑的判断顺序及各要件规范功能：损害—责任成立因果关系—行为违法—过错—责任范围因果关系。损害的客观性及由此决定的可证明性使得"损害"要件

---

① 于雪锋. 侵权法可预见性规则研究 [M]. 北京：北京大学出版社，2017：86.
② 王卫国. 过错责任原则：第三次勃兴 [M]. 北京：中国法制出版社，2000：178 – 183.

成为进行侵权责任构成分析活动唯一合适的起点。具有正当性和严重性的损害才可能成为可赔偿的损害，从而进入下一个判断阶段。责任成立因果关系是进行行为违法性判断的客观关联性前提，通过责任成立因果关系要件判断，将与损害具有客观关联性的众多行为和事件进行筛选，确定出在法律上应当对原告损害承担责任的相对合格的被告，从而大大缩小进一步归责判断的范围。通过行为违法性要件的评价，对被告造成原告损害的行为做出是否违反法律秩序的抽象判断；通过行为过失要件的评价，依据损害的可预见性和可避免性对被告是否具有可非难予以具体判断。最后通过责任范围因果关系要件的筛选，最终确定被告应当对原告承担赔偿责任的具体损害范围。

小　结

《侵权责任法》第2条第1款不宜解读为"大一般条款"；相比之下，仅第6条第1款比较适合解读为一般条款。由于概括性的一般条款在司法中不可避免地背离形式理性，破坏法的安定性，不利于法治秩序的形成，因而有必要对其进行适度的具体化，以更好地实现其规范目的和社会功能。对一般条款进行具体化是立法者、司法者和学术界共同的使命，具体化的成功有赖于法律职业共同体内全体成员的协力。立法者可通过立法对侵权法一般条款进行补充性、解释性规定（主要是对损害、因果关系、过错和违法、抗辩事由、责任形式、共同侵权等进行规定），也可进行具体列举性规定；法学者可通过学理对一般侵权责任的构成要件、抗辩事由和责任承担问题进行理论解说；而司法者在运用立法规定并参照理论通说裁判案件时可能还需要运用实践经验和智慧进行填补，才能完满实现个案公正。过错侵权责任的构成要件具体化在当今大陆法系国家主要由侵权法理论完成，本书在具体分析过错侵权责任各构成要件的基础上，提出符合一般逻辑的判断顺序及各要件判断标准：损害—责任成立因果关系—行为违法—过错—责任范围因果关系。

第四章

侵权法一般条款与纯粹经济损失赔偿问题

基于本书第三章的分析，就侵权法对绝对权的保护而言，德国模式与法国模式其实没有根本区别——在保护绝对权的范围内，"侵害绝对权推定违法"与"损害推定违法"的实际效果没有本质差异；换言之，两种立法模式表面上差异很大，但所调整的核心区域却是重合的。两种立法模式仅在对利益的保护程度和保护条件方面存在本质差异。本章即聚焦于侵权法上纯粹经济损失的赔偿问题，通过分析侵权法对纯粹经济损失的赔偿应当具有的基本态度，用纯粹经济损失这一侵权法学上的"个案"和"难题"对我国侵权责任一般条款进行"考验"，进一步探寻侵权责任的合理边界和侵权关系中当事人利益的最佳平衡点，反思我国侵权法的一般条款立法模式，总结我国一般条款立法的得与失，并据此对一般条款的解释和立法提出合理建议。至于侵权法对人格利益的保护，则留待本书第五章论述。

第一节　纯粹经济损失的概念分析

一、纯粹经济损失概念的内涵

概念界定是严肃讨论问题的前提，尤其我国法律界对纯粹经济损失概念还相对陌生。虽然近年来民商法学界对此概念偶有讨论，但远未达成共识，故有必要对概念本身予以具体分析。在欧洲，纯粹经济损失一直是侵权法学界讨论的热点问题，并取得了丰硕成果①。我国法学界对纯粹经济损失的研究是近十年的事情②。鉴于纯粹经济损失概念系翻译而来，本书的概念分析将从域外诸国对其界定开始，以避免望文生义。

就立法层面论，绝大多数国家未在立法中使用"纯粹经济损失"一语，更遑论概念界定。例外的是瑞典和芬兰，其立法不仅明确使用了"纯粹经济损失"一语，还试图通过法条对其进行概念界定。瑞典1972年的《侵权责任法》第一章第2条规定，"本法所称的纯粹经济损失是指与个人人身或物的损坏无直接联系的经济损失"，芬兰1974年的《侵权责任法》第五章第1条将纯粹经济损失界定为"与人身伤害或者

---

① ［意］布萨尼，［美］帕尔默．欧洲法中的纯粹经济损失［M］．张小义，钟洪明，译．北京：法律出版社，2005：3.

② 张新宝教授发表于2007年的论文《论纯粹经济损失的几个基本问题》，可以说是我国法学界关注此问题的标志。参见张新宝，张小义．论纯粹经济损失的几个基本问题［J］．法学杂志，2007（4）.

财产损害不相联系的经济损失"①。然而，仅仅通过上述法条规定，我们仍难以把握纯粹经济损失概念的要义。

专门致力于研究纯粹经济损失的比较法著作《欧洲法中的纯粹经济损失》为了使其研究"保持中性和基于事实的立场"，故其对"纯粹经济损失"概念的性质和定义未设置任何假定，只从事实的角度提出了"四种在其功能和关系上都自成一格的"典型类型②：

1. 反射损失：加害人甲的行为不仅侵害了受害人乙的人身或财产，导致乙受有损失 A，还导致受害人丙也产生了损失 B，但丙的人身或财产并没有受到甲的行为的侵害，因此，相对于加害人甲，丙的损失即"纯粹经济损失"。比如电缆案，甲建筑公司的工作人员操作挖掘机时切断了乙供电公司的地下电缆，导致临时停电，而临时停电又导致丙公司被迫停工两天。现在丙起诉甲，要求赔偿停工损失。

2. 转移损失：加害人甲的行为侵害了受害人乙的人身或财产，导致乙受有损失，但由于法定或约定的原因，乙的损失应当转由丙承担。但丙的人身或财产并没有受到甲的行为的侵害，因此，相对于加害人甲，丙的损失即"纯粹经济损失"。

3. 公共市场、运输通道和公用设施关闭导致的损失：比如甲的行为导致交通堵塞，交通堵塞又导致有人上班迟到被扣奖金，有人因迟到而损失缔约机会。

4. 对错误信息、建议和专业服务的信赖导致的损失：律师甲的过

① ［意］布萨尼，［美］帕尔默. 欧洲法中的纯粹经济损失［M］. 张小义，钟洪明，译. 北京：法律出版社，2005. 值得注意的是，以上"侵权责任法"有译为"损害赔偿法"的，见［德］克雷斯蒂安·冯·巴尔. 欧洲比较侵权行为法：下卷［M］. 张新宝，等译. 北京：法律出版社，2004：37.

② ［意］布萨尼，［美］帕尔默. 欧洲法中的纯粹经济损失［M］. 张小义，钟洪明，译. 北京：法律出版社，2005：4，9－11.

失行为导致其为乙起草的遗嘱无法达成由丙继承乙的主要遗产的目的，受害人丙认为其具有重大损失，但丙的人身或财产并没有受到甲的行为的侵害，因此，相对于加害人甲，丙的损失即"纯粹经济损失"。

根据冯·巴尔教授的比较研究，欧盟各国对"纯粹经济损失"概念尚未形成共识，现主要存在三派：一派以英国、瑞典和芬兰为代表，认为纯粹经济损失是指"不依赖于物的损害或者身体及健康损害而发生的损失"，另一派以德国、奥地利、葡萄牙、荷兰等国为代表，认为纯粹经济损失是指"非作为权利或受保护利益的侵害结果而存在的损失"；而法国、比利时、卢森堡和西班牙的学者和律师对此概念则全然陌生①。

纯粹经济损失作为法学理论上构造出来的概念，其本身具有强烈的技术性和工具性，"它总是服从于带有人类目的性的价值哲学"②，而不能脱离人的目的，成为自足的技术。因此，在该概念本身难以自我说明的情况下，为准确理解纯粹经济损失的含义，我们需要考虑这一概念提出的目的。学者发现，在上述承认这一概念的法律环境里，它与无责任规则联系在一起③，即各国用"纯粹经济损失"来指称其国内的过失侵权法原则上不予救济的损失。"纯粹经济损失"概念作为一种法学方法和工具被提出，是为了在侵权法实践中作为一个过滤器，从而司法者借助它能够对"什么可以被看作是可赔偿性损害，什么被排除在侵权行

① ［德］克雷斯蒂安·冯·巴尔. 欧洲比较侵权行为法：下卷［M］. 张新宝，等译. 北京：法律出版社，2004：32.［德］克里斯蒂安·冯·巴尔，乌里希·德罗布尼希. 欧洲合同法与侵权法及财产法的互动［M］. 吴越，等译. 北京：法律出版社，2007：25.

② 张新宝. 侵权责任构成要件研究［M］. 北京：法律出版社，2007：172-173.

③ ［意］布萨尼，［美］帕尔默. 欧洲法中的纯粹经济损失［M］. 张小义，钟洪明，译. 北京：法律出版社，2005：4.

为法的可归责性之外"做出快速而精确的判断。也就是说，学者提出这一概念的目的不是为了讨论其赔偿的条件，而是为了"规定这一类损害根本不予赔偿或仅在极其严格的特别条件下才加以赔偿"①。

从概念提出的目的出发，很容易解释各国学者在纯粹经济损失概念界定方面的分歧。为兼顾原告的权益保护和被告的行为自由，以英国和德国为代表的侵权法对利益损害只进行有限救济，原则上只救济"对世规范"② 所保护的损失，其他损失原则上不予保护，于是在逻辑上便有了纯粹经济损失的概念。基于经验主义传统，英国侵权法着眼于保护具体的有形物和人的身体，其立法基点是具体的行为对象，即各种有体物和人身；而其他利益损失则原则上不予保护，故英国法将纯粹经济损失界定为"与有体物和人身的形体完整性所受的侵害无直接联系的任何损失"。而基于对权利概念的依赖③和对行为自由的倾向性保护④，德国法系强调受侵权法保护的权利和利益的对世性，即过失侵权责任的承担应具有预见可能性，故其将原则上不具有预见可能性，从而不予保护的"纯粹经济损失"界定为"与权利和受保护的利益所受的侵害无直接联系的任何损失"也就顺理成章了；根据于飞博士的考证，德国

---

① ［德］克雷斯蒂安·冯·巴尔. 欧洲比较侵权行为法：下卷［M］. 张新宝，等译. 北京：法律出版社，2004：31 - 32.

② "对世规范"是苏永钦教授的用语，他基于期待可能性理论，认为"侵害绝对权""违反保护性法律"和"故意违反善良风俗"的本质是违反对世规范。参见苏永钦. 走入新世纪的私法自治［M］. 北京：中国政法大学出版社，2002：304 - 306.

③ 作为对社会生活多样性的抽象，权利构成德国民法典的核心概念。针对越来越多的学者对权利的核心地位提出批评，梅迪库斯总结说，私法仅靠权利这一思维手段是不够的，但权利绝对不是可有可无的思维手段。［德］迪特尔·梅迪库斯. 德国民法总论［M］. 邵建东，译. 北京：法律出版社，2000：62 - 65.

④ 受"将损失理解为个人的命运"和经济自由主义思想的影响，德国侵权法在权益保护和行为自由之间倾向于保障行为自由。参见［德］马克西米利安·福克斯. 侵权行为法［M］. 齐晓琨，译. 北京：法律出版社，2006：2 - 3.

民法典在制定当时，第 823 条第 1 款所指的法益仅指"生命、身体、健康、自由"，从而与"权利"（包括所有权、其他权利）对立，目的是使"其他权利"的弹性扩张功能仅在"权利"领域中发挥作用，而不能及于人格利益，从而实现对人格利益限定保护的立法目的。但随着"一般人格权"概念的出现并进入"其他权利"领域，原来的立法目的被打破，"法益"与"权利"合流，"法益"概念成为侵权法上或者说受德国民法典第 823 条第 1 款保护的权利的统称①。可以佐证的是，奥地利侵权法专家库齐奥教授将其界定为一种并非因为人格权或者财产权（有体财产权和无体财产权）受侵害而发生的损害②。法国侵权法从"禁止损害他人"的自然法观念出发，主要借重"过错"和"因果关系"要件来权衡当事人之间的利益冲突，而未强调通过区分权利和利益来作为限制责任的工具，故法国法系学者和律师对纯粹经济损失是陌生的。为满足司法实践的需求，意大利最高法院创设了"财产完整权"概念来指称纯粹经济损失，可谓切中要害，因为纯粹经济损失概念具有一定的抽象性，"是加诸被害人整体财产上的一种不利益"，"体现为被害人总体财产之变动"③，其仅意味着"受害者的钱包受损，此外别无他物受损"④。

总之，各国学者对纯粹经济损失概念的不同态度和不同界定是由其各自国家的侵权法实践需求决定的；而在承认这一概念的国家，不同的概念表述之间存在的共性即否定性界定和否定性效果：不依赖于物的损

---

① 于飞. 侵权法中权利与利益的区分方法 [J]. 法学研究，2011（4）：107.

② [奥] 海尔穆特·考茨欧. 欧盟纯粹经济损失赔偿研究 [J]. 朱岩，张玉东，译. 北大法律评论，2009（1）：243.

③ 李昊. 纯经济上损失赔偿制度研究 [M]. 北京：北京大学出版社，2004：7-8.

④ [意] 布萨尼，[美] 帕尔默. 欧洲法中的纯粹经济损失 [M]. 张小义，钟洪明，译. 北京：法律出版社，2005：5.

害或身体及健康损害而发生的损失，或者非作为权利或受保护利益的侵害结果而存在的损失——原则上不予赔偿。

二、纯粹经济损失概念的外延

基于对纯粹经济损失概念的问题属性的不同认识，各国学者对于纯粹经济损失概念的外延存在不同看法。奥地利的考茨欧教授[①]和我国的王泽鉴教授[②]、葛云松博士[③]、梅夏英博士[④]、李昊博士[⑤]、于飞博士[⑥]从德国侵权法的思维模式出发，基于"纯粹经济损失问题是侵权法的保护范围问题"的前见，基于抽象的概念推理，认为纯粹经济损失的反面即纯粹经济利益，也就是绝对权范围之外的利益，包括合同履行利益、缔约信赖利益、固有利益等，则纯粹经济损失自然包括违约损害、缔约过失损害等。可谓广义理解。但这些损害的赔偿问题大多不是典型的侵权责任问题，而且这些损害的赔偿问题在世界各主要国家大多可通过合同责任予以妥善解决，而与侵权责任的排除规则无关。比如固有利益，其通常表现为所有权利益，而所有权当然是绝对权范围之内的利益，故将固有利益损失简单归为纯粹经济损失，显然不合适。而意大利的布萨尼教授、美国的帕尔默教授和我国的张新宝教授从典型类型和概

---

① ［奥］海尔穆特·考茨欧. 欧盟纯粹经济损失赔偿研究［J］. 朱岩，张玉东，译. 北大法律评论，2009（1）：249 - 253.

② 王泽鉴. 侵权行为［M］. 北京：北京大学出版社，2009：296.

③ 葛云松. 纯粹经济损失的赔偿与一般侵权行为条款［J］. 中外法学，2009（5）：692，731 - 736.

④ 梅夏英. 侵权法一般条款与纯粹经济损失的责任限制［J］. 中州学刊，2009（4）：96 - 97.

⑤ 李昊. 纯经济上损失赔偿制度研究［M］. 北京：北京大学出版社，2004：2.

⑥ 于飞. 权利与利益区分保护的侵权法体系之研究［M］. 北京：法律出版社，2012：201.

念目的出发，强调纯粹经济损失作为侵权法理论构造的一个动态的情景式概念，它只是对社会生活中普遍关联的利益关系在法律概念层面的人为截取，是过失侵权行为给直接受害人之外的人即间接受害人造成的金钱损失，而不能被简单地看作是对静态利益性质的概括①；它强调受损主体与过失侵害行为之间没有直接关联，换言之，该损失与侵害行为之间没有特定的受侵害的权益进行联结②；为了避免侵权责任泛滥，侵权法对该损失的态度是原则上不予赔偿，而普通的合同债权利益损失当然不适合一般性地归入纯粹经济损失范畴③④。这可谓狭义理解。

如果着眼于侵权法的个案实践，并考虑纯粹经济损失概念提出的目的是为限制侵权责任提供简便的判断工具，则对纯粹经济损失概念采狭义理解是适当的。但若着眼于侵权法乃至民法的宏观体系，将绝对权之外的经济利益作为一个整体来探讨其保护和救济方式，也颇有意义。本书尽量尊重文义，用"纯粹经济利益"指称绝对权之外的经济利益，用"纯粹经济损失"指称过失侵权原则上不予赔偿的损失，前者与后者不仅具有正反关系，且具有广义与狭义之别。

---

① ［意］布萨尼，［美］帕尔默. 欧洲法中的纯粹经济损失 ［M］. 张小义，钟洪明，译. 北京：法律出版社，2005：17.

② 此点被李昊博士先后概括为纯粹经济损失的独立性和直接性，参见李昊. 纯经济上损失赔偿制度研究 ［M］. 北京：北京大学出版社，2004：6 - 8. 实际上独立性和直接性都是强调纯粹经济损失的产生不依赖于损失主体的民事权益被侵害。

③ ［意］布萨尼，［美］帕尔默. 欧洲法中的纯粹经济损失 ［M］. 张小义，钟洪明，译. 北京：法律出版社，2005：4 - 12.

④ 张新宝. 侵权责任构成要件研究 ［M］. 北京：法律出版社，2007：184.

第二节 纯粹经济损失原则上不赔规则

如前所论，在承认"纯粹经济损失"概念的法律环境里，它是作为一种法学方法和工具被提出的，用于指称特定法域中的过失侵权法原则上不予救济的损失，其在侵权法实践中发挥过滤器作用，即快速而便利地排除部分不可赔偿的损害。在欧洲，既然法国、比利时、卢森堡和西班牙之外的大多数法域均使用纯粹经济损失这一责任排除工具，其自然并非空穴来风，而有其存在的依据。

一、三种侵权法规范模式下的纯粹经济损失赔偿问题

（一）德国大类型化模式与纯粹经济损失原则上不赔之间的契合关系

《德国民法典第》823 条第 1 款的逻辑结构是：行为—侵害权益—损害—赔偿。德国法在判断责任是否成立时，不是从损害出发，而是从权利侵害出发，即首先考虑被告的行为是否侵害了原告的权利，然后再考虑侵害权利导致了哪些损害①。由此，纯粹经济损失作为"非因权益侵害而直接导致的主体的损失"，自然不予赔偿。《德国民法典》第 823 条第 1 款对绝对权的列举式规定明确表明其对纯粹经济损失的态度：原则上不赔。虽然《德国民法典》第 823 条第 2 款和第 826 条的救济范围

---

① 李承亮. 侵权责任的违法性要件及其类型化 [J]. 清华法学, 2010 (5)：82.

包括纯粹经济损失①，但这两个小的一般条款的保护范围也仅限于相对封闭和确定的直接受害人的损失：第 823 条第 2 款的救济范围限于原告属于特定的保护性法律所保护的人，且原告被侵害的法益属于该保护性法律的保护范围；第 826 条的保护范围限于故意违反善良风俗的行为直接造成的损失，"主观故意"使得被侵害的利益得以特定化，并使主体之间的关系得以相对化，避免了被告应当负责的损害不断向外扩展。因此，德国侵权法三个小的一般条款分别通过"直接侵害绝对权""违反保护性法律"和"故意违反善良风俗"，贯彻了权益侵害（即违法性）要件，并将责任范围限于直接受害人，从而避免了损害的无限扩散；而"纯粹经济损失原则上不予赔偿"也是通过坚持过错侵权责任的违法性要件，认为纯粹经济损失的归属主体的人身和财产权益并未受到加害人过失行为的侵害，即责任构成欠缺"侵害权益"要件，从而将侵权责任限制在直接受害人范围内。故德国侵权法大类型化模式与"纯粹经济损失原则上不予赔偿"理论之间存在高度契合关系。

（二）法国抽象概括模式下纯粹经济损失赔偿的司法主导模式

根据《法国民法典》第 1382 条的规定，被告基于过错行为给原告造成的损害都应予以赔偿。该条的规范逻辑是从可证明的"损害"概念入手，放弃难以证明和认定的"违法行为""侵害权益"概念，其作为责任要件的因果关系是指行为与损害之间的因果关系，过错是指对损害发生的过错。由于法国模式没有从正面限制侵权法一般条款的保护范

---

① 将《德国民法典》第 823 条第 2 款和第 826 条的保护对象解读为包括权利和纯粹经济利益，仍然可以坚守"纯粹经济损失不予赔偿"规则：《德国民法典》第 823 条第 1 款的保护范围固然狭窄，但在此范围内的"责任密度"很大；相反，第 823 条第 2 款和第 826 条的保护范围虽然很广，但属于"点状"的保护，"责任密度"很小。

围，只从反面规定了损害，更没有从立法上要求对权利和利益予以不同程度的保护，因此该立法给人的印象"似乎是要平等救济一切损害"①。法国人没有兴趣研究"侵害权益"要件这样的问题，只有德国侵权法"才在权利侵害和纯粹经济损失之间建立了直接的联系"②。这样，对于依据"是否基于行为的直接侵害而产生"把损害区分为一般财产损失和纯粹经济损失，法国人自然完全陌生。

但立法者没有完成的限制责任的任务需要司法者来完成，因而，纯粹经济损失赔偿问题在法国"成了一个司法问题，属于法学事项和学说的意见范围。换句话说，法国的纯粹经济损失保护必须被视作如同神谕的结果，因为关于该等损失没有能据以确定或排除责任的外在、预先存在的不法性概念"③。因此，法国法官在实践中主要通过解释"损害""因果关系"和"过错"这三个抽象概念来作为限制责任的工具。由于法国法院的判决非常简略而不充分阐述判决理由，"下级法院尚未从最高法院接收到关于因果关系的清晰规则，在因果关系认定问题上他们似乎既有裁量的余地也有犹豫的时刻"④；"在自由裁量的层面，政策的适用更难以被观测到"，"在这个层面否认救济的裁判是不为法学研究所知的"⑤，我们很难从法院支持或者驳回赔偿纯粹经济损失的请求的判决中发现真实的理由和推理过程。但是，法国司法实践中通过要求

①　李承亮. 侵权责任的违法性要件及其类型化［J］. 清华法学，2010（5）：77.
②　［德］克雷斯蒂安·冯·巴尔. 欧洲比较侵权行为法：下卷［M］. 张新宝，等译. 北京：法律出版社，2004：32.
③　［意］布萨尼，［美］帕尔默. 欧洲法中的纯粹经济损失［M］. 张小义，钟洪明，译. 北京：法律出版社，2005：93.
④　［意］布萨尼，［美］帕尔默. 欧洲法中的纯粹经济损失［M］. 张小义，钟洪明，译. 北京：法律出版社，2005：128.
⑤　［意］布萨尼，［美］帕尔默. 欧洲法中的纯粹经济损失［M］. 张小义，钟洪明，译. 北京：法律出版社，2005：95.

"损害的确定性"和"损害的直接性"能够实现与"纯粹经济损失不赔"类似的效果：纯粹经济损失被认为具有不确定性，且受害人难以举证证明；间接受害人的损害被认为不具有直接性，而且此处"损害的直接性"与因果关系不同①，显然与其他国家对反射损失和转移损失这两种纯粹经济损失的处理类似。因此，法国侵权法对待纯粹经济损失的司法主导模式给我们以启发：在法律规范的适用范围方面可以不严格区别权利和利益，对损害亦不做一般财产损失与纯粹经济损失的区分，而在不带任何"偏见"的前提下运用统一的"损害、违法、过失、因果关系"四要件，在对各要件进行具体判断的过程中对权利和利益进行区别对待，进而实现权利和利益的区别保护。这显然是更符合实践理性的做法。

（三）英国法具体列举模式下纯粹经济损失不赔规则形成的偶然性

在英国，法律是对实践经验和生活常识积累的结果，而不是基于先验的理论教条和逻辑。虽然"在英国，也慢慢接受了通常情况下一人因过失行为所受纯粹经济损失不可获赔的原则"②，它是通过一系列个案判决得以确立的，然而，在这些案例中各法院并没有形成一条清楚说明原告不能就纯粹经济损失获赔的规则，"令人惊诧的不仅是50年来判决结果的一惯性，还有用以解释该等结果之方法的一惯性"，"这理由与我们在德国法中所看到的如出一辙"，"这样的论证是概念主义式或逻辑式推理的例证，在世纪之初看起来似乎有说服力，但从那以后就逐

---

① 张民安. 现代法国侵权责任制度研究 [M]. 北京：法律出版社，2007：132–133.
② ［意］布萨尼，［美］帕尔默. 欧洲法中的纯粹经济损失 [M]. 张小义，钟洪明，译. 北京：法律出版社，2005：37.

渐不受欢迎了"①。可见，在法律理论和历史传统方面与德国法截然不同的英国侵权法，在纯粹经济损失赔偿问题上却走向德国法的问题解决模式，但这并非基于一项有说服力的理论，而是过分重视概念主义和逻辑推理导致的偶然。我们对此的正确态度应当是，"它所得以采纳的方式推动我们去重新考察这一规则"②。

二、纯粹经济损失不予赔偿的法律规范理由

由于纯粹经济损失作为侵权法上限制责任的技术工具被提出来"是分析思维的独特产物"③，也即概念法学盛行时代的结果，因此我们在此沿着概念法学的思维进路讨论问题：在法律规范层面如何解释纯粹经济损失赔偿的问题属性？纯粹经济损失赔偿问题属于赔偿范围问题还是保护范围问题、构成要件问题？以此探究纯粹经济损失原则上不赔规则在法律规范层面的依据。

立足于文义解释，从其概念的落脚点为"损失"来看，纯粹经济损失问题似乎属于赔偿范围问题。然而使用这一概念的国家都将其与间接经济损失严格区分④：间接经济损失即加害人甲的行为侵害了受害人乙的人身或财产，导致乙除了有直接损失 A，还产生了间接损失 B；而纯粹经济损失中的反射损失是指加害人甲的行为不仅侵害了受害人乙的人身或财产，导致乙受有损失 A，还导致受害人丙也产生了损失 B，但

---

① ［意］布萨尼，［美］帕尔默．欧洲法中的纯粹经济损失［M］．张小义，钟洪明，译．北京：法律出版社，2005：41.
② ［意］布萨尼，［美］帕尔默．欧洲法中的纯粹经济损失［M］．张小义，钟洪明，译．北京：法律出版社，2005：45.
③ ［意］布萨尼，［美］帕尔默．欧洲法中的纯粹经济损失［M］．张小义，钟洪明，译．北京：法律出版社，2005：19.
④ ［意］布萨尼，［美］帕尔默．欧洲法中的纯粹经济损失［M］．张小义，钟洪明，译．北京：法律出版社，2005：5.

丙的人身或财产并没有受到甲的行为的侵害①，因此把丙的损失 B 叫作"纯粹经济损失"；纯粹经济损失中的转移损失是指加害人甲的行为侵害了受害人乙的人身或财产，导致乙受有损失，但由于法定或约定的原因，乙受到的损失应当转由丙承担。但丙的人身或财产并没有受到甲的行为的侵害，因此，相对于加害人甲，丙的损失即"纯粹经济损失"②。

在发生间接经济损失的场合，存在的问题是归属于同一主体的间接损失与直接损失是否都应当予以赔偿，这属于赔偿范围问题；而在发生纯粹经济损失的场合，损失 A 和损失 B 分别归属于不同的主体即乙和丙，就丙对甲提起的侵权诉讼而言，司法者首先需要判断的是甲对丙的侵权责任是否成立，因此纯粹经济损失问题不能简单归属于赔偿范围问题。在此，不同民事主体的损害之间的自然因果关系被人为切割开来③，独立的民事主体成为切割不同损害之间的自然因果关系的"手段"。

关于纯粹经济损失问题是否属于侵权法的保护范围问题，若答案是肯定的，则为何称之为"纯粹经济损失"而不使用"纯粹经济利益"？"纯粹经济损失"是从侵权行为所导致后果的角度对问题进行动态的分

---

① 在此，关键是要区分"侵害"与"损害"：前者是"及物动词"，其后必然接侵害对象即具体民事主体的特定民事权益；后者是名词，只能在其前面加定语（由此构成财产损害、精神损害），而不能在其后加宾语，《侵权责任法》第 7 条所谓"损害他人民事权益"在中文语法上是不通的。在德国侵权法模式中，"侵害权益"是违法性要件问题，而"损害"是个独立的责任构成要件，其性质和范围决定了侵权责任承担方式和范围。

② 此类案件在我国大多不会成为侵权法问题，比如公司雇员因职务活动之外的原因被第三人侵害，则侵害人有义务赔偿受害人"因误工减少的收入"，公司作为雇主不会发生转移损失；再如侵权关系中的受害人已经获得保险公司赔偿的场合，若为财产保险，则保险公司对加害人有代位求偿权，若为人身保险，则保险公司对加害人无代位求偿权。总之当事人通常不会通过提起侵权诉讼来解决问题。

③ ［意］布萨尼，［美］帕尔默. 欧洲法中的纯粹经济损失［M］. 张小义，钟洪明，译. 北京：法律出版社，2005：6.

析，其强调"纯粹经济损失"的本质是损害主体的间接性，即该损失的归属主体①的人身和财产权益并未受到加害人侵权行为的侵害，从而该损失不予赔偿；而"纯粹经济利益"概念是从侵权法保护对象的角度对问题进行静态的分析，体现不出"纯粹经济损失"所具有的损害主体的间接性这一本质，从而无从实现限制或排除侵权责任的功能和目的。

以德国法为例，《德国民法典》第 823 条第 1 款对绝对权的列举式规定明确表明其对纯粹经济损失（利益）的态度：原则上不赔。该款的逻辑结构是：行为—侵害权益—损害—赔偿。行为的后果是侵害权益（违法），两者之间应当具有因果关系，即责任成立因果关系；而损害是权益侵害的后果，两者之间也应当具有因果关系，即责任范围因果关系。德国法在判断侵权责任是否成立时，不是从损害出发，而是从权利侵害出发，即首先考虑被告的行为是否侵害了原告的权利，然后再考虑侵害权利导致了哪些损害②。由此，纯粹经济损失作为"非因权益侵害而直接导致的损失"，自然不予赔偿。

从法律规范层面分析，纯粹经济损失不予赔偿的理由在于，该损失的归属主体的人身和财产权益并未受到加害人过失行为的侵害，"只是使受害者的钱包受损"③，即相关纠纷中的案件事实不能满足"侵害权益"这一侵权责任要件。由此，纯粹经济损失赔偿问题在法律规范层面似乎应当被解读为侵权责任要件问题，而且是违法性问题。简言之，

---

① 在法律的世界里，利益、损失和风险作为法律关系的客体，都是归属于特定法律关系主体的。

② 李承亮. 侵权责任的违法性要件及其类型化［J］. 清华法学，2010（5）：82.

③ ［意］布萨尼，［美］帕尔默. 欧洲法中的纯粹经济损失［M］. 张小义，钟洪明，译. 北京：法律出版社，2005：5.

纯粹经济损失在德国等国家不能获得赔偿是因为该损失的归属主体即原告"只有损失，没有被侵害"。但这只是表象。就司法实践论，何谓"侵害权益"？如何判断特定主体的权益是否被特定的加害行为侵害？"侵害权益"在实践中系由"损害"反推，能否由"损害"反推出"侵害权益"，这在事实层面主要取决于被告的加害行为与原告的损害之间是否存在时空关联及其关联的紧密程度，而在侵权责任构成层面则通过"过失"或"因果关系"要件进行判断似乎更合适。如电缆案，甲建筑公司工作人员操作挖掘机时切断了乙供电公司的地下电缆，导致临时停电，而临时停电又导致丙公司被迫停工两天，丙诉甲要求赔偿停工损失。在此，甲应否对丙赔偿停工损失，取决于甲公司切断地下电缆的专业技术人员在行为当时能否预见丙将遭受停工损失，因为"过错"和"因果关系"的判断均有赖于损害的可预见性判断。再如律师甲过失致其为乙起草的遗嘱无法达成由丙继承乙主要遗产的目的，丙能否要求甲赔偿损失？这取决于律师甲在行为当时能否预见丙将遭受损失，以及政策考量。

因此，纯粹经济损失不赔规则是 19 世纪晚期概念法学盛行时代的偶然结果，并通过去除概念主义的依据、使其看上去比较符合经验和常识而得以长期保留和扩散①。纯粹经济损失不予赔偿，实质上是将"可赔偿的损害"严格限制在"直接受害人"这个"财产单元"范围内，以维护行为自由和行为预期。就价值判断和经验分析而论，纯粹经济损失一律不赔显然过于僵化，有悖法律判断和生活常理。纯粹经济损失是否应予赔偿，应当通过对过错侵权一般条款的"损害、违法、过失、

---

① ［美］詹姆斯·戈德雷. 私法的基础：财产、侵权、合同和不当得利［M］. 张家勇，译. 北京：法律出版社，2008：462.

因果关系"四要件进行具体判断后得出结论。

第三节　侵权法一般条款模式下的纯粹经济损失赔偿问题

侵权法对纯粹经济损失的赔偿态度是由其一般条款立法模式予以贯彻的。作为立法技术的运用，立法模式以贯彻特定的价值和政策为目的，其本身不具有自足性；但立法技术运用得恰当与否会对落实和贯彻既定价值判断的效果产生重要影响。本节先分析三种典型规范模式下各自的纯粹经济损失赔偿问题，据此揭示出纯粹经济损失赔偿与侵权法一般条款模式的紧密关联，最后分析我国的侵权法一般条款模式与纯粹经济损失赔偿问题。

一、纯粹经济损失不予赔偿的法律政策理由

民法规范是私人利益的保护规范，民事财产法是分配私人利益、损害和风险的，而民事权利仅仅"是民法用来规划人与人之间的法律地位的基本工具"①，民事权利体系只是民法保护利益的重要手段，而且只有德国法系民法才严格遵循"权利法"这一结构模式，其普适性是相对的。因此，退回到利益保护这一制度原点，可更加深刻地体味物权

---

① ［德］迪特尔·施瓦布. 民法导论［M］. 郑冲，译. 北京：法律出版社，2006：133.

法、合同法和侵权责任法的彼此关系①。权利是利益的外壳和利益的保护手段，利益是权利的内核和权利设置的目的。因此侵权法的实质保护对象是利益而不是权利。权利与利益之间固然密切关联，但由于权利对立法的依赖和立法本身的有限性，权利与利益之间并不具有"一个萝卜一个坑"的一一对应关系。权利受到侵害一般会产生损害，但损害的产生有时却不依赖于权利的侵害，比如由于损害的扩散效应，于是产生了纯粹经济损失赔偿问题。

既然民法调整的是民事主体之间的利益冲突，侵权法实质上保护的是利益而非权利，则为何厚此薄彼，"在权利侵害之外产生的损失"原则上不予赔偿？其实权利也好、违法也罢，都是技术安排，都服从和服务于特定的价值判断和政策考量。欧盟多数国家的侵权法"不约而同"对纯粹经济损失采原则上不予救济态度，主要基于以下理由：

其一，维护人的行为自由。侵权法应当完成的基本价值选择是在原告的权益保护与被告的行为自由之间进行合理平衡，当二者发生冲突时，德国立法者的态度是"行为自由优先"②。而且，侵权责任的归属应当符合预见可能性的要求，即在过失侵权责任范围内，只有能够"对世"的权益受到侵害时产生的损失才能主张赔偿，以维护每个人合

---

① 以物权利益为例，物权请求权和侵权责任制度都保护物权，则两种制度保护的根本区别是什么？孟勤国教授指出，物权请求权与物权本身是一体的，物权请求权的价值在于其提出了物权内在的效力和保护方法（参见孟勤国．物权二元结构论：中国物权制度的理论重构［M］．北京：人民法院出版社，2002：90-91.），即物权请求权是在物权的体系内对物权进行直接保护，通过便捷、高效的手段维护人对物的完满支配状态。而侵权责任制度对物权的保护是在物权法的体系之外进行的，直接以保护利益为目的，即通过恢复原状和金钱赔偿来赔偿损害，物权只是判断侵权责任是否构成的工具，在保护方式上有些迂回，但保护力度更大。

② ［德］马克西米利安·福克斯．侵权行为法［M］．齐晓琨，译．北京：法律出版社，2006：2-3.

理的行为自由空间①。正如拉伦茨和卡拉里斯所言，若对纯粹经济损失和一般行为自由给予绝对权一样高标准的保护，则会明显与被告同位阶的财产和自由利益相冲突②。然而，由于纯粹经济损失的多样性，原告权益保护与被告行为自由之间的利益平衡必然是复杂的，其结果也应当是多样的，不能依据其通常不可预见即得出纯粹经济损失一律不赔的简单结论，而应当具体判断特定的纯粹经济损失是否应当预见或个案中已经预见。

其二，避免打开诉讼闸门。有些纯粹经济损失具有广泛扩散的趋势，允许索赔会导致被告负担过重，责任与过错程度不成比例；纯粹经济损失赔偿案件可能引发诉讼浪潮，导致法院不堪重负；纯粹经济损失赔偿代表着侵权责任不适当扩展的趋势，故应当被控制③。然而，我国台湾地区的审判实践表明，"诉讼闸门论"实属"过虑"，"诉讼泛滥"从未发生，仅停留于"理论"阶段④，故不足为据。

其三，拒赔符合正义观念。欧洲多数国家将纯粹经济损失视为坏运气，用霍姆斯大法官的话说，发生损失后，原则上应当"怨天"，而不可"尤人"⑤，因此，将不具有预见可能性的纯粹经济损失作为每个人生活于社会所必须容忍的一种摩擦，至少不违反正义观念。然而，在新

---

① 苏永钦. 走入新世纪的私法自治 [M]. 北京：中国政法大学出版社，2002：300 - 306.
② 于飞. 权利与利益区分保护的侵权法体系之研究 [M]. 北京：法律出版社，2012：29 - 30.
③ [意] 布萨尼，[美] 帕尔默. 欧洲法中的纯粹经济损失 [M]. 张小义，钟洪明，译. 北京：法律出版社，2005：13 - 16.
④ 陈忠五. 契约责任与侵权责任的保护客体："权利"与"利益"区别正当性的再反思 [M]. 北京：北京大学出版社，2013：127.
⑤ 葛云松. 纯粹经济损失的赔偿与一般侵权行为条款 [J]. 中外法学，2009（5）：716.

时代，侵权损害赔偿领域的价值取向已然发生变化①，19 世纪欧洲人的观念已不能适用于 21 世纪的中国。

其四，拒赔符合效率原则。纯粹经济损失的范围具有不确定性，即卡多佐法官所言"对不确定的人，于不确定期间，而负不确定数额的责任"②。法经济学主张，"法律的首要功能是减少社会成本"，制度设计应当尽可能使损害后果、预防成本和管理成本最小化③，则与其在纯粹经济损失应否赔偿的问题上夹缠不清、责任不明，从而导致诉讼泛滥、增加解纷成本，不如不予赔偿反而更有利于社会总体效率的提升。问题是，侵权责任的合理分担事关社会稳定和法治秩序，效率原则的价值位阶显然不济公平合理归责重要。

总结以上理由，首先，纯粹经济损失不赔的各大理由均存在例外观点，从而均不具绝对说服力；其次，"诉讼闸门论"和行为自由的维护可以通过可预见性理论中"可预见原告"和"可预见损失"进行具体分析，即通过对"过错"要件的审慎判断予以解决；至于"正义观念"和"效率原则"，属于法律原则，本身过于抽象，无法直接适用于个案并作为定案依据。

有学者认为，作为侵权责任的限制标准，纯粹经济损失"肯定不是一个完美的标准，但是也许是最好的标准"④。其实，一旦冲破对德国法的过度迷信和崇拜，支撑纯粹经济损失不予赔偿的法律政策理由均

① ［德］马克西米利安·福克斯. 侵权行为法［M］. 齐晓琨，译. 北京：法律出版社，2006：4.
② 王泽鉴. 侵权行为法：第一册［M］. 北京：中国政法大学出版社，2001：99.
③ ［美］盖多·卡拉布雷西. 事故的成本：法律与经济的分析［M］. 毕竟悦，陈敏，宋小维，译. 北京：北京大学出版社，2008：113.
④ 葛云松. 纯粹经济损失的赔偿与一般侵权行为条款［J］. 中外法学，2009（5）：716.

值得再商榷，从而，"纯粹经济损失不予赔偿"似乎有僵化教条的嫌疑。其实，无论"不予保护"还是"全面保护"①，均为学理上一种不甚恰当的表述，具体到一种特定的纯粹经济损失是否应予赔偿，似乎都不宜依据某一种或几种抽象的理由得出似是而非的结论，而应当回归责任构成要件进行具体判断。

二、纯粹经济利益在民法其他领域获得保护的理由

绝对权之外的纯粹经济利益，主要包括合同履行利益、信赖利益等。这些纯粹经济利益在民法领域分别受到各种制度的保护，以下分别考察②：

（一）违约责任所救济的合同履行利益

合同履行利益受到合同法违约责任的保护，其主要原因：由于合同关系的相对性，原告完全可预见并严格限于对方当事人，违约责任案件不会引发诉讼浪潮，从而与"诉讼闸门理论无关"；责任的施加仅对合同当事人的自由构成限制，但这种限制的直接依据是双方的主观合意，完全可预见；由于合同就是当事人之间的法律，故违约即构成违法，从而承担违约责任具有法律秩序依据。

（二）缔约过失责任所救济的信赖利益

缔约过失责任通常被认为是违约责任与侵权责任之间的中间领域。以德国民法典的规定为例，当一方过失导致合同未有效成立时，过失方对对方的缔约费用等纯粹经济利益完全可以预见，但由于德国侵权法本

---

① ［奥］海尔穆特·考茨欧. 欧盟纯粹经济损失赔偿研究［J］. 朱岩，张玉东，译. 北大法律评论，2009（1）：249.
② ［奥］海尔穆特·考茨欧. 欧盟纯粹经济损失赔偿研究［J］. 朱岩，张玉东，译. 北大法律评论，2009（1）：249－253.

身的特点，这些利益有时无法纳入《德国民法典》第 823 条第 2 款、第 826 条进行保护。信赖利益的保护以一方违反以诚实信用为基础的先合同义务为前提，原告完全可预见；缔约费用、准备履约费用等纯粹经济利益完全可以预见，故缔约过失责任并不构成额外负担，不会导致责任漫无边际。

（三）权利受侵害产生的间接损失

民事损害赔偿法救济间接损失的主要原因：间接损失的归属主体与侵害绝对权的直接受害人同一，从而符合可预见性要求，故没有增加行为人的注意义务。至于该损失的具体数额、能否准确预见，自有因果关系等要件予以监控。

（四）故意侵害利益导致的损失

以第三人侵害债权为典型，故意足以在特定的主体之间建立关联，从而法律保护符合债的关系的主体特定性、可预见性要求。

海尔穆特·考茨欧先生认为，通过民事领域对"纯粹经济利益"保护的具体分析，可以总结出"纯粹经济损失"获得赔偿的十条规则，即限制原告数量、无额外注意义务、近因性与特殊关系、危险性、信赖、易于查知与实际知晓、明确的内容、故意、经济损失对原告的重要性、被告的经济利益①。

本书认为，以上十条规则均可以可预见性理论予以解释："限制原告数量"和"无额外注意义务"属于典型的"可预见原告"和"可预见损失"的问题；"近因性与特殊关系"属于依据时空环境和法律政策对因果关系的筛选，属于可预见性理论在因果关系领域的应用；"危险

---

① ［奥］海尔穆特·考茨欧. 欧盟纯粹经济损失赔偿研究［J］. 朱岩，张玉东，译. 北大法律评论，2009（1）：253－256.

性"和"信赖"则涉及特定专业人士可预见性增强的问题；"易于查知"和"明确的内容"即应当预见，"实际知晓"和"故意"即实际预见；"经济损失对原告的重要性"和"被告的经济利益"则涉及可预见性认定的政策考量，可预见性的认定并非简单的事实证明与涵摄，而涉及在责任承担和责任界限方面的实质考量①。

总之，容纳了主客观要素和政策考量因素的可预见性理论可以概括各种纯粹经济利益获得民法保护的理论依据。鉴于"纯粹经济利益"与"纯粹经济损失"之间的正反关系和广义与狭义关系，以过失侵权一般条款直接适用于纯粹经济损失领域，经由对"过失"要件的妥善认定，也可以做到兼顾利益保护与行为自由，而不宜一律排除过失侵权法对纯粹经济损失的保护。

三、我国侵权法一般条款模式下纯粹经济损失赔偿问题的解决

（一）比较法的考察

法国模式与德国模式都采用相对概括条款，两者的表面差异似乎仅在于概括程度不同，就侵权法对绝对权的保护而言，德国模式与法国模式其实没有根本区别，两种立法模式仅在对纯粹经济利益的保护程度和保护条件方面存在本质区别：德国的大类型化模式在责任构成上是从侵害权益出发，以违法性为核心要件，对纯粹经济利益（广义）原则上不予救济，接下来立法者和司法者需要做的就是正面扩充，即具体列举应当赔偿的损失；法国的一般条款模式在责任构成上是从损害出发，对纯粹经济损失原则上予以救济，接下来立法者和司法者需要做的就是反向排除，即具体列举不能获赔的损失。表面差异不大的法、德侵权法一

---

① 于雪锋．侵权法可预见性规则研究［M］．北京：北京大学出版社，2017：52－53.

般条款对待纯粹经济损失赔偿的态度截然不同：前者出发点是"原则上不赔"，然后对救济范围进行正面扩充；后者是"原则上赔偿"，然后对救济范围进行反向排除。可见，纯粹经济损失的赔偿问题与侵权法一般条款立法模式选择之间存在密切关系，德国模式的侵权法一般条款直接构成"纯粹经济损失原则上不赔"这一僵化教条的规范依据。德国侵权法与法国侵权法下一步的例外做法被意大利的萨科教授分别比喻为"加法模式"与"减法模式"①。加法模式与减法模式哪个更可行？哪个更好做？从概念主义和形式逻辑出发，由于"不应赔偿的类型要远远多于可赔偿的类型"②，德国的"加法"要比法国的"减法"好做，这可能是欧洲多数国家接受"纯粹经济损失原则上不赔"的主要原因。

德国法是在先验的理论教条和形式逻辑推动下形成的纯粹经济损失不赔规则。如果说具有强烈的理论构建色彩的德国侵权法形成该规则并不让人诧异，那么重视经验积累的英国法也能够跨越法系划分的鸿沟③而与之走在了一起，这会让人不得不感叹概念法学的强大影响力。法国法本着立法与司法适当分权的理念和立法者可贵的自我克制的态度，通过抽象概括模式的一般条款有效避开了"纯粹经济损失不赔"的僵化教条，开创了在司法过程中以统一的责任构成要件对权利和利益进行区别保护的独特模式。

---

① 葛云松. 纯粹经济损失的赔偿与一般侵权行为条款［J］. 中外法学，2009（5）：726.

② 葛云松. 纯粹经济损失的赔偿与一般侵权行为条款［J］. 中外法学，2009（5）：726.

③ 多国的比较法专家通过调查问卷、撰写国别研究报告后形成的总体结论是，纯粹经济损失赔偿问题"不是个大陆法对普通法的问题"，"这可能与它们归属的法系几乎没有关系"，参见［意］布萨尼，［美］帕尔默. 欧洲法中的纯粹经济损失［M］. 张小义，钟洪明，译. 北京：法律出版社，2005：396.

（二）运用统一的责任构成要件来解决纯粹经济损失赔偿问题

根据上文的分析，"纯粹经济损失"在理论上不赔的理由和"纯粹经济利益"在民法上获得保护的理由，均能以可预见性理论予以概括，因此，我们可以借鉴法国的做法，立法上通过删繁就简，设计出清晰、明确、操作性强的统一的侵权责任构成要件规则，然后司法过程中运用统一的责任构成要件来解决各种损害的赔偿问题。《法国民法典》第1382条规定的过失侵权法的逻辑结构即损害—因果关系—过失，其规范思路为，作为救济法，必然从损害出发，而不是从侵权行为或权益侵害出发；因果关系是进行行为过失判断的客观关联性前提，通过因果关系要件的判断，对与损害具有客观关联性的众多行为和事件进行筛选，确定出在法律上应当对原告损害承担责任的相对合格的被告；在通过过失即原告的可预见性、损害的可预见可避免加政策考量因素的判断，被告的侵权责任得以最终确定。由此反观德国侵权法的逻辑结构即权利或利益—侵害—损害—过失—因果。首先存在权利与利益区分困难的问题；其次，如何认定权益是否被侵害？德国法不得已还是回到损害结果即结果违法的判断上来。

法国法与德国法在纯粹经济损失赔偿问题上的分歧给我们如下启发：其一，侵权法实践中应当坚持统一的损害概念，并从损害出发规定责任构成要件，通过构成要件的筛选来决定过失侵权法是否保护特定的损害，而不是概念主义的先入为主；其二，立法上不宜使用"纯粹经济损失"等相关概念，理论上可以将"纯粹经济利益"作为与绝对权并立的概念，并可以分析"纯粹经济利益"在民法其他领域如何保护，但不宜作为分析侵权责任问题的出发点，以免陷入权利与利益区分这一概念主义的大坑；其三，在本书第二章所拟定我国过失侵权责任一般条款环境下，适当借鉴法国的做法，依据"损害—责任成立因果关系—行为违法—过错—责任范围因果关系"的统一构成要件，通过"过失"或"因果关系"要件的筛选，即可将"可赔偿的损害"严格限制在"直接受害人"这个"财产单元"范围内，以维护被告的行为自由和行为预期，为妥当解决纯粹经济损失的赔偿问题提供规范依据。

我国《侵权责任法》第2条采用抽象概括与具体列举相结合的方法规定了本法的保护范围，第6条第1款概括规定了过错侵权责任的一般条款。在此法律环境下处理纯粹经济损失赔偿问题的关键是对我国的有关条款进行合理解释。王利明教授认为，我国侵权法的保护对象包括权利和利益，受侵权法保护的利益应当具有合法性和绝对性，即具有公开性，能对抗第三人①。他同时认为侵权法原则上不保护纯粹经济损失②，这反映出王利明教授认同和接受了在欧洲占主导地位的"纯粹经济损失原则上不赔"理论。但根据我国侵权法的规定何以得出"纯粹经济损失原则上不赔"，他没有做出合理的解释。其实，将《侵权责任法》第2条第2款解释为宣示性规定，特定的利益保护取决于"损害—行为违法—过失—因果关系"四要件的具体评判，即可摆脱"权利还是利益"的区分陷阱，而且归责更合理。

---

① 参见王利明. 侵权责任法研究（上卷）[M]. 北京：中国人民大学出版社，2011：87.

② 参见王利明. 侵权责任法研究（上卷）[M]. 北京：中国人民大学出版社，2011：90.

小　结

　　纯粹经济损失即并非作为权利或受保护利益的侵害结果而存在的损失。从概念分析出发，由于该损失的归属主体的人身和财产权益并未受到加害人过失行为的侵害，故相关案件事实不能满足"侵害权益"这一侵权责任要件，从而形成纯粹经济损失不赔规则。该规则是19世纪晚期概念法学盛行时代的偶然结果，其实质是将"可赔偿的损害"严格限制在"直接受害人"这个"财产单元"范围内，以维护行为自由和行为预期。就价值判断和经验分析而论，纯粹经济损失一律不赔显然过于僵化，有悖法律判断和生活常理。鉴于"纯粹经济损失"在理论上不赔的理由和"纯粹经济利益"在民法上获得保护的理由均能以可预见性理论予以概括，故通过对"过失"要件的妥善认定即可做到兼顾利益保护与行为自由。因此，可以借鉴法国侵权法的做法，纯粹经济损失是否应予赔偿，应当通过对过错侵权责任一般条款的"损害、违法、过失、因果关系"四要件进行具体判断来决定。该四要件理论甚至可以包容对违约损害赔偿责任构成的分析。

第五章

侵权法一般条款对民法体系的影响

一国的法律制度作为一个规范整体，其各部分之间必然相互影响。"只有理解了其周边领域对侵权行为法的影响力，才能对这一领域的法律有一个全面的认识。"① 依据体系解释的要求，《侵权责任法》既需要与作为前法的《合同法》"和谐相处"，同时又成为制定人格权法的重要制度前提和立法选择的制约因素。我国在编纂体系化的民法典的过程中应当对合同法、侵权法、缔约过失责任制度和人格权法进行体系化考量。本章从侵权法的外部关系着眼，研究侵权法一般条款对民法内部结构的影响，包括侵权法一般条款模式下合同法与侵权法的冲突及其协调，缔约过失责任的定位，以及侵权法对人格权立法的影响，以此反思我国侵权法的一般条款立法模式，并进一步指导侵权法一般条款的制定和解释。

---

① ［德］克雷斯蒂安·冯·巴尔. 欧洲比较侵权行为法：上卷［M］. 张新宝，等译. 北京：法律出版社，2004：504.

第一节 侵权法一般条款模式下的责任竞合问题

在私法领域，侵权法与合同法的外部关系最为密切，侵权责任与违约责任最易产生竞合关系。本节探讨侵权法一般条款模式下侵权法与合同法的关系，主要研究侵权责任与违约责任之间的竞合问题及其解决。

一、典型民法典中合同法与侵权法的关系探究

（一）法国民法典中合同法与侵权法的关系

《法国民法典》中的债法取采古罗马法体例，债因有四种，即契约之债、准契约之债、侵权之债、准侵权之债①②。从法典所使用的概念可知，合同法与侵权法构成法国债法的两个体系性支柱。与英国合同法相比，法国合同法不受"对价"概念的束缚，其存在灵活适用即扩张适用范围的可能性；但是，如前所述，由于法国侵权法的规定异常概括，该概括性规定具有较大的灵活性，作为裁判侵权纠纷的正式法律依据，其为法官处理无合同关系的当事人之间的损害赔偿纠纷提供了充分的裁判准据，受"向一般条款逃逸"趋势的影响，法国合同法在司法实践中丧失了扩张其适用范围的动力和合法性，二百多年来没有过分扩张。

由于法国侵权法一般条款（《民法典》第 1382 条、1383 条）的高

---

① ［罗马］查士丁尼著. 法学总论［M］. 张企泰，译. 北京：商务印书馆，1989：159.

② 法国民法典［M］. 罗结珍，译. 北京：法律出版社，2005：282，328 - 330.

度概括性，就文义解释而论，符合违约责任构成要件的个案事实同时也都符合侵权责任构成要件（损害—过错—因果关系），即法国的违约责任可以归属于普通侵权责任之中。因此，两法之间存在一般与特殊的关系，即合同法是侵权法的特别法，合同法仅调整具有合同关系的当事人之间的"侵权"纠纷。就对损害的救济范围而论，法国民法典采用的是"小合同法 + 大侵权法"结构。基于确定性是法治的最基本和底线要求，特别法优于普通法成为法律适用的基本规则，故具有合同关系的当事人之间的损害赔偿纠纷在法国应当优先适用合同法，原告没有选择侵权之诉的权利。此即法国处理合同法与侵权法冲突的"法条竞合模式"或"禁止责任竞合模式"。将合同法理解为侵权法的一部分或侵权法的特别法是否适当，这并不是问题的关键，关键是允许当事人自由选择诉因会导致具体和操作性强的合同法被架空，而过度抽象和操作性差的侵权法被频繁适用，此种"向一般条款逃逸"的现象是法治国家所应当尽可能避免的。正如冯·巴尔所言，"在选择责任非竞合原则方面，法国判例法不过作出了《法国民法典》有关侵权责任之一般条款的必然结论"①。

在"有合同关系则合同法优先适用"的法律适用政策指导下，法国的合同法与侵权法责任具有各自独立的适用范围，"原则上讲，凡不属于契约责任适用的范围均属于侵权责任适用的范围"②。这样，合同法与侵权法二分的债法体系得以维持，违约责任与侵权责任并立的民事责任体系得以稳定，没有出现不可弥合的冲突。

---

① [德] 克雷斯蒂安·冯·巴尔. 欧洲比较侵权行为法：上卷 [M]. 张新宝，等译. 北京：法律出版社，2004：529.
② 张民安. 现代法国侵权责任制度研究 [M]. 北京：法律出版社，2007：28.

（二）德国民法典中合同法与侵权法的关系

《德国民法典》中债法所规定的债因也是四种，即契约之债、无因管理之债、不当得利之债、侵权之债。与《法国民法典》相同，《德国合同法》与《侵权法》也是两大独立制度，构成债法的两个重要支柱；不同的是，德国的过错侵权法未采取抽象概括模式而采取大类型化模式，民法典第 823 条第 1 款、第 2 款和 826 条分别规定了"过错侵害绝对权""过错违反保护性法律"和"故意违反善良风俗"三类侵权，而且每一大类侵权责任的适用范围都相对封闭，导致司法实践中侵权法缺乏足够的扩展空间来处理没有合同关系的当事人之间的损害赔偿纠纷。于是，德国法官和学者转而从合同责任入手来尝试扩大法律的保护范围，在合同法领域缔造出缔约过失责任、积极侵害债权的责任、附保护第三人作用的合同、后合同义务等制度①，以使法律适应社会实践的需求。

《德国民法典》起草者所秉持的传统理论认为，合同法着眼于救济履行利益损失，即违约损害赔偿是为了使债权人达到如同债务人完全履行合同所应有的状态；侵权法则着眼于救济绝对权受侵害造成的损失。然而以上严谨的立法逻辑并不能满足复杂的司法实践需求。在合同关系从形成、履行到终结的整个过程中，当事人通过合意所确立的给付义务仅能保护以双方当事人合意为依据所确立的期待利益，而给付义务保护范围之外的利益则裸露于民法典保护范围之外。为满足对整个交易过程的保护，合同法以诚信原则为依据演化出先合同义务和后合同义务；为完满保护债权人利益，合同法扩充了合同义务体系，在"给付义务"

---

① 李昊. 纯经济上损失赔偿制度研究 [M]. 北京：北京大学出版社，2004：84.

的旁边衍生出"附随义务"①；在违约形态中，不完全给付不仅包括违反给付义务的"瑕疵给付"，而且包括违反附随义务的"加害给付"，前者产生的损失即期待利益损失，后者产生的损失即固有利益损失。虽然固有利益通常表现为绝对权或绝对法益②，侵害固有利益的违约行为可能同时承担侵权责任，但合同法对固有利益的保护并未人为扩大违约责任与侵权责任的竞合——据王泽鉴教授介绍，采用德国立法例的我国台湾"民法"之所以在第 227 条规定加害给付得依不完全给付之规定主张违约责任，是因为立法者认为若无加害给付之规定，则买方就固有利益损失依据侵权主张赔偿时需证明卖方有过失，这不利于对买方的保护，故单独规定加害给付是为了强化对买方的保护③。据此，加害给付产生的违约责任与侵权责任之间只构成"部分竞合"④，由于两个诉因对原告利益的保护力度截然不同，实践中原告自然会依据加害给付主张合同权利。

因此，《德国合同法》在实践中的扩张是基于调整纠纷的现实需求，仅限于在保护范围狭窄的侵权法无从对没有合同关系的当事人之间发生的损害予以保护或侵权法保护力度明显不足的情况下进行适度扩张，因此并未增加合同法与侵权法的冲突，合同法的扩张并未造成合同法与侵权法保护范围的大面积重叠。就救济范围而言，《德国民法典》

---

① 无论德国、我国大陆还是台湾地区，均对附随义务的概念没有统一的认识。本书在此依据相对多数说，将附随义务界定为与主给付义务相对称的概念，其外延包括从给付义务和保护义务，违反附随义务中的从给付义务可能造成期待利益损失，违反附随义务中的保护义务可能造成固有利益损失。

② 比如，卖方向买方交付病鸡，导致买方其他鸡生病死亡，则卖方的违约行为同时侵害了买方对其原有之鸡的所有权，构成侵权。

③ 王泽鉴.债法原理：第一册［M］.北京：中国政法大学出版社，2001：43.

④ 关于"部分竞合"的提法，参见张新宝.侵权责任法原理［M］.北京：中国人民大学出版社，2005：532.

采用了"小侵权法 + 大合同法"结构。在侵权法调整范围狭窄、不涉及绝大部分违反合同的法律体制下,"诉讼的自由竞合自然是该制度的起点"①。由于两法保护范围的重叠之处甚少,自由选择请求权依据的"请求权竞合"法律适用政策固然存在其不足,但没有对法律秩序形成太大冲击,合同法与侵权法二分的体系结构得以维持。

二、处理合同法与侵权法冲突的责任竞合学说评析

合同法与侵权法的调整作用冲突在司法阶段集中体现为责任竞合,即在同一对当事人之间发生的同一组法律事实同时符合违约责任要件和侵权责任要件。大陆法系对此情况下的法律适用存在三种学说,即法条竞合说、请求权竞合说和请求权规范竞合说。

(一)法条竞合说及评析

法条竞合说,即责任非竞合说,以刑法的法条竞合理论为基础,认为合同法与侵权法是一个整体而不存在本质区别;合同法是侵权法的特别法,基于特别法优先适用规则,责任竞合时只能适用合同法而不能适用侵权法,从而不存在请求权竞合或责任竞合②。其实,责任竞合的根本原因在于合同法与侵权法之间既相互分立又局部重叠的关系,这在法国也存在,因此,"责任非竞合说"只是法国学者根据法国合同法与侵权法的具体情况,对法国的责任竞合问题提出的应对策略,并不能由此否认责任竞合的事实。

法条竞合说在理论上难以自圆其说,其立论前提是,支持原告特定

---

① [德]克雷斯蒂安·冯·巴尔. 欧洲比较侵权行为法:上卷[M]. 张新宝,等译. 北京:法律出版社,2004:514.

② 汪世虎. 合同责任与侵权责任竞合问题研究[J]. 现代法学,2002(4):111 - 112.

生活利益请求的多个法律条文是一个整体而不存在本质区别，然而合同法和侵权法"两法合体"的存在状态仅限于古代社会。从《法国民法典》开始，近代以来的各国民法均分别规定了合同法和侵权法制度，两者的界限泾渭分明，"法国法的一个独特之处是其合同和侵权概念互不重叠。这一规则在整个欧洲都是独一无二的"①；所谓"合同法是侵权法的特别法"是一种无所谓对错的判断，不足以作为确定法律适用规则的依据，法国的契约责任"仍然是一种独立的法律责任"②。

法条竞合说在实践中难以完全贯彻，它要求法官对每一起涉嫌竞合的案件"首先要确定是否与有效的合同有关，然后才能决定法律适用"③，完全贯彻此该政策将导致此类案件的诉讼程序过度复杂化。但法国法官至今仍以"法条竞合说"为主来解决责任竞合问题。

（二）请求权竞合说及评析

请求权竞合说认为，同一组法律事实在同一对当事人之间既符合违约责任要件又符合侵权责任要件时，分别根据合同法与侵权法产生两个请求权。该学说有两个分支：请求权自由竞合说认为，根据合同法与侵权法产生的两个请求权，原告可以择一行使，也可以分别处分；请求权相互影响说认为，两个请求权并存，但不是绝对独立，而是相互影响④。

请求权竞合说主张由原告自由选择请求权，这固然贯彻了意思自治原则，并强调以受害人为中心，但自由选择的最终法律效果却存在极大

---

① ［意］布萨尼，［美］帕尔默. 欧洲法中的纯粹经济损失［M］. 张小义，钟洪明，译. 北京：法律出版社，2005：96.

② 张民安. 现代法国侵权责任制度研究［M］. 北京：法律出版社，2007：28.

③ 汪世虎. 合同责任与侵权责任竞合问题研究［J］. 现代法学，2002（4）：113.

④ 马俊驹，余延满. 民法原论［M］. 2 版. 北京：法律出版社，2006：105.

的偶然性：由于我国合同法与侵权法之间关系的复杂性，原告在特定个案中无论选择违约责任还是选择侵权责任，都可能既存在对其有利因素也存在对其不利因素；在责任竞合大量发生的情况下，尤其是同一事件导致多人受到损害时，适用请求权竞合规则会导致不同受害人选择的诉因不同，其诉讼结果也不同，做出"错误"选择的当事人可能一无所获，这将极大损害司法的统一和法律的严肃性、权威性，伤害普通民众的法律感情。实践中，当事人由于受自身非理性的影响，只要出现败诉结果，即使败诉是基于原告的自由选择而导致的，由于司法公信力的欠缺，原告本能的反应就是缠诉，即选择另一诉因起诉。而根据新的诉讼标的理论，虽然两个请求权存在的法律基础不同，但只要当事人具体的诉讼请求同一，其诉讼标的即为同一，根据判决的既判力，当事人不得选择另一法律依据再行起诉。这势必进一步恶化民众的法律感情。而且，"在很多情形，无论当事人如何选择请求权，都难以获得周全的救济"①，这显然是难以容忍的。

（三）请求权规范竞合说及评析

请求权规范竞合说认为，违约责任与侵权责任竞合时，原告只有一个请求权，但该请求权有合同法与侵权法两个法律基础；无论原告如何起诉，法官都应当根据个案事实选择最适当的法律依据进行裁决，生效裁决不是对原告所选择的某一个法律依据产生既判力，而是对原告所主张的特定生活利益请求产生既判力②。

请求权规范竞合说主张侵权法的一般注意义务因合同关系的存在得

---

① 谢鸿飞. 违约责任与侵权责任竞合理论的再构成 [J]. 环球法律评论，2014（6）：6.

② 汪世虎. 合同责任与侵权责任竞合问题研究 [J]. 现代法学，2002（4）：112.

以强化和具体化，但并非双重化，故行为人的一个行为仅产生一个请求权。该理论在一定程度上克服了请求权竞合说的缺陷，但也有其弊端：其一，既判力的客观范围过大①，对败诉方过于苛刻；其二，要求法官在裁判时考虑与本案有关的所有法律依据，而无论当事人是否主张，这都增加了法官适用法律的难度，影响司法裁判的效率。

　　大陆法系对责任竞合情况下的三种法律适用学说在理论或实践方面均有其局限性。尤其耐人寻味的是，"即使运用同一学说处理竞合的某些具体问题，各家见解也颇有出入"②。法国司法实践中采用的"法条竞合规则"是根据《法国民法典》中合同法与侵权法的具体情况所做出的人为政策选择，其在理论上虽不尽完美，但符合法国"大侵权法＋小合同法"的法治环境。德国司法界和理论界在处理合同法与侵权法冲突方面的立场远未统一，"请求权竞合说"与"请求权规范竞合说"各有千秋，但由于德国"小侵权法＋大合同法"模式下两法保护范围的重叠之处甚少，需要责任竞合规则予以调整的法律冲突实际上很少。因此，上述三种解决方案的局限性并没有对法国和德国的法治秩序造成负面影响。

　　法、德两国处理责任竞合问题的三种学说虽不足以解决我国的责任竞合难题，但却对我们有所启示——法学研究者应当从本国的法治环境

---

① 有关责任竞合案件的诉讼标的识别与既判力客观范围的确定问题，属于民事实体法与程序法交叉领域的复杂问题（梅迪库斯教授认为这些属于民事诉讼法问题，参见[德]迪特尔·梅迪库斯. 德国债法总论[M]. 杜景林，卢谌，译. 北京：法律出版社，2004：272-273. ）相关研究成果参见徐晓峰. 责任竞合与诉讼标的理论[J]. 法律科学，2004（1）：56-73；章晓洪. 请求权竞合时诉讼标的识别标准新思考[J]. 浙江大学学报，2004（6）：95-99；茆荣华，黄晓陶. 请求权竞合下的既判力探析[J]. 人民司法，2007（19）：78-80.

② 谢鸿飞. 违约责任与侵权责任竞合理论的再构成[J]. 环球法律评论，2014（6）：6.

出发来考虑问题，法学理论应当为社会现实服务，理论构建应当着眼于解决本国的法律问题，而不是过度纠缠于概念和逻辑推理；脱离特定社会实践的理论是没有生命力的，无论制度移植还是理论创新，都应当服务于一个国家现实的社会需求，不能为引进理论而引进理论，为创新而创新；理论学说本身的逻辑自洽固然重要，但更重要的是能解决实际问题。

三、侵权法一般条款模式下侵权法与合同法冲突的协调

（一）责任竞合的原因分析

解决违约责任与侵权责任竞合案件的法律适用难题的三类学说均有其局限性，而且在诉讼程序上产生了诉讼标的识别、既判力客观范围的确定等诸多复杂问题。鉴于任何一种理论和规则都不足以解决我国大规模发生的责任竞合难题，"接受责任竞合，进而解决之"并不是解决合同法与侵权法冲突问题的最佳方案。解决责任竞合问题的三种理论和相应规则应当仅适用于例外情况，最理想的解决方案应当是尽量减少责任竞合。为此有必要探究责任竞合问题的产生原因。

社会生活复杂多变，造成损害的原因无限多样，而损害赔偿法律制度需要对现实生活中的损害赔偿纠纷提供尽可能充足和精确的裁判准据。具体列举式的损害赔偿规则难免留下法律漏洞，而高度抽象的损害赔偿规则又缺乏可操作性，不符合法治对确定性的要求。人类几千年法治文明所总结的最终成果是，将损害赔偿法分立为合同法与侵权法，前者解决违反约定义务导致损害的赔偿问题，后者解决违反法定义务导致损害的赔偿问题。近代以来合同法与侵权法的分立为违约责任与侵权责任竞合提供了第一个前提条件——"责任区分"即"责任竞合"之根

源——无论在"诸法合体、刑民不分"的古中华法系，还是在不区分合同与侵权的古罗马法中，违约责任与侵权责任的竞合都是不可想象的。然而，合同法与侵权法的分立固然是人为立法活动的直接结果，但亦有其历史必然性，是法律调整复杂的损害赔偿纠纷的必然选择；分立虽导致法律冲突与责任竞合，但分立更意味着法律对社会生活的更精确调整，代表着法制的进步，因此是必然的。

同时，法律规定的抽象性和应然性与社会生活的具体性、实然性之间的差异，导致法律文本中完全分立的合同法与侵权法看似"井水不犯河水"，但由于现实生活中发生的客观事实在法律的世界里往往具有多重含义，合同法与侵权法分立后两法的调整范围难免存在局部的重叠①，这是导致责任竞合与法律冲突的第二个前提条件。立法者的有限理性决定了合同法与侵权法的划分不可能导致实践中井然有序的状态。

综上，导致违约责任与侵权责任竞合的根本原因是社会生活的复杂性，以及由此所要求的法律制度的复杂性。这些原因的产生均具有客观必然性，从而无法通过消除这些客观原因而完全避免责任竞合的发生。

导致责任竞合的直接原因在于合同法与侵权法相互分立后，两法对重叠部分的保护条件不完全相同、差距甚小且保护力度不确定。其一，若两法对重叠部分的保护条件完全相同，就不会产生责任竞合的争论，因为依据合同法或侵权法起诉没有实质区别②。其二，若两法对重叠部分的保护条件具有本质差异，也不会产生责任竞合的争论，例如我国台

---

① 这种保护范围的局部重叠是不可避免的：具有合同关系的当事人之间可能发生一方侵害对方绝对权益的行为，如承运人过错导致乘客身体受伤。因此，这种局部重叠属于责任竞合的客观原因。

② 20世纪50年代以来，各国立法在民事责任竞合上的主导思想就是尽可能减少两种责任制度的差异。参见卫绒娥. 违约责任与侵权责任竞合之研究 [J]. 西藏大学学报，2002（2）：23.

湾地区"民法"中加害给付行为导致的违约责任与过错侵权责任之间，由于前者为过错推定责任、后者为过错证明责任，而责任构成的其他条件完全相同，在此条件下原告显然会选择前者，因此两者之间只构成"部分竞合"，不会产生真正的责任竞合冲突。反之，若两法对重叠部分的保护差异很小，原告选择违约或侵权的优劣势并存，责任竞合争议就不可避免。根据我国民法学界通说，违约责任与侵权责任之间主要存在9项区别①②，从实践的角度分析这9项区别，则原告主张违约损害赔偿在以下方面是有利的：原则上不要求原告证明被告有过错；被告不仅要对自己的行为负责，而且要对其代理人和第三人的行为对原告负违约责任；违约责任的诉讼时效原则上为2年。但原告主张侵权责任在以下方面对自己有利：事先约定的免责事由是无效的；精神损害可以获得赔偿；原告资格不受合同当事人的限制。这就导致了问题的复杂性。

在这种违约责任与侵权责任的优劣势并存的法律环境中，诉因的选择直接影响诉讼结果，而且原告很难做出对自己绝对有利的理性选择，责任竞合的冲突很难调和。为避免责任竞合，能否考虑消除前述导致责任竞合的直接原因？要使合同法与侵权法对受害人的保护条件完全相同，或扩大两法的保护差距使之形成部分竞合，就必然涉及合同法或侵权法实质内容的重大修改，而法律的实质内容是由裁判大多数案件的司法实践需要决定的，不能仅为解决责任竞合问题而轻言修改法律。

总之，导致责任竞合的根本原因和直接原因均无法彻底消除，换言之，违约责任与侵权责任的竞合是民事法制发展的必然，责任竞合本身具有必然性，不可能通过人为手段而彻底消除之。

---

① 王利明，房绍坤，王轶. 合同法 [M] . 3 版. 北京：中国人民大学出版社，2009：255 – 256.

② 马俊驹，余延满. 民法原论 [M] . 2 版. 北京：法律出版社，2006：1055 – 1056.

（二）减少责任竞合概率

责任竞合虽然"是传统概念法学难以解释和容忍的"①，但它仅仅"意味着立法者运用纯粹理性剪裁实践理性的失败"，是法律人本应当坦然接受的；由于责任竞合现象的发生必然会弱化法律的调整功能，故责任竞合不值得追求。故我们应当一分为二对待责任竞合现象：一方面，尽量减少责任竞合；另一方面，通过完善责任竞合规则，妥善处理竞合矛盾。

既然违约责任与侵权责任的竞合不可避免，且没有解决责任竞合与冲突问题的理想方法，那么我们所能做的只有"不人为增加法律冲突"，即尽量减少人为的法律冲突。可能是对过去吃透了法律漏洞之苦的矫枉过正，唯恐法律存在漏洞，我国现行民事立法兼采取了德国的"大合同法"和法国的"大侵权法"。这样固然没有了法律漏洞，但由此造成两法保护范围的大面积重叠，会导致责任竞合的普遍化。我国1999年实施的《合同法》采取德国模式，就其适用范围而言是个"大合同法"，不仅通过给付义务保护双方当事人合意所确立的期待利益，而且通过附随义务、先合同义务、后合同义务、加害给付等制度大大扩展了合同的保护范围。而2009年通过的《侵权责任法》在保护范围方面似乎采取法国模式，对其第2条和第6条进行文义解释即可得出"大侵权法"的结论，其通过一般条款对利益提供了侵权法保护，这与合同法对合同利益的保护是重叠的。"大侵权法＋大合同法"的组合必然导致两法保护范围的大面积重叠，这是德国民法所不曾面对的，而《合同法》第122条和《民法总则》第186条却僵化地移植了德国的请

① 谢鸿飞.违约责任与侵权责任竞合理论的再构成［J］.环球法律评论, 2014（6）: 24.

求权竞合规则来处理侵权责任与违约责任的冲突。张新宝教授尖锐地指出，《合同法》制定时，其起草人当中没有一个人全面、系统地对民法的逻辑结构和内在体系有正确的理解①，这可能是合同法122条照搬德国立法例的根本原因。《侵权责任法》生效后，如何指导法官通过法律解释来妥善处理合同法与侵权法之间的冲突，这是法学研究者的职责所在。

面对责任竞合的大量发生，我国《合同法》第122条根本解决不了实质问题，难以胜任对责任竞合纠纷的适当调整并维持法治秩序，但也不宜随意修改，最好的方法是通过减少责任竞合案件数量将其架空。与书文的观点不同，张新宝教授在承认《民法通则》第106条接受了法国法的大侵权法、小合同法模式后，基于立法论主张修改合同法第122条②，对此笔者不敢苟同。鉴于包括请求权竞合规则在内的"大合同法"在我国已实施二十年，业已成为我国的法制传统，我们今天解决此问题的可行路径恐怕不是修改合同法③。综观导致责任竞合的各种原因，我国目前所能做的只有通过合理解读侵权法一般条款，避免对合同法所保护的利益提供重叠保护，具体可以借鉴法国司法实践中"禁止责任竞合"的精神——若合同法够用，就不扩张侵权法——即对合同法所保护的利益，原则上不提供侵权法保护。其实德国合同法扩张的动因也是保护利益的社会现实需要，而不是理论研究的冲动。张新宝教

---

① 杨立新，张新宝，姚辉. 侵权法三人谈［M］. 北京：法律出版社，2007：71.

② 杨立新，张新宝，姚辉. 侵权法三人谈［M］. 北京：法律出版社，2007：51－54.

③ 学者和法官对待法律的态度不同，学者通常是理想主义者，追求法律文本在学术方面的圆满和完美，而法官通常更加务实，他们眼中的法律不仅是文本，更是我国20万法官适用多年的裁判规则，轻言修改则成本巨大。笔者认为，鉴于法学理论研究的主要目的是解决我国法治实践中的问题，法学研究应当增强务实意识，考虑研究成果的社会价值，毕竟法律具有强烈的社会属性，是社会调控的重要手段而不是小孩子过家家的游戏，实在不宜轻言立、改、废。

授正确地指出，起草侵权法必须"严格限制请求权竞合"，"无论如何，侵权法和《合同法》没有必要对某些损害的救济做出重复、交叉的规定"①。王利明教授指出，适度扩张侵权法有利于保护受害人权益，但侵权法的保护范围不能无限扩张②。

（三）完善竞合处理规则

"在立法上，减少竞合是值得追求的，然而只有全面剥夺合同法的保护功能才能实现这一目的"，而这显然不具可行性③。

就宏观论，违约责任与侵权责任的差异明显。其一，违约责任要求强制实现当事人自我设定的义务，其义务边界相对清晰，责任构成相对容易；侵权责任旨在维护人们在社会共同体生活中的底线权益，义务边界未必清晰，责任构成门槛相对较高。其二，违约责任的目的是使债权人达到如同债务人完全履行合同所应有的经济状态，即实现履行利益，这种经济状态通常优于缔约前；侵权责任的目的是使受害人的利益恢复到侵权发生之前的经济状态。违约责任是创造性的，它确认交易利益，能改进当事人的经济状态，而侵权责任是保护性的，它通过保护当事人的现存利益，使其现状不至于更糟。因此，除了在精神损害赔偿和惩罚性赔偿方面违约责任的保护程度不如侵权责任，总体上，违约责任在责任构成和赔偿范围方面均比侵权责任对受害人的保护程度更高④。

据此，我们可依据法律的规范目的来决定法律规范的评价资格和适用关系，原则上适用合同法，例外使用侵权法。首先，原则上适用合同

---

① 杨立新，张新宝，姚辉．侵权法三人谈［M］．北京：法律出版社，2007：52－53．
② 王利明．侵权责任法研究：上卷［M］．北京：中国人民大学出版社，2011：139．
③ 谢鸿飞．违约责任与侵权责任竞合理论的再构成［J］．环球法律评论，2014（6）：24－25．
④ 谢鸿飞．违约责任与侵权责任竞合理论的再构成［J］．环球法律评论，2014（6）：6，14，18．

法的依据在于更符合私法自治精神，并较好地兼顾了双方利益——对债权人有利，对债务人的不利因符合可预见性规则而不失妥当。其次，以下两种情况下适用侵权责任：侵权法或特别法已明确将某种违约行为规定为侵权类型时，比如医疗责任、产品责任；侵权赔偿有法定最高限额时①。

民法典应当继续采用《民法通则》和《民法总则》所确立的统一的民事责任制度，无论侵权还是违约责任，具体的责任承担方式和范围取决于损害的性质和范围，淡化致害原因对责任承担方式和范围的影响，尤其应当废除"违约责任不支持人身损害赔偿和精神损害赔偿""侵权损害赔偿不包括返还利益"等僵化教条。

第二节　侵权法一般条款模式下缔约过失
责任制度的定位

缔约过失责任制度在我国被明文规定于《合同法》之中，然而十多年来民法学界对其性质的争论从未停止②。本节的重点不是抽象地探讨缔约过失责任的性质，而是尝试厘清侵权法一般条款与缔约过失责任制度之间的关联关系，以及侵权法一般条款模式下缔约过失责任之立法

---

① 谢鸿飞. 违约责任与侵权责任竞合理论的再构成［J］. 环球法律评论，2014（6）：21-22.

② 王利明教授和崔建远教授倾向于将缔约过失责任定位为违约责任与侵权责任之外的独立责任类型，参见王利明，房绍坤，王轶. 合同法［M］. 3版. 北京：中国人民大学出版社，2009：63-65；崔建远. 合同法［M］. 3版. 北京：法律出版社，2003：86；马俊驹教授和余延满教授主张缔约过失责任为侵权责任，参见马俊驹，余延满. 民法原论［M］. 2版. 北京：法律出版社，2006：550.

论和解释论定位。

一、侵权法立法模式与缔约过失责任制度的立法论

自德国法学家耶林于 1861 年提出缔约过失理论, 100 多年来该理论在大陆法系国家影响深远①。就受缔约过失理论影响的不同, 可将大陆法系国家分为法国法系与德国法系两大分支。

以法国、比利时为代表的法国法系国家, 其民法典中的过错侵权法采抽象概括的一般条款模式, 这为不存在有效合同关系的当事人之间的过错损害赔偿纠纷提供了足够的裁判依据, 因此这些国家在制定法中未规定缔约过失责任制度, 司法实践中将缔约过失责任作为过错侵权法所解决问题的一部分, 即缔约过失责任在性质上属于侵权责任, 法官直接适用过错侵权责任一般条款来裁判缔约过失责任案件。

以德国、瑞士、土耳其、希腊、日本和我国台湾地区为代表的德国法系国家, 全面接受了耶林的缔约过失理论, 并将其贯彻于立法和司法实践。但各国和地区缔约过失责任制度的存在状态不尽相同: 有的采用特别规定, 如瑞士债务法 (第 26 条、31 条、36 条、39 条), 2002 年前的德国民法 (第 118 条至 120 条、122 条、307 条), 以及 2000 年前的我国台湾地区 "民法" (第 91 条、110 条、247 条); 有的采用列举与概括相结合的条款, 如现行德国民法 (第 311 条第 2 款)、台湾地区 "民法" (第 245 条之一), 希腊民法 (第 197、198 条) 和我国合同法 (第 42、43 条)。无论特别规定还是概括条款, 相关规定或者位于民法

---

① 英美国家秉持自由主义传统, 抵制了缔约过失理论在普通法中的过度影响, 缔约阶段的风险原则上由从事交易者自己承担, 特殊情况下用虚假陈述、禁反言、违反信赖等制度解决问题。参见王泽鉴. 债法原理: 第一册 [M]. 北京: 中国政法大学出版社, 2001: 231 - 232.

总则的"法律行为"章节中，或者位于债法、合同法总则中。王泽鉴先生指出，各国缔约过失责任制度的发展首先受到侵权法结构的影响①。

虽然有不少中外学者主张缔约过失责任为侵权责任，但至今未见有将缔约过失责任制度规定于侵权法之中的立法例。在过错侵权法采取抽象概括的一般条款模式的国家，法官直接适用过错侵权责任一般条款裁判相关案件，未针对缔约过失规定特别侵权条款或具体列举条款；在过错侵权法采取大类型化模式的国家，立法者大多将缔约过失责任规定于合同法之中。我国亦在《合同法》第 42、43 条中规定缔约过失责任制度。无论缔约过失责任属于侵权责任还是独立的合同责任，在立法上都应当将该制度规定于合同法中，这是兼顾法的体系化与实用性的需要。成文法固然应当考虑体系化，但对体系化的追求不应当钻牛角尖，应当兼顾法律的实用性——毕竟缔约过失责任产生于合同订立阶段，以缔约阶段当事人之间的合理信赖为前提，将其规定于侵权法中将导致该规定很难被理解。鉴于我国《合同法》对此已经做出了正确的选择，为保持法律的连续性和稳定性，我国未来民法典应当坚持将缔约过失责任制度规定于合同法的做法。

德国法独立规定缔约过失责任的立法例不足效仿：其一，缔约过失责任的产生是为了弥补侵权责任相关规定的不足（雇主责任采取过错推定责任）；其二，一方过失导致合同未有效成立时，过失方对对方的缔约费用等纯粹经济损失明显可以预见，故应当纳入过失侵权法予以保护。

缔约过失责任应当归属于过失侵权责任：其一，侵权法上的注意义

---

① 王泽鉴. 债法原理：第一册 [M]. 北京：中国政法大学出版社，2001：232.

务不是仅限于陌生人之间，而是不限于合同当事人之间，故也可以存在较高的注意义务；其二，侵权法保护固有利益，而信赖利益与固有利益并不是反对概念，与信赖利益反对的是履行利益；其三，后合同义务的违反构成侵权，违反先合同义务应当与其具有同一性质。

过失侵权适用范围的关键：可预见性，不知者不怪，以维持法律必要的预防功能。

德国侵权法出于对行为自由的珍视，对绝对权以外的纯粹经济损失，仅在行为人能够预见损害发生时才予以保护，于是借助法律公示形成的预见性建构了"违反保护他人的法律"类型，借助故意要件形成的预见性建构了"违背善良风俗故意损害他人"类型。但在其民法典颁布之后，又发现了新的可预见的纯粹经济损失时，该如何处理？此时德国侵权法出现了"体内循环"与"体外循环"两条路，"体内循环"是在一些纯粹财产利益的基础上建立"营业权"概念，并称其为"过失侵害他人权利"类型中的一种新权利，在侵权法框架内解决问题。"体外循环"是将一些可预见的纯粹经济损失纳入"缔约过失责任"的保护之中，在既有侵权法框架之外解决问题。但就其本质来说，"缔约过失责任"与"违反保护他人的法律""违背善良风俗故意损害他人"这些传统侵权制度一样，都是对行为人可预见的纯粹经济损失提供保护的制度，在这一点上它们并无不同。

二、侵权法一般条款模式下缔约过失责任的解释论定位

在过错侵权法采取抽象概括的一般条款模式的我国，根据文义解释当然可以将缔约过失责任归属于过错侵权责任。然而如此定位却不利于缔约过失责任制度的精确适用，因为脱离了对缔约接触和合理信赖的具体考查，简单适用过错侵权一般条款将很难在责任构成和具体的责任承

担范围方面实现裁判的精确化。为了尽可能精确适用法律，立足于解释论，笔者倾向于将缔约过失责任定位为违约责任与侵权责任之外的中间责任，其适用条件应当介于过错侵权责任与违约责任之间，并以两种责任的一般条款所规定的构成要件作为缔约过失责任认定的参照。

具体到责任构成的主观方面，由于缔约过失责任产生于缔约当事人为订立合同而接触和磋商的过程中，通过产生信赖关系，当事人之间的关系已经特定化，从而缔约过失责任的构成在主观上不必一律要求故意，仅以过失为必要。我国《合同法》第 42 条列举了"假借订立合同，恶意进行磋商"和"故意隐瞒重要事实或提供虚假情况"两种典型的缔约过失行为，虽然该两种行为在主观上皆为故意，但我们不能据此认为我国缔约过失责任的主观要件以故意为限；换言之，第 42 条第3 项"其他违背诚实信用原则的行为"作为缔约过失责任的概括规定，应当将其主观要件解释为过失，而不要求故意[1]。由于缔约过失行为产生于存在特别结合关系的缔约当事人之间，这种关系虽然没有合同当事人之间的关系紧密，但基于当事人之间已经产生信赖，因此这种关系自然比一般侵权责任当事人之间"不需要存在任何关系"[2] 的关系要紧密得多，故缔约过失责任的归责原则应当介于违约责任与过错侵权责任之间，即实行过错推定，违反先合同义务即推定义务人有过错[3]。

在责任承担范围方面，我国学界通说认为缔约过失责任的赔偿范围

---

[1]　在侵害绝对权之外的利益的侵权责任构成中，通常要求被告对于原告的利益受损具有主观故意，这样是为了将侵权责任关系限定在特定的当事人之间，从而防止侵权责任的泛滥。

[2]　参见王利明，房绍坤，王轶. 合同法［M］. 3 版. 北京：中国人民大学出版社，2009：64.

[3]　虽然论证过程不同，但与笔者持同一结论的研究有：马俊驹，余延满. 民法原论［M］. 2 版. 北京：法律出版社，2006：553；李伟. 德国新债法中的附随义务及民事责任［J］. 比较法研究，2004（1）：78.

是信赖利益损失①，即原告合理信赖合同能够有效成立所支出的各种合理费用及其利息。主张赔偿信赖利益损失以合同最终未有效成立为前提，否则即无所谓"信赖利益损失"；其赔偿总额以合同履行利益为上限，这体现了违约责任对缔约过失责任的影响。有学者认为缔约过失责任的赔偿范围还应当包括固有利益损失②，笔者赞同此观点。从《合同法》第43条的规定即可得出此结论：既然缔约过失责任包括在订约阶段侵害对方的商业秘密，而且"无论合同是否成立"，则侵害商业秘密造成的损害显然不属于信赖利益损失，只能属于固有利益损失；而且，既然该缔约过失责任的构成"无论合同是否成立"，则在合同有效成立的场合，何来信赖利益损失？只可能有固有利益损失。关于固有利益损失赔偿的构成要件和赔偿范围，应当主要参考侵权法一般条款所规定的构成要件和赔偿范围，比如，鉴于特别结合关系的存在，固有利益损失的赔偿要件应当比侵权法一般条款所规定的构成要件更加宽松；侵害以财产所有权为代表的固有利益时，赔偿范围以实际的经济损失为限，而在侵害以生命权、健康权为代表的固有利益时，赔偿范围不限于经济损失，还应当赔偿精神损害③。这些体现出侵权法一般条款对认定缔约过失责任所具有的重要参照作用。

---

① 参见王利明，房绍坤，王轶．合同法［M］．3版．北京：中国人民大学出版社，2009：68；崔建远．合同法［M］．3版．北京：法律出版社，2003：88.

② 参见马俊驹，余延满．民法原论［M］．2版．北京：法律出版社，2006：554.

③ 程宗璋博士通过抽象认定缔约过失责任属于合同责任，据此得出缔约过失责任的赔偿不包括精神损害。参见程宗璋．再识缔约过失责任理论［J］．铜陵财经专科学校学报，2000（3）：4。此种推理过程笔者不敢苟同。

第三节　侵权法一般条款模式下的人格权立法

独立成编的人格权法被认为是我国民法典分编颁行的最后一个组成部分。由于侵权法与人格权法之间的内在联系——作为权利保护法，侵权法主要保护以人格权和物权为核心的绝对权——已经颁行的《侵权责任法》所采用的一般条款立法模式必然对未来人格权立法产生深远影响。本节的论述以侵权法一般条款模式对人格权立法的影响为中心，与此无直接关系的人格权立法问题将不在讨论之列。

一、侵权法一般条款模式下的人格权法立法模式

（一）人格权法立法模式的比较法考查

虽然存在反对的声音，但根据学界多数说和全国人大常委会于2002 年 12 月底审议的《民法》草案，人格权法在我国未来民法典中独立成编已然成为我国人格权立法的当然选择①。在人格权法制定过程中，其立法模式问题自然值得关注。由于侵权法与人格权法之间的天然联系——侵权责任法作为权利保护法，其主要保护对象即以人格权和物权为核心的绝对权——《侵权责任法》所采用的一般条款立法模式必然对未来的人格权立法模式产生影响。

薛军博士通过对大陆法系各国的人格权理论进行仔细梳理后指出，各国人格权立法存在两种模式，一种是以人格权一元论为依据，强调完

---

① 基于对学界业已达成共识的必要尊重，本书的论述以人格权法独立成编为前提；本书同时将在必要时对人格权法独立成编所存在的问题及其解决提供建设性意见。

整和全面保护人格利益，主张人格权是个统一的权利，即一般人格权，其客体是人格整体，而姓名、肖像、名誉等只是人格整体的部分表现；另一种以人格权多元论为依据，遵循传统的民事权利理论，认为抽象的、整体性的一般人格权是不可能的，只存在各种具体人格权，每个具体人格权保护特定的人格利益①。

沈建峰博士认为，西欧国家民法典中具体人格权的立法模式有三种：第一种以瑞士民法为代表，立法不承认具体人格权的存在，而只有人格利益保护的概括性规定②；第二种以德国民法为代表，立法对人格权采取具体列举的立法模式，实行具体人格权类型列举、内容列举和法律救济手段列举；第三种以奥地利民法为代表，承认具体人格权的存在，但其类型和内容都是开放的。"不同具体人格权立法模式差异的根源不在法律价值层面，而在于不同国家特有的法律框架和法律文化传统"，从制度前提、立法目的、司法实践及法律科学化的诉求出发，"我们应当选择具体式具体人格权立法模式"③。

域外有关人格权的立法模式基本可以概括为具体列举与抽象概括两种模式。易军博士主张根据设定方式将人格权分为法定主义模式与意定主义模式，其中的法定主义模式与本文所谓的具体列举模式实质相同，区别仅在于本文着眼于人格权法的立法模式，易军所论着眼于人格权的

---

① 薛军. 人格权的两种基本理论模式与中国的人格权立法［J］. 法商研究，2004（4）：64.

② 《瑞士民法典》第 28 条第 1 款规定，"人格受到不法侵害时，为了寻求保护，可以向法官起诉任何加害人"。沈建峰博士将该条规定解读为一般人格权的规定。鉴于一般人格权在德国民法中的独特含义，笔者认为将该条解读为 "人格权的一般规定" 或 "人格利益保护的概括性规定" 似乎更为合适。

③ 沈建峰. 具体人格权立法模式及其选择：以德国、瑞士、奥地利、列支登士敦为考察重点［J］. 比较法研究，2011（5）.

设定方式①。两种模式各有利弊：抽象概括模式强调全面保护人格利益，其目的和出发点固然是好，但其具体实现方式却牺牲了法律的确定性，造成人格权保护领域的"司法主导"②；具体列举模式强调法律的确定性和权利的可预见性，容易与传统的民事权利理论相契合，但以此为指导的人格权法具有强烈的实证法倾向，使得人格权法对人格利益的保护完全局限于对人格权的具体列举性规定。

（二）我国人格权法立法模式的选择

鉴于人格权法独立成编已成定局，而且我国侵权责任法中规定了兜底性的一般条款，我国未来人格权法应采具体列举模式。

其一，人格权立法应当兼顾权益保护与行为自由。法律通过利益分配来引导人的行为。在德国法系，利益分配采用了抽象化的权利设定方法。由于对特定主体赋予民事权利即意味着对其他民事主体的约束，没有边界的概括性的权利赋予即意味着他人漫无边际的义务，断不可行。因此，民事权利的赋予或利益的保护都是具体的，没有抽象的权利和概括的利益保护。具体的权利意味着具体的"可以……"，而不可能意味着"除……之外皆可以"，以保障他人必要的行为自由。而且，概括规定一般人格权或概括保护人格利益会导致侵害人格权案件中法官广泛的自由裁量权，不符合我国现有的权力分配体制。人格权法独立成编的法典化思想的本义是"立法导向"而非"司法导向"，即尽可能将人格利益类型化为具体人格权，从而便于司法适用、增强法律的确定性、减轻司法的难度。而以抽象概括模式规定人格权会导致人格权保护领域的

---

① 易军.论人格权法定、一般人格权与侵权责任构成［J］.法学，2011（8）：80 - 83.

② 薛军.人格权的两种基本理论模式与中国的人格权立法［J］.法商研究，2004（4）：70.

"司法主导"，在形式上会导致我国独立成编的人格权法条文总数难以突破个位数。因此，抽象概括的人格权立法模式既不利于保障行为自由，也不符合我国的权力分配体制，还与我国人格权法独立成编的宏观规划不符。

其二，我国侵权法规定了兜底性的一般条款后，不再需要抽象概括的人格权立法模式。尽管当前人格利益在某些方面开始包含积极的行为因素，比如保护公众人物的姓名和肖像在商业中的利用，就涉及正面的行为方式界定问题，但法律对人格利益保护的主流做法仍限于消极保护。以最重要的生命利益为例，法律规定生命是权利，这在积极方面仅仅等同于说"人都可以活着"，实际上是一句废话；而其消极方面即"禁止非法剥夺他人生命"才真正具有规范功能。法律将特定的人格利益上升为人格权主要是为侵权法保护特定人格利益提供便利，比如明确侵权法对人格利益的保护范围、确定保护力度。据此，可以将人格权法对人格权的类型化列举解读为对侵权法一般条款具体化的方式之一。这种具体列举的人格权法对侵权法司法实践是有意义的：我国侵权责任法第2条第2款对本法的保护对象采取具体列举与抽象概括相结合的规范模式，具体列举表明立法者强调本法的保护对象原则上限于绝对权，为了与之接轨，我国的人格权法应采具体列举模式，借助人格权法独立成编的机会，规定类型和数量适当的具体人格权①，使范围确定、边界清晰的人格利益尽可能类型化为具体人格权，在侵权法中给予最有力的保护，从而有助于增强侵权法的确定性、减轻司法的难度；对保护对象的

---

① 人格权法所类型化的人格权应当适度，因为普遍的权利意味着民事主体自由的普遍限制，实践中绝对不是"权利越多越自由"。同理，人格权列举的多，绝不意味着法律对人的保护就更充分。民事权利类型的增多并不能有效解决现实问题，结果往往是权利越多冲突越多，人的自由反而越少。

抽象概括意味着，对于人格权法中没有上升为权利的人格利益，即裸露在外的人格利益，可以由最高法院通过制定司法解释、发挥侵权法一般条款的兜底功能来实现保护①。因此，在侵权法一般条款模式确立后，采用抽象概括的人格权立法模式仅仅意味着规定一个人格利益保护的一般条款，这样的人格权法相对于侵权法一般条款，无异于对同一事物在同一层面进行无聊的重复性界定，不具任何实践价值。

总之，侵权法一般条款模式影响到了人格权法立法模式。抽象概括模式无论采取一般人格权模式还是采取人格利益保护的概括性规定模式②，都不利于保障行为自由，而且导致法律适用的困难，还与人格权法独立成编的法典化思想不符。由于我国《侵权责任法》已规定了兜底性的一般条款，我国未来人格权法应采具体列举模式。

二、侵权法一般条款模式下一般人格权制度的取舍

我国民法学界多数学者并非主张人格权立法采取抽象概括模式，而是主张既规定具体人格权，也规定一般人格权，后者起兜底功能③。实质上，这种"具体人格权 + 一般人格权"的立法模式存在内在矛盾。在我国《侵权责任法》已规定了兜底性的一般条款的前提下，我国未

---

① 《侵权责任法》第 2 条所规定的保护范围的开放性的意义就在于为最高法院在必要时通过司法解释扩充保护范围提供了合法依据，而不是为法官在个案中扩大保护范围提供依据。如此解读的好处是兼顾了法律的灵活性与安全性、统一性。

② 权利的实质即法律对利益的保护，因此，一般人格权与人格利益的概括性保护没有本质区别。

③ 参见王利明. 人格权法研究 [M]. 北京：中国人民大学出版社，2005：160. 梁慧星. 民法总论 [M]. 北京：法律出版社，2007：126，127. 正如姚辉教授所言，我国学界已广泛接受了一般人格权概念，而且几乎所有人格权法的专家建议稿中都有关于一般人格权的条文设计。姚辉. 论人格权法与侵权责任法的关系 [J]. 华东政法大学学报，2011（1）：109.

来人格权法既不必要也不应当规定一般人格权制度。

第一，一般人格权实质上是一般人格利益，不是权利。依据传统民法的权利理论，特定主体的民事权利意味着对其他民事主体的约束，没有边界的概括性的权利意味着他人漫无边际的义务，显然不可行。故民事权利都是具体的，没有抽象的权利。姚辉教授指出，一项利益能否上升为受法律保护的权利，取决于两个因素：一是该利益的重要程度；二是该利益具备定型化的特性①。基于对人本身的尊重和保护，所有人格利益上升为权利在重要性方面均没有问题；但就利益的特定化和类型化而论，保护一般人格利益的一般人格权不属于人格权，因其本身是反对特定化、类型化的——"一般人格权"概念提出的目的就是冲破人格权有限列举的限制，全面保护人格利益，而既然"全面保护"，则其边界自然不清晰，内容自然不确定。因此，一般人格权作为"概括性权利"不符合民事权利理论；其实质上不是权利，至少不是真正的权利，只是侵权法用来保护纯粹人格利益的手段②。既然"一般人格权"不是权利，则在人格权法中自然没有其位置。若勉强规定一般人格权制度，则其不确定性会使得侵害一般人格权的违法性判断与侵害具体人格权的违法性判断方式不同，不仅造成权利与利益的混淆，而且导致权利的行为指引功能被弱化③。

第二，我国人格权法并不存在一般人格权制度赖以产生的独特法律

① 姚辉. 论人格权法与侵权责任法的关系 [J]. 华东政法大学学报，2011（1）：108 －109.

② 类似观点参见熊谓龙. 理论的误读：论一般人格权的非权利本质 [M] //王利明，葛维宝. 人格权法及侵权法专题研究. 北京：中国法制出版社，2006：237.

③ 易军. 论人格权法定、一般人格权与侵权责任构成 [J]. 法学，2011（8）：84. 冉克平. 一般人格权理论的反思与我国人格权立法 [J]. 法学，2009（8）：137.

环境。《德国民法典》的立法者在民法典中有意没有规定一般人格权制度①。一般人格权制度之所以在德国通过判例得以确立，是因为《德国民法典》第823条仅列举了四种主要的人格法益作为普通过错侵权责任的保护对象，而"其他权利"在德国司法实践中被公认为仅限于绝对权，导致第823条的保护范围是封闭的。与德国法形成鲜明对比的是，由于法国侵权法一般条款在保护范围方面采开放模式，法国在人格权领域主张多元论指导下的具体列举模式②。为了使人格利益保护能够适应二战以后的社会现实，德国联邦最高法院不惜"借壳生蛋"——将其他非典型的人格利益概括称之为"一般人格权"，并将其视为第823条的"其他权利"。作为并非真正权利的"框架权"，德国法官和学者在侵权法领域③提出此一概念就是为了解决在德国的侵权法环境下纯粹人格利益的保护路径问题，此外再无其他用途。而我国当前的民法环境则全然不存在德国的情况，我国完全可以通过解释《侵权责任法》第2条的"人身权益"，由最高法院通过司法解释逐渐扩充侵权法的保护范围，从而使侵权法能够适应社会实践需要，而不必增设一个令人充满疑惑的"概括性权利"。王利明教授主张在人格权法中规定一般人格权制度，但他也认为该制度的作用就是发挥"兜底条款"的功能④，与侵权法一般条款的功能一致。

第三，若在人格权法中同时规定具体人格权与一般人格权，则难以

---

① ［德］卡尔·拉伦茨. 德国民法通论［M］. 王晓晔，等译. 北京：法律出版社，2003：172.

② 薛军. 人格权的两种基本理论模式与中国的人格权立法［J］. 法商研究，2004（4）：71.

③ 众所周知，侵权法仅具权利救济功能，而不具权利创设功能。德国人在侵权法领域提出一般人格权概念，其用意显然不是创设权利，而是为了保护人格权之外的"纯粹人格利益"。

④ 王利明. 民法典体系研究［M］. 北京：中国人民大学出版社，2008：460.

解释人格权、具体人格权与一般人格权三者关系。姚辉教授指出，"如果我们仍然坚持已经成形的中国民法关于一般人格权的理念，那么此项被认为是具体人格权基础或者上位概念的'权利'如何予以定义，其与具体人格权究竟属于一种什么样的相互关系，都必须进一步思考"①。关于具体人格权与一般人格权的关系，我国学界有两种观点，第一种观点认为两者是具体与抽象、个别与一般的关系②；第二种观点认为两者是列举与兜底的关系③。我国多数学者所主张的"具体人格权 + 一般人格权"的立法模式是以列举与兜底关系为理论依据的，即人格权包括具体人格权和一般人格权，前者是有名的人格权，后者是对无名的人格利益的概括，在法律保护方面起兜底功能。王利明教授就认为，一般人格权具有一般条款的性质，法律对一般人格权的规定将成为一种兜底条款，使各种人格利益都能得到保护，使人格权制度成为一个开放的体系，从而为人民法院处理各种新型人格权纠纷提供司法裁判依据④。薛军博士认为，一般人格权"根本不可能是一个一般性、概括性的权利，充其量只是一个补充性的权利"⑤；然而民事权利体系中何来"补充性

① 姚辉. 论人格权法与侵权责任法的关系［J］. 华东政法大学学报，2011（1）：109.
② 王利明. 中国民法典草案建议稿及说明［M］. 北京：中国法制出版社，2004：323. 由于我国民法理论和实践均认可人格权概念，因此，认为生命权、健康权等具体人格权与人格权之间是具体与抽象、个别与一般的关系，这可以理解；但若认为具体人格权与一般人格权之间也是具体与抽象的关系，则难以解释人格权与一般人格权之间的关系。
③ 尹田. 论一般人格权［J］. 法律科学，2002（4）.
④ 王利明. 试论人格权的新发展［J］. 法商研究，2006（5）。有必要说明的是，王利明教授的观点提出于《侵权责任法》颁布之前，基于对人格权的法定类型不能满足社会现实需求的担忧而提出以一般人格权兜底，其观点不可谓不正确。而今，在《侵权责任法》已颁行并规定有开放式一般条款的情况下，稍具体系意识者即无理由再主张规定一般人格权制度。
⑤ 薛军. 人格权的两种基本理论模式与中国的人格权立法［J］. 法商研究，2004（4）：64.

权利"？在我国侵权法已采用一般条款模式、为人格利益的保护预留了足够空间的前提下，在人格权立法中再规定一般人格权有何规范意义？而且，无论我国人格权法是否规定一般人格权制度，在司法实践中保护纯粹人格利益主要还得依赖侵权法一般条款。

德国通过判例确立的一般人格权制度的功能仅在于弥补具体列举的人格权之不足。在我国侵权法已为人格利益的保护预留了足够空间的前提下，人格权立法中规定一般人格权制度只会成为我国法律体系中多余的"盲肠"，弊大于利。

三、侵权法一般条款模式下的人格权益保护

（一）人格利益与人格权的区分

法律通过利益分配来引导人的行为。德国民法中，利益分配采用了权利设定与权利保护的方法。德国立法充分运用权利工具的好处是，有利于法律的体系化和提升立法技术水平①。在权利本位的时代，权利得以张扬，利益则较少受到重视。而实际上，权利是对利益的特定化和类型化，权利只是利益的外壳和保护手段，利益才是权利的社会生活原型，是权利的内核和权利设置的目的。人格权是以人格利益为客体的权利②，是保护民事主体人格利益的手段。

在人格权法独立成编并规定具体人格权、侵权责任法采用一般条款

---

① 在法国，侵权法直接从利益的反面——损害出发来规定侵权责任；英国侵权法则是直接从各种各样的侵权行为方式出发。英国法和法国法从社会生活事实出发，导致法典化、体系化的困难和立法技术的障碍。

② 此为我国学界较有力观点，参见王利明. 人格权法研究［M］. 北京：中国人民大学出版社，2005：14；李新天. 对人格权几个基本理论问题的认识［J］. 法学评论，2009（1）：121. 反对的观点见马俊驹，张翔. 人格权的理论基础及其立法体例［J］. 法学研究，2004（6）：53.

对包括人格利益在内的利益进行兜底保护的法律环境中，需要慎重区分纯粹人格利益与人格权，因为法律对二者的保护条件不同。能否认为人格权法已规定为权利者是人格权，未规定为权利但实践中又需要保护者就是人格利益？由于利益上升为权利是立法者作为的结果，故此种观点充其量在解释论层面有意义，而且这种解释论仅限于文义解释，其可靠性与局限性不言而喻。立足于立法论，如何区分人格利益与人格权？换言之，在人格权立法中如何判断人格利益上升为人格权的必要性与可能性？

前文已指出，特定利益能否上升为权利，取决于该利益的重要程度和特定化、类型化程度。"一般人格权"之所以不属于人格权，因其本身无法特定化、类型化，其边界不清晰，内容不确定。名誉和隐私利益在特定化和类型化方面也存在问题。每个人对自己的名誉和隐私利益的归属内容是不确定的，归属范围是不清晰的，特定个体的名誉和隐私利益经常会与他人的言论自由利益、艺术创作自由利益甚至社会公共利益发生冲突，"所以，其实并没有什么'名誉权'，也就是说，没有由'名誉'这个概念所涵盖的专属的利益领域"①。破坏他人名誉的行为是否构成违法，只能根据个案具体情况进行利益衡量。

决定利益能否上升为权利的第三个因素是，权利应当具有社会典型公开性，即在客观上具有典型性和公开性，能够被拥有共同文化背景的他人所识别和感知②。人既有生理痛苦，也会有心理痛苦。"大多数的人格权规范（针对身体保护的规范除外）所设立的边界只是一种抽象的边界，由这样的规范建立起来的保护性屏障也是无形的、不直观

---

① ［德］迪特尔·施瓦布. 民法导论［M］. 郑冲，译. 北京：法律出版社，2006：216.
② 于飞. 侵权法中权利与利益的区分方法［J］. 法学研究，2011（4）：110.

的。"因此,"以具体的、典型的人格利益为保障对象的人格权在进行权利类型化的时候借助了普遍的社会观念"①,才使得社会大众从这些具体的规范中获得相对直观和清晰的对自己行为后果的预测。

立足于解释论,可以将人格权法对人格权的类型化列举解读为对侵权法一般条款具体化的方式。这种具体列举的人格权在侵权法中将通过影响责任构成要件的判断而获得最有力度和最具确定性的保护,从而有助于减轻司法的难度,增强侵权法的确定性,促进法治秩序的形成。由于社会生活的复杂性、立法与理论的局限性,疑难案件在所难免。但通过立法对典型问题的规范,可在最大限度内将多数案件转化为普通案件,对此法官只需根据法条进行形式推论即可得出结论,而不必频繁进行利益衡量。这既有利于提高司法效率,也有助于建立社会大众稳定的法律预期,以实现底线的法律秩序②。

区分人格权与纯粹人格利益的实践意义在于,在侵害人格权益的侵权案件中责任构成的违法性认定标准不同,行为侵害典型性人格权的,推定行为违法;行为侵害非典型的人格利益的,行为违法性的判断需借助利益衡量进行审慎认定。

(二)人格权益的侵权法保护与人格权法保护的关系

无论主张人格权法独立成编的学者如何强调其主张的必要性,不可否认的是,侵权责任法作为权利保护法,其主要保护对象即以人格权、物权为核心的绝对权。换言之,人格权法和侵权责任法都具有保护广义人格利益的功能。为避免立法内容的重复,人格权法和侵权责任法应当

---

① 薛军. 人格权的两种基本理论模式与中国的人格权立法〔J〕. 法商研究,2004
(4):69.

② 薛军. 人格权的两种基本理论模式与中国的人格权立法〔J〕. 法商研究,2004
(4):72.

分别具有各自不同的实质内容，否则，若两种制度的设置目的与实现手段基本一致，则在侵权责任法已经生效的情况下，制定人格权法的必要性与可行性就很值得怀疑①。正因如此，主张人格权法独立成编的学者极力主张"人格权编只规定人格权的种类和具体内容，严格不涉及权利的保护问题，将人格权的保护问题放在侵权责任法编中加以规定"②。立法应当考虑实践操作性，单纯的宣示权利在实践层面不具有规范功能。因此，人格权法不仅应当将尽可能多的具体人格利益类型化和固定化为具体的人格权（主要体现为根据特定的客体来确定每种具体人格权的名称），还至少应当从正面清晰界定每种具体的人格权的内容，即权利范围和行使的界限（体现为规定每种具体人格权的内容），甚至应当在人格权法中规定人格权请求权。若完全"将人格权的保护问题放在侵权责任法编中加以规定"，则意味着人格权法编的所有法条均为"绝对的不完全法条"③，这样的人格权法充其量只能为侵权责任法认定行为是否构成侵害人格权提供辅助。因此，若人格权请求权不具有侵权

---

① 值得反思的是，以侵权责任法已独立成编这一事实为论据，主张或反对人格权法独立成编的学者竟然能够各自得出完全不同的结论，姚辉．论人格权法与侵权责任法的关系［J］．华东政法大学学报，2011（1）：105．其实，主张者是基于形式主义的逻辑推理，而反对者是基于实用主义的考量。立法和司法实践与纯学术研究的不同之处在于，前者应当更多地考虑实用性。

② 王利明．中国民法典草案建议稿及说明［M］．北京：中国法制出版社，2004：321；杨立新．中国人格权法立法报告［M］．北京：知识产权出版社，2005：14．但杨立新教授同时主张我国人格权法应当直接规定人格权请求权，而且人格权请求权与侵权法上的人格权侵权请求权之间的关系规定为聚合关系比较合适。杨立新，袁雪石．论人格权请求权［J］．法学研究，2003（6）：69－75．

③ 法条的完全性是相对的，比如《侵权责任法》第6条第1款所规定的一般条款，其具体适用时可能需要第2条第2款"保护范围"、第15条以下"责任形式"的辅助，但由于其本身规定了构成要件和法律后果，故可以看作完全法条。但若人格权法只从正面宣示自然人享有一系列具体的人格权，既无权利内容的正面规定，更无权利受侵的保护手段，则这样的人格权法是没有任何实质意义的，相反会造成频繁的权利冲突。

请求权之外的特有功能①，则人格权法独立成编的意义就很有限，仅具逻辑上的或者形式上的意义②。因此，人格权立法应当对具体人格权的种类和范围进行规定，并规定人格权请求权。

"实际上，现代民法对法益的关注和保护具体而言就是侵权法一般条款对法益的保护。"③ 因此，民法对具体人格权的保护是通过人格权法和侵权责任法共同实现的，而对人格权之外的纯粹人格利益的保护则完全委诸侵权法一般条款。

小　结

解决违约责任与侵权责任竞合案件的法律适用难题的三类学说均有其局限性，而且在诉讼程序上产生了诉讼标的识别、既判力客观范围的确定等诸多复杂问题。责任竞合虽然"是传统概念法学难以解释和容忍的"④，但它仅仅"意味着立法者运用纯粹理性剪裁实践理性的失

---

① 姚辉教授认为，人格权请求权的设置目的是恢复权利和防患于未然；侵权请求权则是为了恢复利益本身。姚辉.论人格权法与侵权责任法的关系［J］.华东政法大学学报，2011（1）：114.

② 以下主张人格权法独立成编的理由就是纯粹逻辑层面的或形式上的：在民法典中先具体规定民事权利，再集中规定侵权民事责任，才能形成权利与责任的逻辑结合和体系一致。若民法典仅仅规定物权、知识产权而不对人格权进行体系化的规定，会使侵权责任法对人格权的保护缺乏前提和基础。将人格权独立成编，就会有更大的空间对人格权进行规定，可以清楚、明确、详细地规定各种具体人格权。姚辉.论人格权法与侵权责任法的关系［J］.华东政法大学学报，2011（1）：104.

③ 姚辉.论人格权法与侵权责任法的关系［J］.华东政法大学学报，2011（1）：108.其实没必要区分利益与法益，在法律和法学的谈论框架内，利益原则上仅限于法益，即法律予以消极保护的合法利益。

④ 谢鸿飞.违约责任与侵权责任竞合理论的再构成［J］.环球法律评论，2014（6）：24.

败", 是法律人本应当坦然接受的; 由于责任竞合现象的发生必然会弱化法律的调整功能, 故责任竞合不值得追求。因此我们应当一分为二对待责任竞合现象: 一方面, 尽量减少责任竞合; 另一方面, 通过完善责任竞合规则, 妥善处理竞合矛盾。缔约过失责任在立法上应当规定于合同法中, 在解释和适用时应当归属于过错侵权责任, 运用统一的过错侵权责任进行判断。人格权法应采具体列举模式, 不必规定一般人格权制度, 由侵权法一般条款保护纯粹人格利益。

结　语

一、具体结论

通过权衡权益保障与行为自由的关系，取舍法律的正义价值与安全价值，根据中国社会特殊的权力配置与法治传统和司法现状，我国侵权法规范模式不可能借鉴英美侵权法"具体列举＋判例创新"模式，而只能采取大陆法的一般条款规范模式。

侵权法一般条款只能概括过错侵权责任。在内容方面，侵权法一般条款应当明确规定违法性要件；在表达方式方面，不宜采纳德国法区别权利和利益并分别规定责任构成要件的类型化模式，而应当以抽象概括的概念规定统一的侵权责任构成要件，由法官在个案判断过程中对权利和利益进行区别对待，进而实现权利和利益的区别保护。本研究提出我国侵权法一般条款建议稿为：行为人违法侵害他人民事权益造成损害，有过错的，应当承担侵权责任。

《侵权责任法》第6条第1款比较适合解读为一般条款。立法者可通过立法对侵权法一般条款进行补充性、解释性规定，也可进行具体列举性规定；法学者可对过错侵权责任的构成要件、抗辩事由和责任承担问题进行理论解说；通过对损害、责任成立因果关系、行为违法性、过错和责任范围因果关系的具体分析，可以实现过错侵权责任对权利和利益的区别保护。

纯粹经济损失即并非作为权利或受保护利益的侵害结果而存在的损失。纯粹经济损失不赔规则是 19 世纪晚期概念法学盛行时代的偶然结果，其实质是将"可赔偿的损害"严格限制在"直接受害人"这个"财产单元"范围内，以维护行为自由和行为预期。纯粹经济损失一律不赔显然有悖法律的价值判断和生活常理。应当通过对侵权法一般条款所规定的四要件进行具体分析和判断来决定特定的纯粹经济损失是否受过失侵权法保护。

目前解决违约责任与侵权责任竞合案件的法律适用难题的三类学说均有其局限性，而且在诉讼程序上产生了诉讼标的识别、既判力客观范围的确定等诸多复杂问题。我们应当一分为二地对待责任竞合现象：一方面尽量减少责任竞合；另一方面通过完善责任竞合规则，妥善处理竞合矛盾。缔约过失责任条款在立法上应当规定于合同法中，在解释和适用时应当归属于过错侵权责任，运用统一的过错侵权责任构成要件进行判断。人格权法应采具体列举模式，不必规定一般人格权制度，由侵权法一般条款保护纯粹人格利益。

二、研究体会

立法固然要放眼未来，但更要立足现实。学术研究习惯于终极思考，而立法和司法实践则必须立足于现实的社会需求。一定程度的确定性是法治的底线要求，在此前提之下才能谈及以灵活的手段追求个案正义，在我国目前的法治环境下尤为如此。

研究法律问题应当从本国的国情和法治环境出发，法学理论应当为社会现实服务，着眼于解决本国的立法或司法实践问题。理论学说的逻辑自洽固然重要，但更重要的是解决实际问题，脱离特定社会实践的理论是没有生命力的。

法律技术是为法律价值服务的，立法应当考虑司法的需要。研究侵权法一般条款，必须考虑如何在立法中恰当运用一般条款技术，以安全稳妥地实现其司法裁判功能。价值判断问题是法律和法学的核心问题，其需要通过社会实证调查和科学民主的立法程序进行固定和选择；针对特定问题的价值取向确定之后，学者的使命就是辅助立法者妥善运用立法技术将价值判断固化为法律条文，此过程既要忠实传达业已形成的价值判断共识，又要考虑司法实践的操作，保障其在实践中不至于走样。因此，立法技术的选择受制于价值判断和政策抉择，同时立法技术的恰当运用是有效落实和贯彻既定价值判断的重要手段。

一国法治的实现需要法律职业共同体各类成员的恰当分工与合作——履行好自己的使命，同时考虑同伴的需要，不随意越权。立法要考虑满足司法的需要，同时给司法经验的积累和学理补充解释留下必要的发展空间；学术研究要为立法和司法服务，要围绕实践中存在的问题进行，但不是所有的研究结论都有必要上升为立法，因为有些问题只能在司法阶段解决；司法者首先应该敬畏立法，同时要尊重司法界和学术界业已达成的共识。

大规模法律移植并不是实现法治的捷径，移植后的本土化才是问题的根本。不仅法治的本土化很难，甚至想综合继受也不可得——由于路径依赖，更由于学者的学术背景。清末可能是不经意的选择，德国法成为我民法的渊源和传统，从概念、理念到制度、体系；而今由于路径依赖，针对具体制度的借鉴进行比较探讨后也难脱德国法的束缚。

虽然就侵权法立法模式论，德国法介于英国法和法国法之间，但这只是表象，实质上，德国法最为概念化、教条化，英国法最接近司法实践，法国法还是如达维所言介于二者之间。就此而论，我国"以德为师"的负面效应很多，比如导致理论脱离实践。

我国近百年法制变革存在的问题在于，由于激烈的社会变革和政治经济转型，一直没有机会形成高度完善的司法体制和专业化的司法者队伍，而这是合理分权的前提性制约因素。在没有专业化司法的条件下，高层即使想通过"顶层设计"委司法以重任估计也无以为凭，故在社会治理层面只能依据现有条件搞行政主导和立法中心主义，而司法只配躲在角落里为维护社会稳定而艰难地"保驾护航"，这反过来又不利于专业化司法的培育，由此陷入恶性循环。立法中心主义的结果是导致法学难称科学，因为立法学属于政治学的范畴。衡量一个国家法治水平的只能是司法，只有形成高度完善和专业化的司法，法学和法律才能摆脱"附庸"地位和"幼稚"属性。

参考文献

一、著作类

1. 王利明. 侵权责任法研究：上、下卷［M］. 北京：中国人民大学出版社，2011.

2. 王利明. 侵权行为法归责原则研究［M］. 北京：中国政法大学出版社，2003.

3. 李世刚. 法国侵权责任法改革：基调与方向［M］. 北京：人民日报出版社，2017.

4. 于飞. 权利与利益区分保护的侵权法体系之研究［M］. 北京：法律出版社，2012.

5. 王胜明. 中华人民共和国侵权责任法释义［M］. 北京：法律出版社，2010.

6. 杨立新，张新宝，姚辉. 侵权法三人谈［M］. 北京：法律出版社，2007.

7. 杨立新. 侵权法论［M］. 3版. 北京：人民法院出版社，2005.

8. 张新宝. 侵权责任构成要件研究［M］. 北京：法律出版社，2007.

9. 张新宝. 侵权法评论：1－4 辑 ［M］. 北京：人民法院出版社，2004.

10. 徐国栋. 民法基本原则解释 ［M］. 北京：中国政法大学出版社，2004.

11. 王卫国. 过错责任原则：第三次勃兴 ［M］. 北京：中国法制出版社，2000.

12. 张民安. 现代法国侵权责任制度研究 ［M］. 北京：法律出版社，2007.

13. 张民安. 过错侵权责任制度研究 ［M］. 北京：中国政法大学出版社，2002.

14. 于敏. 日本侵权行为法 ［M］. 北京：法律出版社，2006.

15. 胡雪梅. 英国侵权法 ［M］. 北京：中国政法大学出版社，2008.

16. 胡雪梅. 过错的死亡：中英侵权法宏观比较研究及思考［M］. 北京：中国政法大学出版社，2009.

17. 叶榅平. 合同中的保护义务研究 ［M］. 北京：法律出版社，2010.

18. 王少禹. 侵权与合同竞合问题之展开 ［M］. 北京：北京大学出版社，2010.

19. 李昊. 纯经济上损失赔偿制度研究 ［M］. 北京：北京大学出版社，2004.

20. 江平. 侵权行为法研究 ［M］. 北京：中国民主法制出版社，2004.

21. 王利明. 中美法学前沿对话 ［M］. 北京：中国法制出版社，2006.

22. 孟勤国. 物权二元结构论: 中国物权制度的理论重构 [M]. 北京: 人民法院出版社, 2002.

23. 马俊驹, 余延满. 民法原论 [M]. 2版. 北京: 法律出版社, 2006.

24. 王利明. 法律解释学 [M]. 北京: 中国人民大学出版社, 2011.

25. 梁慧星. 民法解释学 [M]. 北京: 中国政法大学出版社, 1995.

26. 刘心稳. 中国民法学研究述评 [M]. 北京: 中国政法大学出版社, 1996.

27. 石佳友. 民法法典化的方法论问题研究 [M]. 北京: 法律出版社, 2007.

28. 龙卫球. 民法总论 [M]. 北京: 中国法制出版社, 2002.

29. 王夏昊. 法律规则与法律原则的抵触之解决 [M]. 北京: 中国政法大学出版社, 2009.

30. 周友军. 侵权责任认定 [M]. 北京: 法律出版社, 2010.

31. 罗东川. 侵权责任法疑难问题案例解读 [M]. 北京: 法律出版社, 2011.

32. 于雪锋. 侵权法可预见性规则研究 [M]. 北京: 北京大学出版社, 2017.

33. 王泽鉴. 侵权行为 [M]. 北京: 北京大学出版社, 2009.

34. 王泽鉴. 债法原理: 第一册 [M]. 北京: 中国政法大学出版社, 2001.

35. 陈聪富. 侵权归责原则与损害赔偿 [M]. 北京: 北京大学出版社, 2005.

36. 陈聪富. 因果关系与损害赔偿 [M]. 北京：北京大学出版社, 2006.

37. 陈聪富. 侵权违法性与损害赔偿 [M]. 北京：北京大学出版社, 2012.

38. 陈忠五. 契约责任与侵权责任的保护客体："权利"与"利益"区别正当性的再反思 [M]. 北京：北京大学出版社, 2013.

39. 邱聪智. 新订民法债编通则 [M]. 北京：中国人民大学出版社, 2003.

40. 邱聪智. 民法研究 [M]. 北京：中国人民大学出版社, 2002.

41. 林诚二. 民法债编总论：体系化解说 [M]. 北京：中国人民大学出版社, 2003.

42. 黄茂荣. 法学方法与现代民法 [M]. 北京：中国政法大学出版社, 2001.

43. 曾世雄. 损害赔偿法原理 [M]. 北京：中国政法大学出版社, 2001.

44. 苏永钦. 走入新世纪的私法自治 [M]. 北京：中国政法大学出版社, 2002.

45. 杨仁寿. 法学方法论 [M]. 北京：中国政法大学出版社, 1999.

46. [澳] 彼得·凯恩. 侵权法解剖 [M]. 汪志刚, 译. 北京：北京大学出版社, 2010.

47. [澳] 彼得·凯恩. 阿蒂亚论事故、赔偿及法律 [M]. 王仰光, 等译. 北京：中国人民大学出版社, 2008.

48. [奥] 海尔穆特·考茨欧. 侵权责任法的基本问题：第一卷 [M]. 朱岩, 译. 北京：北京大学出版社, 2017.

49. ［德］马克西米利安·福克斯. 侵权行为法 ［M］. 齐晓琨, 译. 北京：法律出版社, 2006.

50. ［美］文森特·R·约翰逊. 美国侵权法 ［M］. 赵秀文, 等译. 北京：中国人民大学出版社, 2004.

51. ［日］圆谷峻. 判例形成的日本新侵权行为法 ［M］. 赵莉, 译. 北京：法律出版社, 2008.

52. ［德］克雷斯蒂安·冯·巴尔. 欧洲比较侵权行为法：上、下卷［M］. 张新宝, 等译. 北京：法律出版社, 2004.

53. ［奥］海尔穆特·考茨欧. 侵权法的统一：违法性 ［M］. 张家勇, 译. 北京：法律出版社, 2009.

54. ［美］詹姆斯·戈德雷. 私法的基础：财产、侵权、合同和不当得利 ［M］. 张家勇, 译. 北京：法律出版社, 2008.

55. ［意］布萨尼, ［美］帕尔默. 欧洲法中的纯粹经济损失 ［M］. 张小义, 钟洪明, 译. 北京：法律出版社, 2005.

56. ［德］克里斯蒂安·冯·巴尔, 乌里希·德罗布尼希. 欧洲合同法与侵权法及财产法的互动 ［M］. 吴越, 等译. 北京：法律出版社, 2007.

57. 欧洲侵权法小组. 欧洲侵权法原则：文本与评注 ［M］. 于敏, 谢鸿飞, 译. 北京：法律出版社, 2009.

58. ［德］马格努斯. 侵权法的统一：损害与损害赔偿 ［M］. 谢鸿飞, 译. 北京：法律出版社, 2009.

59. ［荷］施皮尔. 侵权法的统一：因果关系 ［M］. 易继明, 等译. 北京：法律出版社, 2009.

60. ［法］雅克·盖斯旦, 吉勒·古博. 法国民法总论 ［M］. 张鹏, 等译. 北京：法律出版社, 2004.

61. ［德］迪特尔·梅迪库斯. 德国民法总论［M］. 邵建东，译. 北京：法律出版社，2000.

62. ［德］卡尔·拉伦茨. 德国民法通论［M］. 王晓晔，邵建东，谢怀栻，等译. 北京：法律出版社，2003.

63. ［德］迪特尔·施瓦布. 民法导论［M］. 郑冲，译. 北京：法律出版社，2006.

64. ［德］罗伯特·霍恩，海因·科茨，汉斯·G·莱塞. 德国民商法导论［M］. 楚建，译. 北京：中国大百科全书出版社，1996.

65. ［德］卡尔·拉伦茨. 法学方法论［M］. 陈爱娥，译. 北京：商务印书馆，2003.

66. ［德］魏德士. 法理学［M］. 丁晓春，吴越，译. 北京：法律出版社，2005.

67. ［美］博登海默. 法理学、法律哲学与法律方法［M］. 邓正来，译. 北京：中国政法大学出版社，2004.

68. ［美］伯纳德·施瓦茨. 美国法律史［M］. 王军，等译. 北京：中国政法大学出版社，1990.

69. ［法］勒内·达维德. 当代主要法律体系［M］. 漆竹生，译. 上海：上海译文出版社，1984.

70. ［德］K·茨威克特，H·克茨. 比较法总论［M］. 潘汉典，等译. 北京：法律出版社，2003.

71. ［英］理查德·欧文. 侵权法基础［M］.3 版. 武汉：武汉大学出版社，2004.

72. ［英］阿拉斯泰尔·马里斯，肯·奥里芬特. 侵权法［M］.2 版. 北京：法律出版社，2003

73. ［英］约翰·洛根. 侵权法简明案例［M］.2 版. 武汉：武汉

大学出版社，2004.

74. ［德］迪特尔·梅迪库斯．德国债法总论［M］．杜景林，卢谌，译．北京：法律出版社，2004.

75. ［德］迪特尔·梅迪库斯．德国债法分论［M］杜景林，卢谌，译．北京：法律出版社，2007.

76. ［美］G. 爱德华·怀特．美国侵权行为法：一部知识史［M］．王晓明，李宇，译．北京：北京大学出版社，2014.

77. ［美］罗斯科·庞德．法律史解释［M］．邓正来，译．北京：商务印书馆，2013.

78. 德国民法典［M］．陈卫佐，译注．北京：法律出版社，2004.

79. 瑞士债法典［M］．吴兆祥，石佳友，孙淑妍，译．北京：法律出版社，2002.

80. 法国民法典［M］．罗结珍，译．北京：法律出版社，2005.

81. 最新日本民法［M］．渠涛，译．北京：法律出版社，2006.

82. 荷兰民法典：第3、5、6编［M］．王卫国，主译．北京：中国政法大学出版社，2006.

83. 意大利民法典［M］．费安玲，丁枚，张宓译．北京：中国政法大学出版社，2004.

84. 俄罗斯民法典［M］．黄道秀，李永军，鄢一美，译．北京：中国大百科出版社，1999.

85. 徐国栋．埃塞俄比亚民法典［M］．薛军，译．北京：中国法制出版社，2002.

86. 欧洲侵权法小组．欧洲侵权法原则：又本与评注［M］．于敏，谢鸿飞，译．北京：法律出版社，2009.

二、论文类

1. 王利明. 我国侵权责任法的体系构建: 以救济法为中心的思考 [J]. 中国法学, 2008 (4).

2. 王利明. 论高度危险责任一般条款的适用 [J]. 中国法学, 2010 (6).

3. 王利明. 侵权责任法与合同法的界分 [J]. 中国法学, 2011 (3).

4. 王利明. 侵权责任法的中国特色 [J]. 法学家, 2010 (2).

5. 王利明. 侵权法一般条款的保护范围 [J]. 法学家, 2009 (3).

6. 王利明. 论侵权责任法中一般条款和类型化的关系 [J]. 法学杂志, 2009 (3).

7. 王利明. 论侵权行为法的独立成编 [J]. 现代法学, 2003 (4).

8. 张新宝. 侵权行为法的一般条款 [J]. 法学研究, 2001 (4).

9. 张新宝. 侵权责任法的法典化程度研究 [J]. 中国法学, 2006 (2).

10. 张新宝. 侵权法立法模式: 全面的一般条款 + 全面列举 [J]. 法学家, 2003 (4).

11. 张新宝. 侵权责任法立法的利益衡量 [J]. 中国法学, 2009 (4).

12. 朱虎. 侵权法中的法益区分保护: 思想与技术 [J]. 比较法研究, 2015 (5).

13. 姜战军. 中、英名誉权侵权特殊抗辩事由评价、比较与中国法的完善［J］．比较法研究，2015（3）．

14. 曹险峰．我国侵权责任法的侵权构成模式［J］．法学研究，2013（6）．

15. 冉克平．论人格权法中的人身自由权［J］．法学，2012（3）．

16. 杨立新．中国侵权责任法大小搭配的侵权责任一般条款［J］．法学杂志，2010（3）．

17. 杨立新．论侵权责任法草案二次审议稿的侵权行为一般条款［J］．法学论坛，2009（3）．

18. 杨立新．论埃塞俄比亚侵权行为法对中国侵权行为法的借鉴意义［J］．扬州大学学报，2005（5）．

19. 杨立新．论侵权行为一般化和类型化及其我国侵权行为法立法模式选择［J］．河南省政法管理干部学院学报，2003（1）．

20. 温世扬．略论侵权法保护的民事法益［J］．河南省政法管理干部学院学报，2011（1）．

21. 杨立新，刘召成．抽象人格权与人格权体系之构建［J］．法学，2011（1）．

22. 杨立新，袁雪石．论人格权请求权［J］．法学研究，2003（6）．

23. 魏振瀛．侵权责任法在我国民法中的地位及其与民法其他部分的关系［J］．中国法学，2010（2）．

24. 魏振瀛．侵权责任方式与归责事由、归责原则的关系［J］．中国法学，2011（2）．

25. 崔建远．论归责原则与侵权责任方式的关系［J］．中国法学，2010（2）．

26. 崔建远. 侵权责任法应与物权法相衔接 [J]. 中国法学, 2009 (1).

27. 崔建远. 绝对权请求权抑或侵权责任方式 [J]. 法学, 2002 (11).

28. 郭明瑞. 侵权立法若干问题思考 [J]. 中国法学, 2008 (4).

29. 房绍坤. 论侵权责任立法中的一般条款与类型化及其适用 [J]. 烟台大学学报, 2009 (3).

30. 尹田. 评侵权责任的独立成编与侵权行为的类型化 [J]. 清华法学, 2008 (4).

31. 姚辉. 过错原则的批判与坚守 [J]. 法学论坛, 2009 (1).

32. 姚辉. 论人格权法与侵权责任法的关系 [J]. 华东政法大学学报, 2011 (1).

33. 马俊驹, 张翔. 人格权的理论基础及其立法体例 [J]. 法学研究, 2004 (6).

34. 柳经纬. 民法典应如何安排人格权制度 [J]. 河南省政法管理干部学院学报, 2004 (3).

35. 麻昌华. "侵权责任法"的解释论与立法论 [J]. 法商研究, 2010 (6).

36. 田土城. 侵权行为的一般条款研究 [J]. 河南省政法管理干部学院学报, 2006 (2).

37. 屈茂辉. 类推适用的私法价值与司法运用 [J]. 法学研究, 2005 (1).

38. 韩世远. 重申一般侵权与特殊侵权 [J]. 学习与探索, 2010 (1).

39. 徐爱国. 重新解释侵权行为法的公平责任原则 [J]. 政治与法律, 2003 (6).

40. 刘士国. "侵权责任法"第二条规定之解析 [J]. 暨南学报, 2010 (3).

41. 刘士国. 制定侵权责任法的方法论思考 [J]. 法学论坛, 2009 (1).

42. 刘士国. 侵权责任法调整对象研究 [J]. 烟台大学学报, 2008 (3).

43. 梁慧星. 我国"侵权责任法"的几个问题 [J]. 暨南学报, 2010 (3).

44. 张民安, 林泰松. 我国"侵权责任法"对他人民事权益的保护 [J]. 暨南学报, 2010 (3).

45. 张民安. 作为过错侵权责任构成要件的非法性与过错 [J]. 甘肃政法学院学报, 2007 (4).

46. 徐国栋. 人格权制度历史沿革考 [J]. 法制与社会发展, 2008 (1).

47. 葛云松. "侵权责任法"保护的民事权益 [J]. 中国法学, 2010 (3).

48. 葛云松. 纯粹经济损失的赔偿与一般侵权行为条款 [J]. 中外法学, 2009 (5).

49. 张谷. 作为救济法的侵权法, 也是自由保障法 [J]. 暨南学报, 2009 (2).

50. 薛军. 人格权的两种基本理论模式与中国的人格权立法 [J]. 法商研究, 2004 (4).

51. 薛军. 揭开"一般人格权"的面纱: 兼论比较法研究中的"体

系意识"[J].比较法研究,2008(5).

52.易军.论人格权法定、一般人格权与侵权责任构成[J].法学,2011(8).

53.王轶.民法价值判断问题的实体性论证规则[J].中国社会科学,2004(6).

54.谢鸿飞.违约责任与侵权责任竞合理论的再构成[J].环球法律评论,2014(6).

55.王成.侵权之"权"的认定与民事主体利益的规范途径[J].清华法学,2011(2).

56.梅夏英.侵权法一般条款与纯粹经济损失的责任限制[J].中州学刊,2009(4).

57.梅夏英.从"权利"到"行为"[J].长江大学学报,2005(1).

58.李承亮.侵权责任的违法性要件及其类型化[J].清华法学,2010(5).

59.李承亮.侵权行为违法性的判断标准[J].法学评论,2011(2).

60.李承亮.损害赔偿与民事责任[J].法学研究,2009(3).

61.于飞.侵权法中权利与利益的区分方法[J].法学研究,2011(4).

62.解亘.论管制规范在侵权行为法上的意义[J].中国法学,2009(2).

63.石佳友.民法典与法官裁量权[J].法学家,2007(6).

64.石佳友.当代侵权法的挑战及其应对:"侵权法改革国际论坛"综述[J].法律适用,2008(8).

65. 朱岩. 违反保护他人法律的过错责任 [J]. 法学研究, 2011 (2).

66. 朱岩. 危险责任的一般条款立法模式研究 [J]. 中国法学, 2009 (3).

67. 朱岩. 民法典一般条款研究 [J]. 月旦民商法杂志, 2005 (3).

68. 周友军. 我国危险责任一般条款的解释论 [J]. 法学, 2011 (4).

69. 周友军. 论我国过错侵权的一般条款 [J]. 法学, 2007 (1).

70. 周友军. 德国民法上的违法性理论研究 [J]. 现代法学, 2007 (1).

71. 周友军. 我国侵权责任形式的反思 [J]. 法学杂质, 2009 (3).

72. 张金海. 论违法性要件的独立 [J]. 清华法学, 2007 (4).

73. 龙俊. 权益侵害之要件化 [J]. 法学研究, 2010 (4).

74. 陈现杰. 侵权责任法一般条款中的违法性判断要件 [J]. 法律适用, 2010 (7).

75. 章正璋. 中德一般侵权行为立法之比较 [J]. 比较法研究, 2005 (6).

76. 麻锦亮. 论一般侵权的一般条款 [J]. 山东大学法律评论, 2007.

77. 汪世虎. 合同责任与侵权责任竞合问题研究 [J]. 现代法学, 2002 (4).

78. 刘生亮. 侵权法一般条款的问题与方法 [J]. 南阳师范学院学

报，2006（5）.

79. 刘生亮. 侵权行为法一般条款功能论［J］. 浙江社会科学，2005（4）.

80. 刘文杰. 过错概念的内涵［J］. 中外法学，2009（5）.

81. 刘文杰. 论德国侵权法中的不法性［J］. 环球法律评论，2007（3）.

82. 姜战军. 侵权构成的非限定性与限定性及其价值［J］. 法学研究，2006（5）.

83. 喻敏. 对侵权行为法中过错问题的再思考［J］. 现代法学，1998（4）.

84. 谢晓尧，吴思罕. 论一般条款的确定性［J］. 法学评论，2004（3）.

86. 李可. 类型思维及其法学方法论意义［J］. 金陵法律评论，2003（2）.

87. 李可. 原则和规则的若干问题［J］. 法学研究，2001（5）.

88. 沈建峰. 具体人格权立法模式及其选择：以德国、瑞士、奥地利、列支登士敦为考察重点［J］. 比较法研究，2011（5）.

89. 孟勤国. 论中国司法改革［J］. 现代法学，2000（6）.

90. 孟勤国，蒙晓阳，刘慧玲. 削弱司法自由裁量权与提高成文法地位［J］. 法学，2000（10）.

91. 孟勤国. 专家不能代替人民立法［J］. 法学评论，2008（5）.

92. 陈本寒，艾围利. 侵权责任法不可抗力适用规则研究［J］. 现代法学，2011（1）.

93. 李新天. 对人格权几个基本理论问题的认识［J］. 法学评论，

2009（1）.

94. 舟克平. 一般人格权理论的反思与我国人格权立法 ［J］. 法学，2009（8）.

95. 张新宝. 侵权责任法的解释论 ［EB/OL］. ［2012 - 2 - 1］. http：//www. civillaw. coJ. cn/article/default. asp？ id = 48577.

96. 张新宝. 侵权责任一般条款理解与适用 ［J］. 法学研究，2012（10）.

中国法学会民法学研究会秘书处. 关于《侵权责任法草案·二次审议稿》的若干建议 ［EB/OL］. 中国民商法律网，2012 - 02 - 01.

97. ［奥］海尔穆特·考茨欧. 欧盟纯粹经济损失赔偿研究 ［J］. 朱岩，张玉东，译. 北大法律评论，2009（1）.

98. ［德］格哈特·瓦格纳. 当代侵权法比较研究 ［J］. 高圣平. 熊丙万，译. 法学家，2010（2）.

99. ［日］星野英一. 民法典中的侵权行为法体系展望 ［J］. 渠涛，译. 法学家，2009（2）.

100. ［德］汉斯 - 彼特·哈佛坎普. 1918 年以来一般人格权在德国的发展 ［J］. 金可可，译. 华东政法大学学报，2011（1）.

后　记

本书是在博士论文的基础上修改完成。衷心感谢我的导师孟勤国教授。论文写作过程中始终得到了孟老师的精心指导。博士四年，孟老师的宽容给了我勇气，孟老师的严厉激励我上进，孟老师的睿智更是我毕生做人和为学的榜样。十余年来，每当忆起恩师，心里总是温暖的。感谢我的家人。感谢新疆大学法学院的各位领导和同事，感谢本书的责任编辑。没有你们，本书仍将难以付梓。

本文于2012年6月通过博士论文答辩，在8年后的今天付诸出版，其价值首先在于作为知识传承的一个环节。或有人说，洋洋洒洒近二十万字，与现行立法的区别不就是增加一个违法性要件么！不错，然而这正是知识传承的特点，尤其法学知识，由于法律的实践品格，法学知识的传承尤显重要。

众所周知，《法国民法典》对我国大陆民法学界的影响较小。在本书修改过程中，我了解到《法国民法典》于2016年完成了一次大修，趁此机会，我研习了中文世界与法国民法有关的论著，深刻体会到自己过去"偏爱德国法"的"幼稚"。在此过程中，我完成了对德国法的态度转变：由仰视到平视。以后，我将更多地关注法国法和英美法，以平衡自己的气质。